你好

青春期

王颖　谭秦

著

机械工业出版社

CHINA MACHINE PRESS

本书针对青春期孩子容易出现的问题，从学习、安全、社交、情感、三观和家庭等六个方面共收录了50个典型的心理咨询案例纪要，用通俗、生动的语言将青少年心理问题的形成、发展及对成长的不良影响呈现出来。同时，对每个案例从心理学和教育学的角度分别进行了深入的剖析。

　　本书既可供广大青春期孩子及其父母阅读，让其对青春期容易出现的问题有更全面的理解，并从案例分享中受到启发，遇到问题时能从书中找到答案。同时，本书也可作为心理咨询从业者的参考资料，为其在心理咨询中如何有效开展工作提供有益的借鉴。

图书在版编目（CIP）数据

你好，青春期/王颖，谭秦著. —北京：机械工业出版社，2020.7（2022.8重印）
ISBN 978-7-111-66139-9

Ⅰ.①你…　Ⅱ.①王…②谭…　Ⅲ.①青春期－家庭教育　Ⅳ.①G782

中国版本图书馆CIP数据核字（2020）第130573号

机械工业出版社（北京市百万庄大街22号　邮政编码100037）
策划编辑：王淑花　徐曙宁　责任编辑：王淑花　徐曙宁　刘　岚
责任校对：炊小云　　　　　封面设计：吕凤英
责任印制：张　博
中教科（保定）印刷股份有限公司印刷
2022年8月第1版第3次印刷
169mm×239mm・20.75印张・248千字
标准书号：ISBN 978-7-111-66139-9
定价：69.80元

电话服务　　　　　　　　　网络服务
客服电话：010-88361066　机 工 官 网：www.cmpbook.com
　　　　　010-88379833　机 工 官 博：weibo.com/cmp1952
　　　　　010-68326294　金 书 网：www.golden-book.com
封底无防伪标均为盗版　机工教育服务网：www.cmpedu.com

十年磨一剑

认识王颖老师至少十年了，第一次见面就是在节目中。

那时候我们在做一档以情感和教育为主题的访谈节目《谁在说》，我是制片人，她是节目请来的心理专家，可能是志趣相投，也可能是心有灵犀，我们很快就成了无话不谈的好姐妹。我俩在一起从美食到化妆，从老公到老爸，从工作到生活，啥都聊得来，当然聊得最多的，是我们的孩子。

王颖老师有两个女儿，都是非常优秀的孩子，我很羡慕孩子们和她的关系，既无话不谈又分寸得当。记得当时她家老大在当文艺兵，二十出头的女孩子正在挑选男朋友，王颖老师经常在录节目之前和女儿通电话，那语气就像在和闺蜜聊天，嘻嘻哈哈的，一点不像我们想象中正襟危坐的心理专家。可能正是因为她这样，女儿才真把妈妈当朋友，毫无压力。

她家老二从小跳舞，骨子里透着美人气质，也曾经有过青春期的小叛逆。王颖老师很开心看到孩子的成长，我记得她说过："一点儿不叛逆的孩子不是啥好事，现在父母省事儿了，以为孩子特别听话，其实这只是说明孩子善于掩藏，总有一天他会加倍还回来。"

我们栏目组的年轻人们都很羡慕王老师，羡慕她"一把年纪"了，还经常和老公秀恩爱，羡慕她娘家姐妹几个超级密切的关系，还羡慕她风轻云淡地处理了节目中很多复杂的难题。

《谁在说》这个节目中，经常会来一些青春期的孩子，他们叛逆、暴躁，甚至是不讲道理的，有的时候他们说的话真的是毫无头绪，问题很难解决。每次遇到这样的难题，我都会第一时间请王颖老师出马。她总是在不露声色中就让当事人打开了心结。有一次审片，我详细看了王老师和当事人在密室中的交谈过程，她耐心倾听，站在当事人的角度去想问题，让他们很信任她，然后再去解决问题，非常顺畅。

因为有了那么多处理"疑难"问题的经验，再加上她自己陪伴两个女儿顺利度过了青春期，王颖老师无疑是解决青春期问题的专家。这次听说她的新书《你好，青春期》要出版了，真是为她高兴，也相信这本书一定可以帮助很多家庭，解决难题，开启爱的对话！

王 芳

近年来，随着各种精神压力的增大，越来越多的人在不同时期均会受到心理问题的困扰，却难于找到解决困扰的途径。中国心理咨询业正是在这样的状况下"千呼万唤始出来"。自 2003 年中国心理咨询职业化以来，我作为第一批从业的心理咨询师，有幸踏入这个领域并开始为之奋斗。

在近 20 年的工作实践中，我做了近万个青春期咨询案例，针对青春期孩子容易出现的问题，从学习、安全、社交、情感、三观和家庭等 6 个方面精选了 50 个心理咨询案例的纪要，将其整理为一本心理学普及读物。征得当事人的同意，本书隐去了他们的真实姓名和个人信息，用通俗、生动的语言将青少年心理问题的形成、发展及对成长的不良影响呈现出来，并用专业的心理分析让广大读者了解到心理咨询是如何进行心理干预和心理帮助的。

当我重拾这些案例，将其一一再现时，感觉要做到尽善尽美实属不易。因此，我觉得心理咨询有时候是一个令人遗憾的工作，因为我们常常面临着对自我的否定和突破，正是因为这种遗憾才促使自己在心理学的海洋中不断探索、追求，感受遨游其中的酣畅和努力提升自我的快乐。在这个过程中，我非常感谢我的每一位来访者，他们给予我的信任常常令我感动，每每担当起这份沉甸甸的信任和"共同起舞"的机会，我便让自己孜孜不倦、全力以赴。当陪伴着他们共同走出生命中一段晦暗的日子，看着他们在咨询中不断地成长，渐渐地快乐起来，我的心中就充满喜悦和慰藉。

　　能坚持数十年在心理咨询一线工作的人真的不多，有时候我都由衷地膜拜自己。我们同期的咨询师有的成为教育家，有的成为心理督导师、讲师，但我始终坚守在一对一的心理咨询工作中，除了热爱我无法解释。是呀！拯救一个人，拯救一个家庭乃至拯救一个家族，这是何等有成就感的工作。"王老师，我考上大学了。""王老师，我博士毕业了。""王老师，我买房了。""王老师，我结婚了。""王老师，我有宝宝了。"……他们为什么要告诉我，因为我是他们生命中重要的人，是除了他们自己最了解他们的人，我不但参与了他们的生命，还改写了他们的生命！我渴望与青春期的孩子、父母、老师以及专业心理工作者分享帮助孩子走出阴霾的经验，让更多的孩子、更多的家庭受益，这便是我创作这本书的初衷吧。

王　颖

目录
CONTENTS

第一章
学 习

对待孩子学习
应该有的态度

社会的发展和人才的竞争，使得青少年在学习过程中越来越多地感受到来自家庭、学校和社会的压力；单纯的分数追求和片面的知识灌输，导致个体对学习生活产生错误的认知观念；教育体制和教学方式的不完善，最终造成个体对学习的厌倦、与老师的对抗、对学校的逃避等问题。

第二章
安 全
青春期安全知多少

青春期孩子对独立自主有着强烈的渴望，但许多愿望因各种因素往往得不到理解和实现，因而他们的内心产生了强大的内驱力，促使个体在接受不良的刺激的过程中得到满足。另外，青少年还会萌发出许多不被正常的社会意识所容许的本能欲望，在现实生活中又没有表达的机会和释放的空间，从而使得个体必须寻找一个去社会抑制的环境来释放潜意识中积聚的张力。于是不良诱惑乘虚而入，不良习惯得以形成。

第三章
社 交
朋友不是天上掉下来的

人是群居动物，合群会降低人的恐惧。青少年正处于生理、心理巨变时期，他们在面对一种陌生的环境时，合群的需求会比其他时期更加强烈。与同学、朋友交往成为青少年的一种现实需要，他们渴望在群体中相互学习、帮助，增长知识、发展友谊。

第四章

情 感

猜猜猜的背后，
引导才是关键

青少年随着生理的逐渐成熟，心理上的情爱也开始萌动，于是他们自然而然地开始了对异性的倾慕和渴求，这是人性的自然流露。但是青少年正处于身体发育和思想成熟的过渡时期，想法过于简单、行为容易冲动，如果家长和老师对待他们的方式不合理，很可能对他们造成心理上的伤害，甚至会导致各种心理疾病的产生。

第五章

三 观

孩子不走偏的
基础

青少年正处在世界观、人生观、价值观形成的关键时期，需要家庭、学校、社会各方共同努力。而家庭教育的点滴渗透尤为重要。家长的处事行为与处事方法，是孩子效仿的模板。你想让孩子成为什么样的人，你就要表现成什么样的人。

第六章
家 庭
给孩子幸福的
力量

伴随着生理的成熟，青春期的孩子逐渐意识到自己是一个独立的人，产生了强烈的成人感，父母要接纳孩子长大的事实，在教育孩子的过程中，父母保持观点和行为的一致，多倾听少指导，多理解少质疑，构建一种互相尊重、互相信任、互相平等的愉快的交流模式。

社会的发展和人才的竞争，使得青少年在学习过程中越来越多地感受到来自家庭、学校和社会的压力；单纯的分数追求和片面的知识灌输，导致个体对学习生活产生错误的认知观念；教育体制和教学方式的不完善，最终造成个体对学习的厌倦、与老师的对抗、对学校的逃避等问题。

我们如何学习？首先，态度决定一切。学习态度是一个青少年在学习过程中能否朝着正确方向前行，能否取得理想学习成果的必备因素。其次，自主管理学习。自主管理学习是一种学习书本和学习实践技能的能力，包括自我筛选、设定目标、自己寻找学习内容、自己确定学习方法与途径以及自我管理学习过程等。最后，具备学习能力，包括创新能力、思维能力、观察能力、自立能力、自制能力、表现能力。

我们终将要离开父母的呵护，独自在社会的海洋中遨游，也必将要经受风浪的洗礼，领略生活的风霜雪雨。虽然我们常说职业无高低贵贱，但如果我们在学习的年龄通过努力学习掌握更多的能力，朝着既定的目标脚踏实地地前行，那么，未来我们不仅会拥有更多的职业选择，也会在激烈的竞争中，立于不败之地。

第一章

学习

对待孩子学习应该有的态度

01. 家教是把双刃剑

为了让孩子能提高学习成绩，很多家长都会请家教到家里来帮孩子补习功课，小新的父母也不例外。为了孩子能考上好高中，小新的父母甚至请了 24 小时的家教，每天陪着孩子读书、生活。但是家长没有想到，这个家教竟然成了小新学习的障碍。

小新的父母告诉我，小新是家中的独子，由于父母两人工作的原因，小时候的小新经常转学，所以在他小的时候，基本没有知心的朋友，性格也比较内向。还有半年小新就要中考了，父母担心他学习跟不上，就请了名校的老师给他做辅导。除此以外，还请了一位家教全天候陪着他学习，随时给他答疑。如果小新想出去玩，家教也会陪着。但是不知道怎么回事，最近小新考试的分数不升反降，他们也不知道什么地方出了问题。

小新说："现在的教育制度只能教出废物，学那些东西以后根本就没有用，大家为中考、高考牺牲了那么多自由的时间，最后换来的还是这么高的失业率。上学有什么用？老师、家长一天到晚就只会让学生去学习、补习。在学校上课和回家做作业就已经够累的了，放假还要补习，还要请家教，有完没完，以为请个家教就能学习好，太傻了。"

在小新的言语中，除了对教育体制的不满外，还有很多是对家教补习的不满。小新父母曾经说过，小新从小就不会主动学习，如果没有家长或老师监督他，他就不能好好地完成作业。现在请 24 小时的家教，是因为怕小新不自觉，要找一个人随时督促他。

"我不喜欢有个人整天待在我们家里管我，像只狗一样，我走到哪儿他就跟到哪儿，烦死了！"

"你能说说这个家教平时在你家里都干什么吗？"

"就像我们家一条狗一样，我进房间学习他跟着我，我们家吃饭他跟着我，我出去打球他也要跟着我。整天吃的喝的都花我们家的钱，老占我们家便宜，真讨厌！"

"是的，如果我的行为一直被监控的话也会有不舒服的感觉。"我说。

"他招人烦，简直就是个可恶的家伙。我从来没有见过这么无耻的人，在我家里骗吃骗喝的。我爸妈也不知道为什么对他那么好，出去吃饭都带上他，吃饭时还给他夹菜。我去哪儿玩他也要跟着去，所用的钱都是我爸妈的钱。晚上我复习看书，他总在我面前晃来晃去，还对我的作业指手画脚，我干脆就不写了，免得他老说我写得不好。"

"那他辅导你的功课吗？"我问。

"不用他教我也会做，根本用不上他。"

"那么，你爸爸妈妈知道你不需要家教也能自己学习吗？"

小新不屑地说："说了也没用，他们根本不相信我。辞了这个可恶的家伙，他们还是会再请一个来看着我的。反正家教不就是为了挣钱吗！我告诉他，如果他敢告诉我爸妈我不学习的事，我就让爸妈把他辞退。从那以后他就不会在背后给我爸妈打小报告了。你是没看见，他以前老爱跟我爸妈说一些我的坏话，经我一威胁，他再也不敢和我爸妈说我坏话了。哼！没骨气的东西！"

在小新的描述里，这个家教已经不像是家教了，更像是一个"侵略者"。而小新对家教的憎恨，不单单是被管教和约束，更多的是自己在家里独一无二的地位受到了侵犯。

"小新，我觉得你好像每天都在打自卫反击战。"

"哈哈！"小新乐了，"王老师你真逗，怎么会这么说呢？"小新好奇地问道。

"是你告诉我的呀，你告诉我你们家里来了个敌人。"我笑着说。

"谁？"小新迷惑地皱起眉头，"难道你是说那个人吗？"

"你说呢？"

"那您肯定指的就是那家教呗！"

"你看，他每天吃你家的，花你家的，还不干活儿。你恨他，但是还不能说出来，只能用自己的学习跟他对着干。"

小新思考了一阵子，轻轻地点了点头，"好像是这样的。"

"在你家里，你爸爸妈妈除了对你好以外，对他也很客气。我记得你还说过，你爸爸妈妈还给他夹菜，是吧？"

"以前我爸妈只对我一个人好，现在却让他占便宜了。"小新愤怒地说道。

通过不断地澄清，我发现，小新的厌学是因为这个家教的出现。就像有的学生特别讨厌某一个老师，因此会上他的课故意不听讲，用这种方式表达对老师的攻击。而小新就是用自己不好好学习表达一种对家教的攻击。甚至他自己也不曾发觉，在潜意识里，他自己还想过如果成绩不好，家长就会责怪家教，甚至辞退他。通过这样的方式，小新才可以保住自己在家庭里独一无二的地位。

在接下来的咨询中，小新慢慢意识到自己并不是真正的厌恶学习，而是不愿意看见因为自己学习好而使家教受到爸爸妈妈的表扬，更不愿意让家教在家里有那么一丁点儿的地位。

"从小到大都只有我和爸爸妈妈在家里生活，平时吃饭也只有我们3个人。自从那个人来了以后，我爸爸妈妈总喜欢和他说话，和我聊天的时间都少了。他好像变成我的家人一样，还能管着我，对我的学习指手画脚，爸爸妈妈也只听他说的，不相信我说的话。"小新越说越沮丧，就像是被人抢去心爱的玩具的孩子一样，无助地低着头。

在独生子女的眼里，父母对自己的爱是绝对的和唯一的，父母只能对自己表示爱和关心，如果有另一个人受到了父母的关心，孩子就会觉得自己在父母心中的地位受到挑战，有人要和自己争夺父母。因为独生子女从小就不像有兄弟姐妹的孩子那样得到过足够多和别人分享东西的机会，就不太懂得和其他人去分享。小新的家教由于是24小时的，他和小新不单单建立了一个辅导与被辅导的关系，还建立了一个共同生活的关系，这样的双重关系是小新不能接纳的。小新感受到的是一种感情的侵略，而不是单纯的学习辅导。所以到了最后，学习已经变得不重要，把侵略者赶出家门才是最重要的。同时，他又担心一个旧的侵略者走了，还会来一个新的侵略者，所以陷入了不知所措的境地。

在咨询的过程中我发现，其实小新并不像他父母所说的不会自己学习，非要人监督不可。在和他父母的沟通中，我了解到请家教更多的是在满足小新父母的心理需要，而不是满足小新的学习需要。

小新的妈妈说："看见别人的孩子都有家教，我怕我们家小新如果不请家教成绩会比不上别人，反正我们家又不是出不起那点钱，请了家教我们会安心点，怎么说自己都尽了责任了。如果孩子最后没考好，我内心也没那么自责。"经过分析，小新妈妈理解到，自己这样做是因为她认为："小新是一个自制力很差的孩子，需要有人来管理；家教可以代替自己的一些责任，让自己心安；等小新长大了，就不需要人来管理了。"当我问及小新怎样才会长大，小新妈妈陷入了沉思。最终，她明白请家教的作用本来是帮助孩子克服学习上的困难，而目前的家教似乎又有了另外的作用，即监督孩子、陪伴孩子，而小新这样青春期的孩子是很排斥后两个作用的。最终，小新妈妈也理解了小新总是和家教格格不入的心理原因。

通过咨询，小新明白自己用不学习来攻击家教，以维护自己的地位是无效的，因为在攻击中，他的学习成绩下降，家人对他的不信任感增强，家教也会一直伴随着他的学习和生活。小新终于明白，要想得到别人的信任，不是语言上的承诺，而是行为上的证明。在其后的3个月中，小新进行了新的行为训练，把家教的陪伴时间从24小时，慢慢减到8小时、6小时、4小时，最终递减为每周六2小时，小新得到了更多的自我管理的时间。在此期间，小新感受到来自于家人的信任，变得越来越自信，学习成绩也有了很大的提高。妈妈由衷地说："小新长大了。"

王颖说：

独生子女作为这个时代特殊的产物得到了来自父母乃至家族的高度关注与呵护。由于父辈的童年大多是在贫困和散养中长大，致使他们对于在成长期的知识、才艺、视野的不足充满遗憾。作为一种心理补偿，他们把自己的爱无限度地给予了家里唯一的孩子，使很多的家庭产生了小公主和小皇帝。独享成为他们专有的权力，一旦这个权力被动摇，他们的内心就陷入一种恐惧和被抛弃的感觉之中。

青春期又是孩子非常渴望得到别人信任的时期，作为孩子身边最重要的人，父母的不信任会使他们感到巨大的挫败感、恐惧感。面对不适的感觉，孩子会用不成熟的鱼死网破的方式进行攻击、对抗，而沟通不当使得父母爱的行为变成束缚孩子成长的枷锁。

谭秦说：

当今的社会中，孩子处在青春期阶段的家长一般工作都很忙，同时，他们也因为离开学校太久从而很难完成对孩子功课的辅导。现在的城市都有成熟且便利的家教服务，很多品学兼优的大学生成了家教的主力军。他们刚刚结束高中阶段的学习，对解题和应试都有很好的方法，又和需要请家教的孩子年龄接近，容易成为孩子解题的帮手和学习的榜样；并且家教一般是按照约定时间完成辅导并结算费用的，费用都不是很高，确实是一种行之有效的辅助学习的方法。

家长请家教，是为了让家教陪伴孩子学习，提高孩子的学习成绩。但文中这个家教是全天候的"住家"家教，不仅被赋予了除辅导学习之外的监督和汇报特权，而且成为孩子在生活、饮食、外出意向等方面的决定者。这对孩子构成了一种冒犯和束缚，让原本就处在叛逆、渴望自由和独立的青春期的孩子，更加不能忍受。这种陪伴，不仅让孩子的中心地位被分散，也让孩子感受到极强的不信任感。别说青春期的孩子，哪个阶段的人喜欢这种不被信任的感觉呢？于是原本为了解决成绩问题的"请家教"行为，却成了孩子学习障碍、社会交往和沟通表达异化以及家庭关系恶化的根源。这样的结果，对于全心为孩子寻求帮助的家长来说，应该是始料未及的。

快速城镇化的过程中，大多数家庭还是双职工的模式，职场生活节奏快、强度高、压力重，身为家长还要挤出足够的时间和精力去陪伴孩子，看起来这的确是不合乎实际的。于是才会出现各种各样的"替代物"，比如让祖辈替代，让保姆替代，让大量的玩具替代，让儿童乐园替代，让培训班、兴趣班替代，让寄宿制学校替代……这些替代在实际生活中的确解决了很多问题，解救家长于分身乏术的窘境之中，但是替代之所以称为替代，就是因为它不是真正的陪伴。这世上又有什么能替代父母呢？

孩子的学习确实是成长阶段的重要内容，同时和家长建立良好的信任关系、交流方式也非常重要。这样孩子在面对困难甚至做错事时，在面对社会中的种种困惑甚至是诱惑时，才能回到父母和家庭这个真正的港湾，找到方向和动力。并且在自己面对社会、为人父母之时，把家庭的爱和鼓励以及生活的经验传递下去，发扬光大。

> 关键词：学习障碍，频繁转学，替代性陪伴，厌学，家教，自主学习，边界，责任，信任。

02. 孩子穿奇装异服背后的学习失落

　　小思的妈妈打电话时告诉我，小思原本是一个学习很好，表现乖巧的孩子。在小学的时候，她是全校的前 5 名，初中上了一所重点学校，学校里云集了许多优秀的学生。从初一下学期开始，小思的成绩开始下降，在班里只能排在 10 来名。后来发现她在街上和一群穿着奇装异服的青年混混儿一起打闹，上学也开始不穿校服了，经常在她书包里发现一些和恋爱有关的漫画和言情小说。妈妈很焦灼地说："现在学习虽然还过得去，但老和一些不三不四的坏孩子在一起，很快会被他们带坏了。"

　　在妈妈的陪同下，我第一次见到了这个妈妈眼里的"坏孩子"，紧身上衣配上一个银制的骷髅头项链，超短的牛仔裙搭上长筒黑色丝袜，血红色的唇膏搭上深紫色的眼影。小思的妈妈坚持要和她一起进入咨询室："老师，我怕这孩子不说话，我看还是我陪她进去吧。"我笑着说："我相信小思已经长大了，她有足够的能力表达自己的思想和感受。小思，对吧?"小思没有看我，不过她也点了点头表示肯定。就这样，我们开始了第一次的咨询。

咨询的第一步也是最重要的一步，就是和小思建立一个良好的咨询关系。坐下以后，我没有直接询问与学习有关的问题，而是先给了她一个很大的支持和肯定。"嗨，小思，你今天这一身时尚的打扮一定吸引了不少眼球吧。"

小思耸耸肩说："我待会儿要参加朋友的生日会，所以今天出门稍微打扮了一下。"

"我觉得你的彩妆和你的服装、饰品挺搭呀!"

"我妈都不能接受，难道你可以吗?"小思不太相信我可以接纳她的装扮风格，立即向我提出质疑。

我告诉小思，走进咨询室的孩子，无论学习成绩怎样，无论长相如何，我都会无条件地接纳。在咨询室里，她可以想说什么就说什么，不用担心因为所说的话而受到批评或者嘲笑。心理咨询师都能理解她的感受，这就是心理咨询师和家长、老师不一样的地方。老师会以学习成绩来衡量一个学生，但咨询师不会；家长会因为学习不好而谴责孩子，而咨询师不会；在咨询师的面前，她是足够安全的。然后，我向小思介绍了什么是心理咨询以及心理咨询的一些责任和义务的划分。小思显然对这种前所未有过的关系感到兴奋和好奇，在轻松和平等的氛围中，她开始向我滔滔不绝地谈论起她的朋友和生活。

小思："我校外的朋友都说我特别有才，和一般重点中学的学生不一样。我们周末会去唱歌和蹦迪，有时候在家里开化装舞会，把自己最近买的化妆品和新衣服都秀出来。"

"生活还是蛮丰富的。"我说。

"整天在学校里面真没劲，回到家里我妈又唠叨个没完，还是和朋友出去玩比较爽。但是我妈和班主任老师老揪着我，跟我大谈人生哲学。我学习又不是很差，比我差的人多得是。"

"看来小思对自己的学习成绩还是很满意的。"

小思低头思考了很久，叹了一口气说："其实提高成绩也不是一件很难的事，如果努力的话，也可能达到小学毕业时一样好的成绩。只是我觉得现在大好的时光应该用来享受生活。"

在咨询中，我们讨论了她的校外朋友。她的这些朋友大部分来自普通学校，在这群人中，小思无论是学习还是外貌都是一个佼佼者，这让她在心理上得到了极大的满足。她看到在港台片里有很多既漂亮又聪明的完美角色，向往中学生可以像《流星花园》里的人物那样在学校公开谈恋爱，可以跟老师平等对话。

我告诉小思，《流星花园》这部电视剧我也看过，确实很唯美，也很令人向往。尤其是里面的杉菜，很清纯、干净、不造作。她非常开心地和我谈论里面的情节，表现得非常放松和自如。

在第二次咨询的时候，小思在服饰上发生了细微的改变，嘴上厚重的口红没有了，脖子上那引人注目的大骷髅头也被柔和的十字架所代替。小思向我展示了这些变化，并且表示她也接受这些变化。她问我她这样打扮像不像《流星花园》里面的杉菜，但同时她也对此表现出担忧："我是不是变得平庸了？"

我问她："为什么害怕变得平庸？"

小思："如果我像大家一样穿校服上学，像大家一样坐在教室里听课，就没有自我了。"

"你认为自我应该是怎样的？"

"应该是受人瞩目的！"小思肯定地回答。

"你现在回忆一下，以前你在什么时候是受人瞩目的？"

小思想了大概有一分多钟的时间，说："六年级毕业考试得了全校第一时，我站在领奖台上。那时候大家都在看着我，那是我最开心的时候。"

"还有吗？仔细再想一下。"

通过我的引导，小思回想起过去很多受人瞩目而感到高兴的事情，而这些事情无一例外都是和学习有关的。然后，我们又探讨了那些让她不高兴的事情，也都是和学习有关的。

"自从我上了初中以后，我就不能再像小学那样名列前茅了。以前的班主任对我很好，经常会叫我去办公室帮忙，其他任课老师也对我很好。现在的班主任第一个学期基本就没有和我说过两句话，就别提其他任课老师了，他们根本就认不出我。"在小思的诉说中，我深深地感受到一个学生希望被关注的渴望。"不过后来他们可都记住我了，因为我是与众不同的，班里的同学也经常议论我，我觉得自己这样挺出名的。"说到这里，小思的脸上微微露出得意的神色。

原来小思是通过不穿校服、不学习的一些异常行为表现来引起老师和同学的注意，在班里为自己争得一席之地。青春期的孩子在内心里都希望得到外界关注，学习好的孩子可以通过优异的学习成绩和良好的行为表现取得老师的褒奖，使自己能够沉浸在全班同学羡慕的目光中，体验无限美好的感受。成绩不好的孩子也可以通过"反面教材"引起老师和同学的关注，虽然得到的不是赞许的目光，但毕竟满足了被关注的需要。最感到孤独和被忽视的可能就是各方面都一般的学生，论成绩他们比不上学习好的同学，论行为出众更比不上我行我素的"坏学生"。如果这些夹在中间的学生没有其他更突出的表现，那么就难以引起老师和同学的关注了。所以，他们有的选择发奋学习，争取成为老师喜欢的好学生，有的则消极应对，变成老师担心的"坏孩子"。

渐渐地，咨询进入了另一个阶段，一个令小思迷惑和难受的阶段：学习承担责任。

小思："都是因为学校的教程太难了，我成绩才不优异。班里的同学都没有朋友，当然有时间去啃书了，可我还要和我的朋友去玩呢，怎么有时间读书？"然后，小思开始责怪老师的偏袒，责怪爸爸妈妈的不理解，责怪同学没有给她提供学习上的帮助。

"他们都帮你承担起了所有责任，那你的责任呢？"

"我？"小思对我的反问显得很吃惊，"我没有责任呀。"

这是一个漫长的过程，要学习为自己的行为负责任并不是一件容易的事。在接下来的几次咨询里，我让小思逐步了解到，她的行为都是她个人的选择，没有其他的人要为她的学习不优异来负责。她选择用异常行为这种方式得到老师和同学的关注，她就必须为自己的行为负责任，并且承受这种行为带来的一系列痛苦和焦虑的感受。如果她想远离这种不好的感受，必须要经历一个艰苦的过程。但我告诉她，她并不孤单，我会一直陪伴着她。

在以后的咨询里，我帮助小思慢慢建立一种她所选择的、乐观的新行为。生活开始变得有序了。她的学习成绩虽然不能名列前茅，但也在 10 名之内。她开始在班里结交新的同学，在班集体中找到了新的位置。

王颖说：

五彩斑斓、多姿多彩的生活是每一个花季少年的向往。网络的发达、智能手机的普及，让孩子们看到了更多的学习、生活、娱乐的方式。短视频、偶像剧、动漫的大量充斥使青少年在理想和现实的差异中产生巨大的心理冲突。由于他们心智发育还不够成熟，常常顾此失彼、丢了西瓜捡了芝麻。用自以为标新立异的表现方式，不分时间、场合、群体地表达自己张扬的个性，从而遭到批评产生极大的挫败感。面对挫败，他们又往往采用对抗的方式，诋毁他人的审美和品位，以达到内心的平衡。同时，他们又希望得到肯定，面对肯定欢欣雀跃，对肯定者倍感亲切，并渴望反复得到肯定、认可、赞美的感觉。

美无处不在，但美又不是独立存在的，与环境和谐才是真的美。

谭秦说：

当今社会网络作为教育和生活的手段之一，确实极大地丰富了内容，提高了效率。网络使用者应用得好，便利无比，用得不好，却成为一个难题，对于孩子存在巨大诱惑力的不良内容，需要家长和社会格外关注，并且要用有效的手段趋利避害。

对青春期阶段孩子的家长而言，孩子使用网络的过程需要有效引导和积极指导。网络不良内容主要包括：首先是网页中出现的不利于孩子身心健康的内容；再就是游戏中出现的暴力情节；此外，孩子们接触最多的是作为"游戏升级"或者"推送内容"的机制设计，这些设计都是为了让观看者投入更多的时间甚至金钱，进而使缺乏自制力的青少年（当然也包括刷短视频的幼儿）"沉溺网络"，这在心理学、精神医学领域已经不是鲜为人知的案例，作为孩子监护人的家长需要格外注意。作为给孩子使用智能设备的"约定"和"限制"，可以对处在监护的孩子使用绿色软件、时间管理软件，更小的孩子可以要求他们在家长可以看得到的地方使用等。这样才能尽量控制孩子使用智能设备的时间和程度，避免网络成为陪伴的替代物。

本案例中的小思，从影视剧中看到了一种符合她设定的"理想模式"，但是她显然完全不能分辨这些内容跟现实生活的差别。之所以有这样的设想，是因为孩子在面对挫折的时候采用了不同的应对方式，因此需要家长及时观察孩子身处的环境、伙伴发生了什么样的变化，设身处地地去感受孩子的心理需求，以及当他们面对挫折的时候从外界通过什么途径，获得了哪些信息。只有对孩子有足够的了解，才知道他们正在经历什么，需要怎样的帮助，家长对孩子的爱才可以安放，对他们的支持才有的放矢，并被欣然接受。

青春期是塑造"美"的关键期。如果家长能结合孩子的兴趣进行美育的对话和引导，那么这或许会成为孩子"学业选择"和"职业规划"的契机，这个阶段的孩子一旦有了方向，会为了自己认定的目标付出更多的努力，在这个过程中也容易接受别人的辅导和鼓励。

> **关键词**：校服，奇装异服，网络书籍，社会交往，吸引注意，乐观，交往，美育。

03. 别让聪明成为努力的绊脚石

九月的一天，刚刚升入高三的张新，在妈妈的陪同下走进了咨询室。填表登记的时候，在"咨询目的"一栏中，他写的是"找到高效学习的方法"。所以从一开始，我们的谈话就围绕着学习展开。

张新是一个善谈的孩子，他兴高采烈地给我讲他从幼儿园到小学的学习状况。从上幼儿园的第一天开始，老师对张新的评价就是"聪明"，玩具一看就会，英语单词听完就会读。上小学时，无论是数学、语文，还是英语，他基本上都是"一看就会，过目不忘"，常常代表学校参加区里和市里的竞赛，并次次获奖。很多老师都特别喜欢他，同时给予他"特殊照顾"——作业可写可不写。整个小学阶段，张新不仅成绩全优，而且学习在他眼里是一件不费吹灰之力的事情。小学毕业，他以全区第一名的成绩被一所中学的特殊班录取，这个特殊班是把全区统考成绩总分排名前三十五名的学生全部录取进来，进行集中培养，类似今天很多中学的"快班"。

谈到这儿，他的神情有了一些变化，似乎有一种负担感。我鼓励他继续讲下去。随着学习任务的增加，张新逐渐感到吃力，学习不再像以前那样简单。因为整个小学阶段他几乎没有做过课堂笔记、课后作业、课外练习等，其他同学都已经习以为常的事情，对他来说都要重新开始。学习成绩很快由第一名掉到了十几名，靠着自己的聪明和父母的不断督促，总算维持在了十五名左右。虽然在班级排名属于中等，但是和其他普通班级的同学相比较，他还是在"好学生"的行列中，尤其是和张新父母同一个单位的其他孩子相比较，他是在"特殊班"的十五名，还是值得骄傲的。所有人对他的评价还是"脑子很快，只要用功，一定能考第一名"，但是他也不知道该怎样去用功，就这样勉强完成了初中的学业。讲完这些的时候，他长长地叹了一口气，不再作声。

我说："你的确是一个聪明的学生，九年的学习对你来讲还是非常顺利的。高中的两年是怎样度过的呢？"

他低声地说："开学不久，学校要重新分班，和以往分班方式不同的是，这次分班之前，学校给每个学生进行了智力测试，把智商在130分的人全部分在了一个实验班，搞超常智力的特殊教育。很倒霉，我的智商是140分，就被分到实验班。"

我问："为什么用倒霉这个词？"

他说："第一学期期末考试，我的成绩就出现了历史最低的局面，考了全班倒数第一，我爸爸妈妈和老师都不能接受，我自己也不能面对。老师找我谈话，如果下个学期没有进步的话，就按学校淘汰制度的规定把我转到普通班去。"

我问："那你是如何改变局面的？"

张新说："下学期一开学，我就下定决心要好好学习。我认为第一步要找到原因，就用排除法分析，我的智商140分，说明我们智商没有什么差别，上课的老师都一样，学习的环境也一样，问题一定出在我和别人学习安排的差异上。为了改善自己的学习安排，我开始把学习成绩排在前五名的同学作为自己的榜样，暗中观察并且模仿他们。他们做笔记我也做笔记，他们下课看书我也看书，他们自习课看英语我也看英语……但是，一个学期下来，自己的成绩依然是原地踏步。最终还是被淘汰到了普通班。"

我问："对于原因找到了，你也努力了，可学习成绩没有改善的状况，你是怎样理解的？"

张新一脸无奈地说："可能我们的智商还是不一样，也许当时测试的时候出错了。"

在张新的讲述中我了解到，虽然他是从实验班出来的，但来到普通班之后成绩依然是在中下游水平。这时候他开始感到来自周围同学瞧不起的目光，觉得自己从实验班淘汰出来是件很丢人的事情。但是，自尊心一直很强的他，还是希望能够通过自己的努力把学习成绩赶上去。

张新说："那时我非常焦虑，有时睡不着觉，不断地想，在普通班，我的智商应该是最高的，我的学习能力没问题，但是为什么在学习成绩方面，我仍和别人有那么大的差距呢？我坚信只要把这件事情搞清楚了，我的学习成绩就会突飞猛进了。"

我问："那是一个怎样的思考过程？"

张新说："主要是琢磨引起我和别人之间差距的原因，一会儿觉得是自己智商太高，现在这些学习内容不适合自己；一会儿又觉得自己智商可能还不如别人，要不为什么这么简单的事情自己就是不能搞定呢？但是想来想去，还是无法理解产生差距的原因。心烦时会幻想着，假如有一天，我把产生差距的原因搞清楚了，那么我就会回到以前的荣耀中。但是越是这样想，脑子越是混乱。有时上课也在想，高二就这样混过去了。"

我问："爸爸妈妈和你的关系怎样？"

"他们每天都唉声叹气。记得我妈生气的时候，骂我'你不是一直很聪明吗？你的聪明都到哪里去了？你现在都快成蠢猪了'！"说到这，张新的眼圈湿润了。

我说："我感受到你对家人对你的否定很难过，那你又是如何改变这种不愉快的局面的？"

张新说："我非常害怕别人说我傻之类的话。于是我在其他同学学习、看书时，我就假装睡觉，做出一副从来不学习的样子。晚上放学回家我拼命看书、做题，这样一来，即使我的成绩没有什么变化，别人也会说我很聪明。因为在他们看来，我根本就不学习还能考出这样的成绩，一定很聪明了。"

我说："那时的感受怎样？"

他说："虽然晚上要学到很晚，但心里特别踏实，不像以前那样焦虑了。"

我问："学习状况怎样？"

他痛苦地说："不行，同学们都在关注自己的学习，也没有人因为我上课不听还会就对我做出聪明的评价。成绩还不如从前。"

我说："你是一个非常希望自己学习好的学生，似乎你把所有该努力的方面都做了，但结果不如你意。你是怎样看待这个问题的？"

张新沮丧地说："我觉得我根本就不是学习的料！"

这时候，我理解了他为什么讨厌去学校，讨厌提到学习的事情，甚至想辍学找工作。

在和张新的咨询中，我渐渐明白当他遇到学习困难时，只停留在对原因的思索之中，渴望在思索中找到答案，并力图通过答案一下子解决问题。当屡次失败以后，他开始怀疑自己的能力，甚至想通过逃避让自己获得安全。我用一张纸将张新的每一次失败所采用的方法写出来展现给他的时候，他也认识到每次遇到问题，他的方式总是停留在找原因上，而从没有踏踏实实地在每门功课上下功夫。我和张新共同讨论了他的成长过程对他今天的影响：他天资聪明，从小被老师和家人赞誉，聪明被不断强化成他的唯一优点。但小学中最重要的学习是建立良好的学习习惯，却被他的聪明淹没而没有养成。当初中、高中的学习越来越难的时候，他的聪明就不再成为优势。学习的困难使他备感焦虑，他就用幻想来消除，而不是用行动来消除。

张新告诉我："我其实根本不想辍学去找工作，只是当时认为实在没有别的办法。"

我问他："咨询到了今天，你有了什么思考？"

他的回答是："我明白了学习没有捷径，只有脚踏实地一门一门地学好，才可能达到自己的目标。"

王颖说：

聪明的孩子似乎会得到更多的关注和喜爱，但这种关注和喜爱在一定的情况下有可能会给孩子带来沉重的心理负担。所以对孩子的赞誉一定要有度。

遇到挫折，聪明的孩子往往渴望立刻解决问题以摆脱困境。由于碍于自己有一个聪明孩子的标签，他们通常不将自己的困难展示给他人，并向他人求救，而是幻想通过自己的苦思冥想，找出解决问题的方法。这也是青春期的孩子不成熟、爱面子的一种表现。

当自己的尝试不断遭遇失败的时候，他们就会退缩、逃离乃至绝望。所以我们一定要引导青春期的孩子明白：面对困境，没有捷径可言，唯一的途径就是脚踏实地地努力！

我们拥有一个聪明的大脑确是幸事，但要长久保质一定要有勤奋相伴。

谭秦说：

"实验班"这种设置，是为了追求升学率设计的特殊班型，把那些成绩好的学生集中在一起上课，分派最优秀的老师提前完成课程讲解，再进行密集的做题训练，使学生在考试时能取得较好的成绩。这种班型一般都有明确的淘汰制度，把成绩不好的学生淘汰出去，把其他班级成绩好的学生加进来，从而形成一种强大的学习氛围和整班的压力。

当孩子面对压力时，家长的鼓励和赞扬是可以形成良性循环的手段。对小一些的孩子，家长还需要提供一些有效陪伴，甚至需要帮助和引导他们找到并且养成良好的学习方法和学习习惯。这才是一种真正意义上的亲子关系，也是爱的表达和成长的记忆。所以，很多家长在孩子中考、高考等关键阶段都会选择暂停原本的工作，全心照顾孩子。值得提醒的是，越是在这样关键阶段陪伴孩子的人，越需要注意陪伴的方式和方法，不能让陪伴成为刺激孩子的理由，更不应该让陪伴成为平日或者以后"邀功"的话题。张新在早期的学习阶段确实表现出"聪明"，但随时会进入"释放性心智（小学后段到初中）"的学习阶段，原来依靠智商的学习方法就需要及时调整和引导。家长应该在孩子遭遇挫折的时候加入适当的总结和分析，再辅以适当的表扬和激励，使其逐步学会自主学习，这才是培养孩子成长的路径，也是将其"自尊心"转化成"学习动力"的好方法。

孩子聪明当然是一件值得肯定的优点，但是家长要警惕，不要让"聪明"成为孩子唯一的优点。而且家长在表扬的时候要学会稍微耍点儿"小心机"，侧重表扬那些后天的努力带来的改变，而不是一味地肯定先天特质，从长远意义上来说这种表扬更为可取。此外，越是聪明的孩子（如案例中的高智商少年张新），越是需要家长在不同的阶段引导他们转变应对学习的策略，还要有意训练他们的"意志和品格"，帮他们总结经验，制订新策略……这不仅对高考更对他们以后的人生都大有帮助。

> 关键词：聪明，成绩优异，实验班，淘汰制度，自尊心，父母关系，学习训练，表扬与激励。

04. 孩子被老师骂怎么办

走进心理咨询室的学生大概可以分为两种：一种是自己内心体验到强烈的痛苦感受，主动前来咨询的；另一种就是被父母逼来的。一天下午，在一对父母的"押解"下，小志被迫走进了咨询室。

小志一直都不算是一个听话的孩子，上学经常不穿校服，上课也经常不听讲。据父母反映，读初二的小志已经两个月没有上学了。着急的父亲无计可施，甚至把小志绑起来痛打了一顿，母亲每天苦口婆心地劝说也无济于事。小志像中了邪似的，就是不去上学，每天待在家里看电视、玩电脑。经过与老师的沟通，父母才知道缘由。原来有一天小志在课堂上用最恶劣的语言骂了任课老师，老师要求小志赔礼道歉，小志当时什么也没说就走出了教室。从那天开始，小志就不去上学了。直到校方发出了停学的警告，父母才把小志"押解"过来。

　　小志坐在咨询室里，漫不经心地扫视着四周的布置，嘴里面还嚼着口香糖。他的目光和我身旁的周笔畅签名抱枕相遇时停了下来，说："老师也喜欢周笔畅？"我说："是呀！非常喜欢！她的专辑我都有买，我还去过她的现场签售会呢。"原来小志也是"笔迷"，我们的距离一下子拉近了。顺着这个话题，我问了他一些其他的爱好，咨询室的气氛慢慢变得轻松起来。在谈到他平时喜欢和同学在学校踢球时，我顺势把话题转移到学校的话题上。

　　我问："你最近没有和同学们一起踢球，想他们吗？"

　　小志的情绪忽然变得很激动："我很想回去踢球，但是老师太可恨了！一回去就看见他，一看到他，我就恶心！"

　　我说："看来你对老师很有意见，可以讲一讲发生了什么事情吗？"

　　小志气囔囔地说："那天上课，我和平时一样在座位底下玩游戏机，他突然大声喊我的名字，把我吓了一跳，我急忙把游戏机藏起来。我知道他肯定又要找我茬儿了，他走到我面前噼里啪啦地说了一通什么好好上学将来考好高中之类的屁话。他爱说什么说什么，我理都不理他。后来，他竟然在全班同学的面前骂我，说我就是一堆狗屎！"小志激动得满脸通红。

　　我问："你是如何应对的？"

　　小志的表情略带一丝羞惭，含含糊糊地说出了句脏话："我就骂他傻子。"

　　我接着问："后来呢？"

　　小志解气地说："当时他就傻眼了，气得说不出话来。气死他也活该！一个老师居然在课堂上骂学生是狗屎，必须得给他点儿颜色！"即使已经过了两个月，再次谈起这件事，小志的情绪依然显得很激动，可以想象当时他感受到的屈辱是前所未有的。在小志的第一次咨询中，我了解到小志不愿意上学的真实原因，是小志觉得老师对他人格的全面否定。

　　一周后，小志平静地走进咨询室，我们开始就这件事对小志受到的心理和学业的影响进行讨论。

　　小志说："从来没有谁敢用这样恶毒的语言和我讲话。哼，既然他觉得我是一堆狗屎，那我就是狗屎，哪有狗屎上学的，我就不去上学。"

　　我问："老师用这样的语言来骂学生是老师的不对，老师也会用这样的语言来骂其他同学吗？"

小志不假思索地回答："是的，他也骂其他同学，狗屎就像是他的口头禅，想骂谁就骂谁。"

我问："当其他同学也被骂是一堆狗屎时，他们是什么样的态度？"

小志不屑地说："他们傻了吧唧的，还傻笑呢！"

我说："那我们试想，有没有这种可能，同学们并没有把狗屎和自己联系起来，只是认为这是老师生气时宣泄情绪的气话，事实上，狗屎和同学并没有什么必然的联系。"

小志抬起头，看着天花板，想了半分钟，说道："你是说老师并不认为我是狗屎？"

我说："你仔细想一下，有没有可能呢？"

通过不断的引导，小志渐渐明白，引起自己强烈情绪反应的不是老师的这句气话，而是自己对这句话的理解和看法，让自己感觉很没面子。

我进一步说："打个比方，如果有一天你在路上走着走着，突然脚跟被人踩了一下，差点没摔倒在地上。你会怎么想？"

他说："肯定很生气，骂那人不长眼！"

我问："当你回头仔细一看，发现他原来是个盲人。那你会怎么想？"

他说："哦，我错怪他了，他真可怜。"

我问："那你还会生他气吗？"

他肯定地说："当然不会了！"

我微笑地说："这就说明你对同一件事的看法不一样，你的情绪感受就不一样。"

小志觉得自己的人格被老师侮辱了，觉得老师把自己看作是低贱的狗屎，真正让小志不能接受的是他觉得这是老师对自己人格的攻击，而实际上这句话本来没有太大意义，就是一句气话。我告诉小志，就像他自己在被惹急了的时候所说的脏话一样，老师当时的话只是一种情绪的宣泄。

在调整完小志的错误认知后，我们开始讨论小志的防御方式。在遇到别人攻击时，小志采取的是一种被动攻击的方式去应对，以不去上课这种方法攻击老师，攻击学校。这种防御的形成不是一两天的事情，肯定和小志一直的行为模式密切相关。

小志说："爸爸对我一直很严格，总是要求我做事十全十美。"

我说："你爸爸是怎样要求你的？能举个例子吗？"

小志边思索边说："有一次我想要一辆车模，他说如果我期末考试所有功课都在 70 分以上就给我买。结果那次考试特别难，第一门语文我只考了 60 多分。爸爸一听我语文只考了 60 多分就特别生气。我想反正也不能每门功课都拿 70 分了，后面那几门随便考就是了。最后考出来的成绩比原来还要差。"经过深入的交谈，我发现，一旦遇到不如意的事，小志就会用这种敌对的方式去应对，而不是选择用更好的方法去解决。

我说："小志，我发现一个规律，你看我说的对不对。每次你想得到一样东西，如果你得不到，你就会采取敌对的态度跟它对着干。"

小志说："听您这么说，好像是这样的。"

我问："你这样做，会使你越来越接近原来的目标，还是越来越远离你想要的目标？"

小志回答："好像是离目标越来越远了。"

我将我的分析告诉他："我们每个人在不同时期都会有不同的目标，并有计划地朝着目标前行。当遇到困难时，我们会努力解决，仍然朝着自己的目标前行。你的习惯是，一遇到困难和挫折立马就转头跑掉，目标已不再是目标。有时被不良情绪困扰，还会在无意中破坏自己前进的道路，使得你和目标的距离越来越远。"小志点点头，表示接受我的说法。

我继续说："你现在的目标就是考上高中，而现在的你似乎离目标越来越远了。你想想，是什么人阻止了你前进？"

小志含糊地说："是那个老师。"

我说："在我们的生活里面，遇到的不可能全是自己喜欢的人，对于我们不喜欢的人，我们是改变不了的。我们唯一能做的是去接纳他们的存在，并尽量和平相处。如果我们将他们当成实现自己目标的障碍，甚至为此改变目标的话，我们将永远不能实现自己的梦想。今天的你，无论是上课还是写作业，都是你在为自己的目标努力，而不是为了满足老师而努力。"

在咨询后期，小志回到学校。刚开始，我要求小志坚持每天穿校服上学，其他的可以暂时不管。当他可以很好地完成这个任务时，家长配合给予小志一定的奖励。下一步要求小志上课认真听讲，不可以在上课的时候玩游戏或者看杂志等。经过两个月的时间，小志已经学会控制自己在课堂上不做与学习无关的事情。最后一步是鼓励小志按时完成老师布置的作业。在咨询结束的时候，小志难为情地告诉我，他觉得以前的他特别像一个"人体炸弹"，在炸毁别人的同时也把自己炸毁了。

通过这样循序渐进的行为矫正，小志最终做到完全回归校园，像其他同学一样正常地学习与生活了。

王颖说：

当人们遇到应激事件无力应对的时候，必然会动用他们的防御机制以减少此时此刻的焦虑和恐慌。青春期对于孩子而言，是一个极其爱面子的时期，面对一个权威的高度否定，小志用了逃避的方式去应对痛苦，去攻击权威，并使其合理化，让自己远离不安全的环境。但暂时的逃避并没有给他带来永久的安全感，于是他用看电视、上网来缓解他对未来学业的焦虑。这种应对方式一旦成为他固定的、唯一的模型，他的生活将会一直处于被动、被否定的状态。

我们没有办法阻止别人用他们的方式否定我们、贬低我们、攻击我们。但我们可以选择更积极、更有效的沟通方式去解决问题。即便沟通无果，我们依然可以做最好的自己，无悔青春。

谭秦说：

小志的"人际交往危机"，首先出现在和家长的关系中。父亲要求他十全十美，问题无法解决时把孩子绑起来痛打都是非常不可取的，这不仅容易对孩子造成严重的心理伤害，在怒气中的责打也容易失手造成身体上的实质伤害。对于青春期阶段的孩子，平等地交流，理性地探讨，指导孩子从根本上解决问题才是上策。

当今社会比较流行"爱的教育",由此催生了一些默默付出或不停劝说的家长；另有一种理念为"挫折教育",有些家长就人为地设置困难却没有考虑到孩子的实际能力,致使孩子不能克服,反而造成了真正的挫折,使孩子和家长都不知所措。这些都不是全面的教养方法。

从教育学角度而言,让孩子回到正确的轨道是教养的核心目标——这种正确不是一种绝对的标准,而是能让孩子客观地认识自己和周围的环境,既不过分夸大生活中的挫折,也不过度保护以至于让孩子成为温室中的花朵,而是教会孩子在每一个阶段正确地认识自己的优势和短板,有针对性地进行努力；让孩子学会在这个过程中不断调整自己和家长、伙伴的关系,为日后的学习和成长打下良好的基础。同时,家长要指导孩子养成良好的学习和生活习惯,在学习的过程中能逐渐凸显对兴趣和优势领域的提升,形成深度学习力和成长自信力,即使对自己不擅长的领域也能客观面对。如果家长要用奖励的办法,那么就要着眼于长远,不要只看到眼前的一次考试,而要关注孩子在成绩背后积极面对的态度和持续不断的努力,这些才是最值得嘉奖的。

在青春期阶段,家长可以和孩子平等地讨论学习、人生和社会等问题,特别是如何面对一些至关重要的"负面影响"。小志的问题表面上是学习成绩不理想、厌学,实际上是在化解人际关系时出现了障碍,老师的行为固然不合适,但家长也应该及时了解情况并引导孩子去理解老师这种愤怒之下的表达,教会孩子积极沟通,而不是用消极反抗的方式来解决。值得提醒的是,越是在这样的时候,我们越应该接纳孩子的行为,体会孩子的心情,以防关闭了孩子日后遇到"不良事情"时跟家长交流的通道,让孩子无论遇见什么事儿都能放心坦诚地和家长分享,并向家长寻求解决办法甚至是合理合法的保护。

> 关键词：辍学,痛打,人格否定,情绪宣泄,被动攻击,家长期待,挫折教育,自我管理。

05. 积极看待考试成绩

田宇是个高二的学生，和别的孩子不一样的是，他是自己打电话来预约咨询的，在电话中他说自己得了抑郁症，不能去上学了，希望得到我的帮助。首先，对他主动寻求解决问题的行为，我给予了高度的肯定，称赞他是一个"对自己负责的孩子"。然后，我建议他和父母谈一下自己遇到的问题，得到他们的理解和支持。最后，田宇的妈妈打电话和我预约了咨询的时间。

"他是一个做事情很有主见的孩子，从来都不用父母操心，像个小大人一样。"这是妈妈眼中的田宇。当我问田宇最近是否看过医生或者去找过别的心理咨询师的时候，他都说没有。我感到很奇怪，就问道："那是谁说你得了抑郁症呢？"

田宇很从容地说："我上网查的啊，我最近的感觉和上面说的一模一样。"我就让他从自己感到情绪有变化开始讲起。

事情从高二分科开始说起。从上高中以来，田宇的化学成绩一直不是很好，高一期末考试的时候，化学才考了 47 分。在高二分科的时候，他开始变得很矛盾：如果选择理科，他觉得自己化学基础太差，其他选择理科的学生都是数理化很好的人，以后压力肯定会很大；如果选择文科的话，他本来就不喜欢历史和地理，更不愿意以后从事文科的工作。思来想去，他觉得选择理科只需要克服一门不喜欢的课，选择文科要克服两门，所以他就选择了学理。

虽然不喜欢化学，但是田宇还是一个很有行动力的孩子，高一暑假他让爸爸帮他请了家教，开始补习化学。他非常用功，一个多月下来，把初中和高一的化学从头至尾重学了一遍，他自己感觉挺有效果的，而且渐渐地对化学产生了兴趣。

"原来也不是那么难，其实就是有一些知识点自己没有弄清楚，就觉得自己都不会，现在觉得化学也没有以前感觉的那么难。"说到这里的时候，田宇脸上闪现出自豪的神情。

新学期开始了，他的化学成绩果然有了进步，上课能够跟上老师的思路，课后的习题都能自己完成了，化学老师和班主任对他的变化给予了积极的肯定。"那段时间是我最快乐的时光，每天就盼着上化学课，而且还买了很多化学参考书来看。"田宇眼中继续洋溢着兴奋。我能感受到，那个阶段的田宇内心是充满希望和快乐的。很快一个月过去了，学校照例举行了会考，会考前夜，田宇兴奋得久久不能入睡，他说："我终于盼到考试了，等考试成绩一出来，我的化学分数一定能让我在全班的排名提高一大截，说不定我还能进前 10 名呢。"第二天他满怀信心地参加了考试，他把这次考试看作是重塑自我的一个转折点。

成绩出来了，虽然化学考了全班第四，86 分的成绩已经让老师和同学们对过去 47 分的他刮目相看，然而田宇却没有感到高兴，因为他在这次月考中生物居然不及格，考了 53 分，这对生物成绩一向不错的他来说不能不说是一次打击，致使他好几天都不愿意去上学，每天早上醒来都觉得去学校是一件很痛苦的事情，但是他还是硬着头皮背起书包按时去上课，下课之后也没有心思和别的同学玩儿，只是一个人思考自己的前途和未来。

后来上网的时候，看到网上关于抑郁症的介绍有"对学习、娱乐等活动失去兴趣"的描述，就怀疑自己得了抑郁症。说到这里，我让田宇描述一下知道生物成绩时自己的感受，他说："也许我真的不适合学习，可能这就是大人们常说的命吧，你该是多少名都是命，老天注定的东西人是没有办法改变的。要不为什么化学刚赶上来，生物又出问题了？"我问他："那这一次，全班同学的生物分数是怎样的情况啊？"

想了一会，田宇说："开始，我并没有在意别人考了多少分，知道自己考了53分以后我觉得太没面子了，没好意思去看别人的卷子和分数。但是后来，去看教室后面张贴的成绩表时，我才发现这次大家的生物分数都不是很高。班里平均分才62分，但是这些和我没有关系啊，关键是我高考的时候，生物又要拉我后腿了。"说到这里，田宇眼中的自豪变成了茫然。

我接着说："能给我讲讲这次考试的范围吗？"

田宇说："就是刚开学这一个月学的东西。"

"那生物呢？"我接着问道。

"就是课本前两章的内容，但是我只把老师讲课时候画过的部分背了，复习的时候没有看别的部分，没想到考试却考了很多没有画过的内容。"田宇叹了口气说。

"那我想问一下，"我说，"高考的考试范围是什么？"

想了一会儿，田宇慢慢说道："应该是高中三年所有的知识吧？"

我说："对啊！你是个很聪明的孩子，所以你一定知道整体和部分的关系，月考考查的仅仅是你这个月的知识掌握情况，它只是高考中的一个很小的部分，并不代表你将来高考的成绩。"

"但是，总是这样的话，高考不就没有希望了吗？"

"我相信你不会让自己这样的。"我说，"我是这样理解月考对于一个学生的意义的，每个月来考查一下我们在这一个月的学习情况，看看有哪些我们没有掌握好的知识点，来提醒我们在接下来的学习过程中，能够更有效地去查缺补漏，为高考做更好的准备。"

听到这里，田宇眼前一亮，脱口而出："这么说，这次的不及格并不能预示我高考时生物一定会考不好。"

"对！"我向他伸出了大拇指说，"你是个悟性很高的孩子，所以，我们重新来看一下月考生物不及格这件事情本身对高考的意义。"

想了一会儿，田宇说："这次的不及格，可以提醒我，前两章的内容我掌握得不是很好，但是高考考的是整个高中三年的内容，高一我学得不错，只是这两章没有像以前一样学好，我把它补上就可以了。"

"对，那么现在我有一种感觉，我认为这次月考没有考好对你来说是一件好事。"

"不会吧？"田宇惊奇地看着我。

"你想一想，如果每次考试你都很幸运，考试的知识点恰恰都是你会的，而你不会的永远没有考到，你觉得会怎样？"

"那样，虽然平时很高兴，但是有可能高考的时候就会吃亏，因为我听说很多人平时考试成绩都不错，但是高考意外落榜，可能就是这个原因吧。"

我接着说："对啊，不断发现自己的不足之处，及时地查缺补漏就能增加自己高考胜利的概率！因为我们最终的目标是要在高考中取得好成绩，所以之前的这些考试，都应该看作是在为高考服务。"

说到这里，田宇开始变得轻松自在起来，他笑着对我说："我以前也是觉得自己上高中的目标是为了高考，但是自从上次月考之后，我就失去自己的目标了。因为我很迷茫，觉得自己离目标太远了。"

接下来的咨询中，我们开始探讨这种"以偏概全"的思维模式在其他方面的体现，以及不合理认知对田宇生活的影响。同时，我们不断坚定学习的目标。在这个过程中，田宇依靠自己的力量去克服那些由外界和自身产生的困难，让自己的行动力不断得到提升，从而更加从容、坚定地面对自己的学业，努力去实现自己的理想。

王颖说：

对同一个事件或同一个情境，不同的解释方式将引起不同的情绪反应。有时候，不良的情绪反应并不是由客观的事件、情境引起的，而是来自我们对客观的事件、情境的不合理信念。当遇到挫败时，人往往会自动提取自己不合理的挫败信念，使自己陷入情绪障碍之中。青少年遇到不如意的事情，极容易陷入不良情绪中，而不良情绪恰恰就是他们前行的绊脚石。

著名的哲学家埃皮克提图曾经说过："人们之所以烦恼，并不是因为事情的本身，而是因为他们对事情的看法。"面对不良情绪，我们要承认是自己造成的问题，坚信自己有力量改变，并用合理信念替代不合理信念，接受事实，用有效的行动来应对不良情绪。虽然认知决定行为，但有效的积极的行为，也会反过来促使不良认知的改变。

谭秦说：

高中阶段的孩子对很多事情都有好奇心，也开始有了自主的"判断力"，以为自己长大成人，对很多事情都可以自己决断。他们甚至会故意"躲开"大人的意见，实际上这正是这个阶段孩子的稚嫩之处，也是家长需要格外注意的方面。田宇同学确实是对自己比较负责的一种类型，面对问题时也能努力通过积极的方式加以解决，这是非常值得鼓励的。比起那种讳疾忌医地把自己封闭起来的人他确实好得多，也容易更及时更广泛地得到别人的帮助。但是田宇在网络上（或者别人的某种描述中）发现了类似的"病症"，就开始自我诊断，这种轻易而且非专业的判断容易加深自己的忧虑，从而形成更大的心理压力。

我们经常说"当局者迷旁观者清"，是因为人身处事情当中的时候，容易陷入自己的认知，从而失去准确的判断。我们看到，田宇在考试成绩有起伏的时候，会非常容易地进入到单一的逻辑推理——这次考试考得好，以后高考还有希望；这次成绩不太好，或者自己努力了也不太好，那说明高考就会完蛋。不难想象，这么推理下去还能得到什么结果——高考不好就不能选择好的大学和专业；没有这些以后就找不到好工作；没有好工作就没有好事业，我的一生就毁了……

简单地看，孩子是在担心自己的成绩，但是问题的根源却是这种不正确的逻辑推理和归因模式。如何能够从本质上找到问题的核心，并且帮助孩子纠正这种认知模式，从陷在事情当中的狭窄认知中跳脱出来，重新客观全面地看待问题、分析原因、总结方法，帮助孩子从焦虑情绪和错误推理中走出来，才是家长应当为孩子做的。

　　青春期孩子的生活中，中考、高考几乎是最大的任务，家庭和社会形成的氛围确实给孩子造成了巨大的压力。面对月考中的某科成绩不理想甚至是严重偏科的同学，要在家长和老师的帮助下尽快找到好的学习方法，只要制订合理的学习计划并稍加坚持，那么"阶段性"地取得理想的成绩，实现长远的学习规划应该不难。更宏观地说，在这个阶段教给孩子良好的全局观，让孩子学会对人生进行合理规划，理性看待不同的结果正是青春期孩子不可或缺的人生课，这时遇到困难甚至比顺风顺水更有意义。这个阶段，家长的气魄更会成为孩子模仿的榜样。家长如果能理性地帮助孩子承认自身能力的局限性和做事中的错误之处，再结合不同人的成长故事给孩子以正向的解读，就可以在这个关键时期给孩子一生的生活动力、心态和格局打下坚实的基础。

> 关键词：高二，抑郁症诊断，网络知识，主见，自我负责，考试失误，目标，行动力。

06. 转学期的孩子最脆弱

17岁的小涛，正在读高二。近一年来，小涛已经转了五所学校，最短的一次仅仅在学校里上了三天课。不断转学使他的成绩越来越差，校方提出如果他想继续留在这所学校读书，就必须留级重读高二，小涛家人只得答应了学校的要求。但小涛却怎么也不肯这么做，他说如果要留级一年还不如转学再读，否则打死也不愿意继续留在这所学校读书。可是家人不同意他的想法，他就离家出走了。小涛的父母非常着急，不是他们不想给儿子转学校，而是当地的五所高中小涛都已经读遍了，实在没有办法再给他找一所新的学校。而这次也是小涛第七次离家出走了，小涛的母亲非常无奈地告诉我，这次小涛离家出走和以前还不一样，前几次离家出走都是在家附近的网吧就可以把他找回来，可是这次他却跑到隔壁县的网吧去了。那个县曾经发生过伤害上网少年的连环凶杀案，虽然已经破案了，但是只要一想起来，她就会起一身的鸡皮疙瘩。原来在本县还比较安全，因为地方小，周围的人都认识，但是现在他跑到隔壁县的网吧，万一被人盯上，把他绑走了，后果就不堪设想了。

在基本了解小涛的情况后，我开始了和小涛的谈话，小涛也开始向我表达内心的不满和愤怒。

小涛说："我长成今天这个模样，都是拜他们所赐！我恨他们！老师您说什么都没用，再怎么说也改变不了我的基因，改变不了遗传对我的伤害。如果我能再长高一点，如果我不是这么胖，我的人生就会完全不一样了。你也看见了，我妈那么胖，就像个水桶一样！我就是遗传了她的肥胖基因才长成今天这个样子。还有我爸，他那么矮，所以我也这么矮。像他们那样劣等的人就不应该结婚，更不应该生小孩。像他们那么难看的人怎么能生出好看的孩子呢？他们的基因就有问题。没有人会喜欢我这种武大郎的身材，我的一生已经完了，以后肯定找不到好工作，长得又难看，以后肯定娶不到老婆。我以后都不会快乐的，我不能像其他人一样生活了。"

我问小涛："你觉得父母对你怎么样？"

他咬牙切齿地说："这都是他们应该的，无论他们对我怎么好，他们都只是在赎罪。他们对我好，只是在弥补自己的错误，想让我原谅他们的罪过。"

我继续问小涛："我们先不管父母的罪，你先说说父母对你的好，都表现在什么地方？"

小涛回答道："给我买东西，我要的他们都会给我买。"

我接着问："给我说说都买过什么好东西呀？"

这时候，小涛的脸上露出一丝骄傲的神色，满不在乎地说："名牌的球衣和球鞋，还有索尼的最新款电子游戏机。每次有新款的游戏和球衣，我都是全校第一个拥有者。我还有很多东西是我们县里没有卖的，有的只有在国外才有卖。我让他们给我买，他们就只能听我的话。如果不听我的话，就有他们好看的。哼！"

我问道："如果他们不给买你想要的东西，那会怎么样？"

小涛一瞪眼说："我就不吃饭，还要离家出走，看他们能把我怎么样。"

原来，每当小涛的愿望不能得到父母的立即满足时，他就会用各种办法惩罚父母。开始是躲到房间里面不吃饭，任凭妈妈把门敲破，他就是不吃，也不理会在门外苦苦哀求的父母，除非父母答应自己的要求。后来，父母知道他在房间里藏了很多吃的，就不再担心孩子会挨饿。这招不灵了，小涛又想到摔东西来泄愤。可是父母一点都不担心那些被摔坏的东西，说摔坏了再买，没有什么大不了的。最后，小涛想到了离家出走，这招是跟学校里的朋友学的。这一招特别管用，只要小涛过了晚上 10:30 不回家，父母就会不停地打他的手机，一次又一次地保证答应他的要求，只要他马上回家就行。因此，小涛开始变本加厉，有时整晚躲在网吧玩游戏，手机也不开，把父母急得团团转。父母只能开着车，在全县各个网吧找他回家。

其实，小涛并不是一直都这样的，他在小学的时候成绩非常好，还是班里的班长。在我的鼓励和引导下，小涛开始回忆他的过去。小学的时候，父母经常围在小涛的身边辅导他做功课，小涛当时很勤奋，成绩也很好，一家人相处得很和睦。在小涛上初中不久，父母开始经商了。由于做生意经常要去外地，一家人在一起的时间也越来越少。父母把小涛放在舅舅家，让舅舅帮着照顾小涛。没有父母的监督，小涛开始变得不爱学习，经常和同学上网吧打游戏。父母觉得自己为了生意而忽视了孩子感到很内疚，每次回家都会给小涛买很多礼物并给他很多的零花钱作为补偿。父母把小涛学习不好的原因归结在自己没有时间照顾孩子，没有监督孩子，使孩子变得贪玩，不爱学习。他们从来不会因为小涛学习不好而责备他，反而是他学习越不好就给他更多的零花钱，给他买更多的玩具和礼物。小涛觉得自己穿着独一无二的新球鞋，戴着名牌手表的感觉特别好。大家都喜欢和他交朋友，他也会经常请朋友吃饭，打游戏。

小涛中考没有考好，家里交了几万元才勉强上了一个中等水平的高中。高中的生活和初中完全不一样，老师每时每刻都在督促着学生学习，6:30 就开始早自习，晚上要到十点下课，根本没有时间去玩。因为初中根本就没有好好学习，很多基础的东西都不会，小涛觉得学习非常吃力。而且在当时还发生了一件事使小涛的心灵严重受伤。在高一的时候，小涛喜欢班里的一个女孩，但是对方竟然当着全班同学的面拒绝了他，还嘲笑小涛是个矮冬瓜，癞蛤蟆想吃天鹅肉。这件事发生后，小涛觉得大家总是嘲笑自己长得又矮又胖，觉得自己一点面子都没有了，没两天就转了学。以后的两年里，小涛不断地转学，原因都只有一个：自己长得又矮又胖，没有人愿意和自己交朋友，大家都会取笑自己的体型。

在青春期的少年开始把注意力转移到自己的身上，开始关注自己的外表、体型、仪表，并且开始留意异性对自己的评价，这是一个普遍的现象。但是小涛对自己的外形过分关注却是一个异常的现象。其实，小涛的体型并没有他自己描述得那么糟糕，不断转学的背后是另有原因的。

在进行了三次咨询以后，小涛对我很信任了，我们开始对那些原来他坚信不疑的东西进行澄清。

我问："你觉得自己变成什么样就满足了？"

小涛说："最好是又高又瘦，而且要很帅，像金城武那样就好了。"

我说："哦，像金城武那样确实很好。那你会是一个又高又瘦而且巨帅无比的大帅哥，每个女孩看见都会喜欢你，这个愿望确实很美好。我还想问你，变成金城武以后呢，你想干什么？"

小涛思考了很久，最后有点羞涩地回答："我没想过以后的事，没计划过呢。"

我鼓励他："以前没想过没关系，现在我们在这里好好想一想，计划一下，变帅变高以后，小涛想要干什么？"

又是一段时间的沉默，小涛说："既然我那么帅，就去拍电影、拍广告，像金城武一样靠脸蛋赚钱。"

我说："我们讨论一下明星好吗？"

听到讨论明星，小涛的兴趣上来了。我给他讲了很多明星经过艰辛努力才成名的故事。当他得知金城武也是个大学生，而且他还会普通话、日语、英语、粤语、闽南语好几种语言时，他感到很震惊。原来什么职业都是不容易的。

小涛把头低了下来，很轻地说了一句："我什么都干不了，一切都来不及了。"

通过我的分析和引导，小涛越来越接近真实的自己：学习成绩不好，和在哪所学校并无关系，就算自己变帅变高变瘦了，成绩还是一样糟糕，还是考不上理想的大学，到了社会上还是无所事事。自己除了会吃喝玩乐之外什么也不会，也不曾有过理想和目标，每天都是得过且过。小涛终于明白自己的焦虑并不是来源于对自己外形的否定，而是对未来不确定的焦虑。由于初中对学业的荒废，小涛直到高中才意识到自己学习跟不上的问题，但是又难以处理学习的焦虑，就把负面情绪发泄到对自己身材的不满甚至对父母的攻击上。

我让小涛做一个选择，要做帅气的白痴还是不帅气的智者。小涛立即回答要做不帅气的智者。我告诉他，如果是我选，我会选择做帅气的智者。因为很多时候人好不好看、帅不帅气是整体的，与人内在的修养和气质综合起来的。小涛听后发出了爽朗的笑声，此刻的醒悟对他来说为时并不晚。在后期的咨询中，我通过挖掘小涛身上的优点以及对学科学习状况的分析，为他制订实际可行的目标。小涛留级重读后努力地考上了大学，为自己的人生写下了漂亮的一笔。

王颖说：

青春期的孩子思维方式不够完善，情绪容易失控。面对一些自身无法解决的问题时，思维往往会变得很狭窄，容易把原因和责任推给他人或环境，这种外归因的方式不仅是对自我的一种本能保护，也是自我力量不足的一种表现。家庭教育方式的突然改变，使孩子从被管理的角色急转为独立自主的角色，而青春期的孩子自我管理能力较弱，所以很容易随波逐流。当父母意识到问题的严重性，想重新管理时，孩子就会以敌对的方式表达不满。他们不害怕惩罚，甚至期待惩罚，在承认和强化自己作为失败者的角色之后，他们会变得很敌对。在孩子违反学校和家庭规则的行为背后，是他们为了让别人接受自己的现状，放弃干预的小意图。作为家长，面对孩子的敌对时，要正确解读他们求救的信号，及时寻求专业的帮助和引导。

🧑 | 谭秦说：

案例中的小涛正值高二，一年中经历了五次转学，而今也是第七次离家出走，可想而知这位17岁的少年经历了多大的心理不适和精神上的焦虑。纵观他的成长经历——小学阶段成绩非常好，直至初中其父母开始经商忙碌，把他寄养在舅舅家，每次回来时就买很多东西，不难看出父母的这种"补偿心理"就是事件的开端，由此形成了小涛"外归因"的思维惯性和处理方式。

起初孩子处在被完全管理的状态，那时候并没有显现出什么太大的问题。但孩子突然没有经历过渡期就进入到需要自我管理的状态，面对这种突如其来的自由，孩子瞬间失去了方向。越自由，越没有安全感；越没有安全感，越想试探边界。这时，父母本来应该对孩子的自由做出一些限制，对他的试探做出一些规定，但是小涛的父母却做出了自我的内归因，认为孩子的错误都是自己忙碌造成的，于是又一次错过了校正孩子的机会。在这种情况下，父母的付出对孩子来说是廉价的，因为他察觉到了父母的补偿心理；而父母自己也带着"赎罪般"的愧疚。这时，父母和孩子的关系已经发生了实质性的改变。

同时，这个阶段的孩子正处在对未来之路的迷茫期。尽管做明星也是一种职业规划，但从事这个职业也要付出对应的努力和艰辛。或许也有的孩子不是立志做明星，而是别的职业——医生、教师、技术工人、科学家等，无论他们选择了哪个职业都值得鼓励，我们成人应当为他们提供信息，帮助他们更深入地了解这种梦想意味着什么，为了实现这个梦想要付出什么样的努力，以及不能实现理想时要怎样面对。这样他们才能规划好自己的路，一步一步踏踏实实地走下去，才可能到达彼岸。

> 关键词：频繁转学，环境适应，补偿性养育，外归因，心理应对，职业养成，生命教育。

07. 小升初谨慎大变化

上初二的蕾蕾出生在一个军人家庭，从小在部队大院长大，不论是行伍出身的父亲还是当医生的母亲，对她的要求都非常严格。蕾蕾非常听话，成绩优秀，连年被评为"市三好学生"，是他们大院里其他家长教育孩子的榜样。就这样，在听话、乖、优秀的包围中，蕾蕾上完了小学，顺利进入了初中。这个时候她的生活发生了变化：一是父亲被调到外省工作，每年回家的时间很少也很短，她觉得再也不用害怕爸爸每天盯着写作业、看书了；二是初中的学校是一所普通中学，不像以前的部队学校管理得那样严格，这让她感到自由多了。蕾蕾感到自己像离开笼子的小鸟一样，终于可以自由飞翔了。

进入初中的校园，她看到同学抽烟、喝酒，甚至逃课、早恋，这让她感到十分奇怪。但是她很快发现，在同学的眼里，抽烟、喝酒、逃课、早恋就是平常事，而顶撞老师、挑战学校管理制度更是备受大家的推崇和赞扬。用蕾蕾的话来说，"我觉得他们的生活太精彩了，就是一个字——酷！"从小争强好胜的蕾蕾，是绝不能允许自己"不酷"的。于是，背着妈妈，她学会了化妆、抽烟、喝酒，回家的时间越来越晚，零花钱也要得越来越多。直到有一天，班主任打来电话才让被蒙在鼓里的妈妈感到事情的严重性。

妈妈赶到学校时，被眼前的女儿惊呆了，早上出门的时候还是素面朝天、衣冠整齐的蕾蕾，现在却是——一张被粉底涂抹成惨白状的脸，一张被鲜红色口红浸染过的血盆大口，画成熊猫一样的两个黑眼圈，每次眨眼睛的时候厚厚的睫毛膏似乎都要成块成块地往下掉。这还是那个连年评为"市三好学生"的乖乖女吗？母亲不敢相信自己的眼睛，当听到老师说从开学一个月后蕾蕾基本上都是这样来上学的，而这次叫家长是因为她参与打群架的事情，妈妈当时的感受基本上可以用绝望来形容。后来在做家庭治疗的时候，谈到这件事，妈妈的原话是"当时我真想找个地缝儿钻进去"。

闻讯请假回来的爸爸，更是不能理解女儿的变化。当他正要沿用过去"晓之以理，动之以情"的方法开始说服教育时，没想到遭遇到蕾蕾一场雷电般的"反攻"。盛怒之下，爸爸平生第一次打了她，看着她抱头痛哭的样子，爸爸也不禁泪流满面，一家人陷入了无奈和痛苦的煎熬中。

没想到这次挨打，不仅没有让蕾蕾的不良行为有所收敛，反而使她的行动从地下转移到了公开。她开始当着爸爸妈妈的面抽烟，带同学周末来家里喝酒，浓妆艳抹地出入部队大院，买各种各样奇形怪状的衣服……对于父母的教育不是当面顶撞，就是置之不理，学习成绩也由初一时的缓慢下滑演变为一落千丈。直到初二，期末考试所有的科目都不及格，甚至出现了个位数的分值，这个曾经以成绩优异成为榜样的女孩，第一次感到一年以后将面临上不了高中的威胁，"如果上不了高中的话，我的人生就完了"。而且一直和父母这样闹着，蕾蕾看着他们常常唉声叹气的样子，尤其是爸爸半年时间明显衰老了许多，偶尔也会感到自责和内疚，毕竟从小接受的教育在她的内心还是根深蒂固的。但是真要做到洗心革面，重新开始学习，她又不知道该怎么去做。如果让她像小学时候那样每天除了学习还是学习，实在太痛苦了，那样的生活似乎已经离自己很远了。很快，这种迷茫和困惑开始在她心中蔓延，当她开始为自己的现在矛盾，对自己的未来担心的时候，她又忍不住想喝酒、想抽烟。当她想坐下来和父母好好谈谈的时候，又觉得自己没有勇气更没有这样的机会。正当她不知所措的时候，她突然产生了向心理咨询师求助的念头，于是在预约的时间，我在工作室见到了这位"酷"女孩。

由于这是一个主动求助的女孩，我们很快就进入了咨询状态。她告诉我："现在内心最大的冲突是以后将会是什么样子？如果改正我还有机会吗？"

我要她想象一下，如果她按现在这种情况发展下去，自己的未来将会是什么样子。现在是初二，那么初三的蕾蕾将会是怎么样？在我的指导下，蕾蕾闭上眼睛开始向我描述，声音极其低沉，随着她的描述，我的眼前浮现出这样一幅景象：在学校里，蕾蕾和三五个大妹模样的孩子招摇过市，由于听不懂课，上课大部分时间都在睡觉。所有的快乐都来自中午休息的时间里和她的一些死党朋友在超市里吃东西，谈时尚，谈明星，谈同学间的八卦。放学的时候一般都成群结队地在学校门口等待高年级和外校的朋友。然后，和他们追逐打闹，直到天黑，才不得不回家。到家以后一般就是吃饭睡觉，和家人不沟通。周末的时间就是浓妆艳抹地在五道口、三里屯秀时装，结交新的朋友。

我感到蕾蕾还是一个非常诚实的孩子，同时我也感谢她对我的信任。我问她："初三的生活就是在这样的景象中度过的，那么你觉得快乐吗？"

蕾蕾："有的时候快乐，有的时候不快乐。"

我说："我也感受到了一些快乐，比方说你有很多朋友，谈很多自己感兴趣的事情；你也可以将自己打扮得特别漂亮，展示给同龄的朋友。"

她不好意思地笑了，说："我不好看。"

我再问她："在什么情况下就不快乐了？"

蕾蕾："我害怕见到熟人，害怕见到我小学的同学和老师。我想他们看到我会很惊讶，会很瞧不起我。另外，我害怕上职高。因为我从来没想过我会上职高，但是以我现在的成绩我只能上职高了。"

我问她："怕过去的同学和老师会看不起你，那你看得起今天的自己吗？"

蕾蕾："我说不清。"

从收集的资料来看，蕾蕾遇到的困惑也是很多青春期孩子会遇到的困惑。小学升初中是一个孩子心理和行为的转折点，孩子从被动学习向自主学习转化。一旦没有一个积极的引导，很多孩子就会出现放纵的行为。蕾蕾一直都是让家长很放心的孩子，爸爸的工作变化使家长忽略了孩子的成长。由于是新学校，老师对蕾蕾原来的情况不熟悉，没有察觉蕾蕾发生的变化。当情况严重时，才和家长沟通，延误了蕾蕾正常进度的学习。我抓住了蕾蕾希望被别人瞧得起，而且不希望上职高的心理为切入点，开始进行咨询治疗。

蕾蕾所说的被别人瞧得起，是盲目的。在小学的环境中，学习好表现乖巧会受到老师和同学的瞩目，得到周围的同伴和权威的认同。到了中学以后，蕾蕾想得到同样的关注、瞩目和认同，但是在这所中学里面，她认为只有酷才能得到学校里面称王称霸的人的认同，并成为焦点人物。盲目从众是这个年龄段最大的特征。咨询到了这个时候，蕾蕾父母和她本人对自己的变化有了一个重新的认识。蕾蕾从小得到的是积极的教育，上名牌大学、做律师是她的梦想。但她今天的行为让她感觉到自己离梦想越来越遥远了。

在咨询中，我们认真地分析了蕾蕾的学习状况，由于她小学的学习基础很扎实，初一对学习的影响不是很大。我给蕾蕾出了一道题："暑假一共有 50 天的时间，你想做些什么？"她说想学习，但是落得已经太多。于是我给了她一道选择题："一是用 50 天找家教恶补，把初二的学习内容补上；二是重读初二。这两种方式都可以靠近你的梦想。"蕾蕾睁大眼睛看着我，说："真的？"最终，蕾蕾和她家人做出转学重读初二的选择。在我和蕾蕾的共同努力下，蕾蕾的身心在常态下发展。我相信，她依然会成为同伴中的焦点。

王颖说：

我们常常用"第一反抗期"形容 2~5 岁的孩子，用"第二反抗期"形容 12~15 岁的孩子。第二反抗期孩子的心智很像青色的苹果，形状和成熟的苹果很像，但是里面还是青涩的，他们自认为自己长大了，有见识、有主张，想要摆脱对父母的依赖，有的甚至对父母的管理进行攻击。这个年龄段的孩子非常重视自己在同龄人眼中的地位，他们力求找到知心朋友，渴望得到别人的尊重和接纳。由于具有盲目性，如果是在积极的环境中，他们就可能向积极的方向发展，如果在消极的环境中，就有可能走向消极。因此，他们更需要家长的细心观察和耐心引导，粗暴的教养方式已不适应青春期的孩子。尊重孩子、平等沟通才是正确之路，才能帮助他们顺利地度过人生这一重要的转折期。

谭秦说：

在家是"乖乖女"，在学校是"叛逆典型"，这种矛盾性在孩子的青春期阶段非常典型。虽然每个家长都是第一次面对孩子的青春期成长，但是抽烟、喝酒，回家的时间越来越晚，零花钱要得越来越多等，都不是一天两天的变化，家长到底是因为粗心大意没能及时发现如此明显的外在变化，还是虽然发现了但却束手无策最终导致这种情况一直持续，我们不得而知。

每当环境发生变化，无论是未成年人还是成年人，都需要一个时间去慢慢适应，让自己融入新环境当中。常见的环境适应问题，要么是孩子始终不能融入，要么是在融入过程中出现了障碍，导致孩子更加内向封闭，要么是迅速融入了环境，但是他所融入的是选择筛选后的部分。本案例中的蕾蕾，就属于后者。

面对新的环境，家长需要给孩子留出适应和改变的空间，引导孩子在适当的范畴内尝试和表达；同时也给予孩子必要的信任和无条件的爱，奠定双方有效交流的基础，让孩子在各种尝试中遇到"困惑、挫折或伤害"时能回归爱的港湾。特别是在环境变化阶段，家长需要格外敏锐地关注孩子，发现变化提前引导，也要和学校的老师建立及时的信息沟通渠道。

随着孩子年龄的增长，孩子的朋伴关系也日益发展，不仅成为学习新鲜事物的常规渠道，同时对孩子的影响也越来越大，在某些时候甚至会超过亲子关系。这个阶段的父母一方面要加强和孩子的关系建设，给予孩子充分的信任和有效的引导；另一方面发现不利于孩子身心健康的内容要及时制止，必要的情况下要果断地把孩子从所处的"不良／危险环境"中带离。

蕾蕾自身也把这种"叛逆"当作不好的行为，很想从这种状态中走出来。

这正是家长与老师帮助和引导她的良好基础。家长可以和她一起心平气和地交流，陪伴她在适宜的环境中找到良好的表达方式，甚至借助"个性化美妆"、Cosplay、追星等手段帮助她形成个人的美学立场，激发她的潜力和专注力，这很有可能影响到她将来的学业方向和职业规划。可喜的是，经过及时有效的心理辅导，家长很快完成了孩子的转学手续（改变环境），蕾蕾开始对错失的初二进行复读。后续过程中，蕾蕾父母仍然需要给予孩子更多的支持、鼓励和陪伴。

关键词：乖乖女，叛逆，亲子关系，同伴压力，社会交往，环境变化，需要，礼仪，成长。

08. 家长眼中的好学校，孩子不适应怎么办

虽然小谢的父母在预约电话中已经提到小谢喜欢穿"奇装异服"和化浓妆，但当第一次见到她时我仍然感觉有点意外：皮肤煞白，紫色的嘴唇，深深的烟熏妆，穿一条破洞牛仔裤，加上一件不扣纽扣的白衬衣，戴着蓝牙耳机，身体随着音乐有节奏地摆动，脚上是带铆钉的筒靴，鞋跟大概有 10 厘米高，完全想象不出这是一个年仅 16 岁的中学生。

"仔裤不错嘛！双肩背好像是今年的走秀款？"我问道。

"王老师，你也懂这个吗？我还以为你和我爸妈一样就只知道老土的东西呢。"小谢摘下耳机，露出了笑容。

在咨询刚开始的时候，我先给了小谢一个很大的支持。一直以来，除了能和小部分同龄人分享她的服饰打扮外，小谢的品位经常受到成年人的质疑和批评。当小谢发现我作为一个和她父母年龄相仿的成年人会认可她的流行装扮和

独特品位时，我能感觉到她内心的愉悦。青春期的孩子是非常希望得到别人的关注和肯定的，当这种内心的渴望在现实中无法实现时，矛盾和冲突就会产生。

小谢原来在北京某高中读书，一直都非常关注时尚的事物，经常和同学去逛街，购买最新潮、流行的衣服和首饰。由于家里经济比较富裕，她经常会每两三个月就飞去香港购买当季最新款的朋克服饰，是名副其实的"朋克一族"时尚风向标。随着高考的临近，小谢仍没有把更多的精力放在学习上，依然是上课看杂志，放学逛街下馆子。小谢父母越来越担心，在高二开学之前，他们想出了一个办法，把小谢转到河北的一所重点中学读书。那是一所远近闻名的"玩命中学"，实行全寄宿管理，每天五点半起床，六点开始晨读，七点吃早饭，七点半开始上早课，中午休息一小时，下午上课到六点，半小时晚饭时间，然后就是晚自习，一直上到十点半。这些要求对一个从小在河北长大的学生来说可能只是稍稍严格了一点，但对小谢来说，简直就是折磨。在新学校，同学们每天除了生活必需的事情以外，就全是学习。小谢穿什么，戴什么根本没有同学关注。她想找个人聊流行时尚，大家都没空搭理她。

"他们实在是太土了，同学土，老师也土。在学校里，根本没有人跟我说话，他们都在没命地学。根本没有人在意我的存在，我每天打扮得那么好看，他们居然连看都不看。"

在小谢原来的学校里，虽然班里大部分同学都以学业为重，但还是有一部分同学不爱学习，每天瞎玩，所以小谢可以和这部分不爱学习的同学交往。在河北的"玩命中学"里，基本没有不学习的学生，大家都特别努力。小谢这样的"异类"就难以和同学建立起关系，而建立亲密关系是青春期孩子的一项重要的需求。这样的需求得不到满足，会使孩子的内心陷入成年人难以体验到的孤独感中，必然会引起相应的问题。

"那时肯定觉得很孤独吧？"

"可不是嘛，整天都没有人和我说话。老师还说我长得再好看也没用，不好好学习的人就是废物。"

"那当时你是怎么想的？"

"我觉得那是个垃圾学校，老师、同学都是垃圾。他们太土了，学校土，老师土，学生更土！你是没有看到，那个学校太土了，连上课的桌椅都土。"

为了表示对老师的攻击，小谢最初是上课不听讲，自己塞住耳朵听摇滚。老师对她的态度从批评帮助慢慢变成放任自流，她在课堂上干什么老师都不太管。

小谢最初只是对环境不适应，这种不适应慢慢地投射到学习上，最后泛化到生活的方方面面，连学校里没有生命的桌椅都成了她发泄愤怒的对象。

"你家人呢？他们怎么说的？"

"他们要我坚持，说别人都可以熬过去，为什么我不可以。"

"那么你对他们表达过自己的感受吗？我是指认真地讨论。"

小谢思考了一会儿，说："没有。"

"哦，那你是怎么来表达自己不喜欢这所学校的？"

"哭呗。"小谢脱口而出，"还有就是不吃饭，不理他们，不和他们说话，他们问我话，我也不回答。有时觉得他们太可恶了，我就会砸东西。"

面对环境的不适应和家长的不理解，以及老师不恰当的对待，大多数青春期的孩子都和小谢一样是无力应对的。小谢对家人的不理睬、哭闹，甚至是破坏行为，其实是向家长发出的一种求救信号，向家长表示自己对特定事物的不满或者是强烈需求，而家长往往接收不到这种求救信号，只是把孩子的强烈反应视作是无理取闹。尤其是被动攻击型的学生，他们会对老师或家长布置的作业以及提出的要求表现出一种不作为的姿态，或者干脆把事情搞砸，以表达自己的不满情绪。

青春期孩子的自我发展处于一个相对混乱的状态，突然的、剧烈的、反差巨大的环境变化都是不利于孩子成长的，孩子难以接受这种突如其来的改变，就容易发生心理问题。通过咨询，小谢的父母开始认识到为小谢转学并没有使她得到一个合适的学习环境，不但使学习变得更差，而且连人际交往也出现了问题。不久，他们就把小谢转回原来的高中上学，小谢的情绪也慢慢平静了下来。

在几次咨询以后，我们开始探讨小谢在这件事上应该负什么责任的问题。

"现在我们再回头看看你还在河北上学的时候，当时学习压力大，身边又没有朋友解闷儿，爸爸妈妈也不理解你，你真的是吃了不少苦头。现在事情已经过去了，你觉得，谁要为这件事情负责任？"

"当然是我爸妈了。"小谢把头昂得高高的，"如果不是他们自以为是，我哪能受那些苦。"

"你觉得自己有责任吗？"

"我有什么责任？我是被迫的，又不是我主动要去那个鬼地方的。"小谢理直气壮地说。

"哦，原来你是这么认为的。我记得当时我问过你这样一个问题，就是你有没有认真地向爸爸妈妈表达过你不喜欢这所学校，希望转回原校的想法。你当时的回答是没有，对吧？"

"嗯，好像是这样吧。"

"如果我没有记错，你当时的做法是不吃饭、不理爸爸妈妈、不和他们说话，他们问你话，你也不吱声。有时觉得他们太可恶，你还会砸东西，是这样吗？"

"没错。"

"那你当时为什么没有向你爸爸妈妈真实地表达自己的想法呢？"我开始慢慢引导小谢，以便让她意识到自己必须要为自己的行为负责。在咨询初期，过早涉及责任问题会使孩子觉得咨询师是和父母合伙来教育自己的，易发生阻抗。对于这类问题，我一般会适时地谨慎介入。

"我好像从来都没有想过这个问题。"小谢显得有点儿迷茫。

"你想一下，什么人一旦得不到想要的东西，或者缺乏必需的东西时只会大哭大叫，什么也不做？"

小谢思考了片刻，突然"噗"地笑了出来："婴儿。"

"对。那你看你那个时候像不像一个婴儿？"

"哈哈！你说我像婴儿吗？"

显然，通过咨询的深入，小谢已经慢慢认识到，自己也要为这个事件的后果负一定的责任。当时她只是一味地采取反抗和退行等不恰当的行为方式，并没有通过交流等合理的方式使父母明白自己真切的感受。

在咨询的后期，小谢终于明白每个人都要对自己负责，父母要负的责任是担负咨询费用、给小谢办理烦琐的转学手续等。而自己也要为没有向家人真实地表达自己的意愿而负责，否认和退行并不是解决问题的有效办法。意识到自己的责任后，小谢和家人的关系逐渐有所改善，学习成绩也慢慢有所提高。

👤 | 王颖说：

青春期孩子的自我发展处于一种相对混沌的状态。面对突如其来的断崖式环境变化，孩子一般都难以接受，巨大的落差极易产生心理问题。这时候，孩子面对陌生的环境、严格的制度、各自为战的同学，会有一种格格不入、不知所措的孤独、恐惧和焦虑的感觉。当孩子和自己的不良情绪抗争时，很容易借助与外界发生的摩擦来缓解自己内心难以消化的负面情绪。此外，父母对孩子成长的管理要有一致性：小谢的父母平时溺爱，让孩子对物质的追求过早成人化；高考将至时，又如临大敌，对小谢采取了强权的管制，天真地以为只要在高压严苛的学校，她就能自然地成为他们中的一员。由此可见，松紧带式的管理对孩子健康成长的破坏性是巨大的。学校无好坏，适合才是最重要。

👤 | 谭秦说：

我们常说，一个亲自带孩子的母亲，能在众多孩子的哭声中分辨出哪个是自己的孩子，也能在自己孩子不同类型的哭声中大致判断出原因，这是在长期有效的亲子关系中练就的"本领"。但是随着孩子慢慢长大，我们以为孩子已经能用语言表达了，就会忽视孩子其他的表达方式，甚至对一些不符合家长要求和期待的话语还会自动忽略，这就导致了孩子与家长的沟通完全无效。久而久之，沟通的渠道就被荒置了。

青春期阶段的有效沟通是家庭教育的核心问题之一，甚至说是最核心的问题都不为过。孩子遇到问题时能够信任家长，愿意清晰完整地向家长表达；同时，家长能积极地给予回应，并且与孩子一起面对，想方设法解决他们所面临的困境——这种积极的沟通模式本身就成功了一半。

家长要学会理解孩子在不同时期表达和交流的方式，婴儿期孩子的各种哭声、少年期孩子的恶作剧、青春期阶段的特异化表现都是他们不同的"求救信号"，家长应该熟知并及时妥善引导。如果无法在家庭中找到表达与交流的途径，孩子就会去同学和朋伴关系中寻求，或者通过网络、书籍和社会化的交往等一切可能的方式加以解决，而这些方式可能会带来巨大的隐患。还有的孩子就是默默忍耐直到无法忍受，产生这样那样的情绪问题，甚至是躯体化的病症。

早期的亲子关系是有效沟通的基石。在孩子不同的年龄阶段，家长要让孩子试着用语言表达自己的意愿，并给予孩子积极有效的回应，形成亲子沟通的良性循环。如本案例中小谢喜爱的"朋克文化"，家长完全可以将其当成双方有效沟通的突破口，拓展孩子的美学知识，借此激发孩子的学习兴趣，帮助和引导孩子规划职业方向。

> 关键词：沟通方式，亲子关系，非常规表达，局限性，压力，心理满足。

09. 考名校不是唯一的目标

长期以来，家长都有一个误区，认为只有学习不好的孩子才会厌学，或者是厌学的孩子都是因为自己学习不好。我曾经的一位来访者秀秀却是这样的一个例外：她是一个厌学的"市三好学生"。

秀秀是北京某重点中学的学生，穿着整齐、谈吐得体，对人也彬彬有礼。她妈妈在电话中告诉我，秀秀在高考前夕就开始不愿意去学校上课，后来不得已去参加高考后，情绪就一直很低落。今年开始复读，又整天把自己关在房间里，就是不愿意去学校上课。

在咨询室里，我们有以下的一段对话。

"我们来谈一谈你的学习，你在现在的班里排名多少？"

"排在前 5 名左右，班里面一共有 30 多人吧。"

"成绩很不错呀,那么在原来班里的排名呢,也是这样的情况吗?"

"也差不多吧。"秀秀思考了一会儿,回答道。

"那么各科的成绩呢?有没有特别差的科目?"

"各科成绩都比较平均,没有偏科。"

"我觉得你真棒!我认识的很多学生都会偏科,但你没有这样的情况。"

秀秀低头沉思了片刻,说道:"但是现在我都学不进去了。"

通过一系列的沟通,我发现秀秀的学习能力其实非常强,她在学习上有自己的独特技巧,只是一直纠缠在担心高考的情绪中无法走出。

在第二次咨询快要结束的时候,我留给秀秀一个另类的"家庭作业":回家以后把家里所有的有关学习的、高考的书全部打包。以后每天就出去玩,学校也不去了,每天爱玩什么就玩什么,完全不用理会所学的东西。

秀秀诧异地差点儿没叫出声来:"王老师,我那样能行吗?我还想参加高考呢。"

我告诉秀秀,我们只要100天就足够了,考前100天我们再玩命地学习,现在就放假,到时候再学肯定没问题。我提出一个口号:"我们要做最快乐的高考生。"

从那次咨询以后,秀秀除了每周定期来做咨询外,就是自己出去玩。北京大部分的公园、博物馆、展览馆都逛过,我们的咨询也从来不提起学习的事情。那一个多月的时间里,秀秀就像换了个人一样,以往所有的焦虑、抑郁情绪都消失了,她每天都快活地生活着。

终于到了高考前100天,我认真地对秀秀说:"我们要开始打硬战了,你准备好了吗?"

"准备好了,我现在就听您的!"秀秀坚定地回答。

经过谈话的深入,我渐渐发现秀秀一直把高考视为人生的最终目标,这样的考生其实并不少见。尤其对于那些没有太多其他兴趣爱好的学生来说,考上一所好的大学就是他们12年寒窗苦读的唯一目标。只有调整对高考的错误认知,才能使秀秀正确地面对高考,降低考前的焦虑。

"秀秀,你能告诉我你的人生目标是什么吗?"

"考上一所好的大学，做一个成功和卓越的人。"秀秀斩钉截铁地回答，几乎不带一点儿思考的时间。

"那么我们现在来做一个假设。假设你现在已经考上了你最希望上的大学——北京师范大学了，你的目标已经达到了，那现在你还有其他目标吗？"

"我……"秀秀犹豫了片刻，"王老师，我不知道。我从来没有想过这个问题，那你觉得呢？"秀秀迷茫地看着我，眼神里流露着急切的期望，期望我给她一个答案。

"其实一直以来，高考对于你来说都是你生活和生命的全部，你做的每一件事情都是为了实现高考这个目标。但是我们现在一起来检查检查，高考是否能够成为你人生的最终目标？"

她沉思良久说："好像也不是最终目标。"

"我能感觉到你是一个非常要求上进的女孩，是一个不断追求成功的人。但是高考只是我们为了实现最终成功的一个阶段目标，高考的成功也并不意味着人生最终的成功。"

在这一次的咨询中，通过对人生目标和理想的探索，我渐渐让秀秀认识到高考只是成功人生的一部分，而不是全部。只有调整她对高考的这种错误认知，才能改变她对高考那种不合理的焦虑情绪。

在最后几次咨询中，我们把职业理想列为咨询的中心。

"大学最想读什么专业？"

"无所谓吧，只要学校好就行，读什么专业都可以。"

"那有没有考虑过大学毕业以后要从事什么样的职业呢？"

秀秀皱着眉头，思考了一会儿，"我觉得酒店管理挺好的。"

确定目标以后，我们开始讨论一名成功的酒店管理人员需要具备什么样的胜任特征。而这些胜任特征中，有哪些是自己具备的，又有哪些是自己不具备的。在那些自己不具有的特征中，哪些是能够通过自己的努力实现的，又有哪些是无论自己怎么努力和学习都没办法实现的特征。就像一座冰山一样，在水面上我们看得见的那部分通常是容易被观察到的，但并不是最重要的。水平面以下的那部分冰山，才是我们要考虑的对象，即职业的胜任特征。

为了清楚说明胜任特征的意义，我给秀秀举了个例子："如果说一个人要当一个出色的律师，好像是只要他本科读了法律专业并考过司法考试，拿了证后就可以开业了。但这些都只是冰山露在水面上的那一个小角。要成为一名律师还要有敏捷的洞察力和果断的判断力，需要思维敏捷、头脑清晰。如果这个人一直是做事磨磨叽叽的，决定晚上是吃馒头还是米饭都要思考半小时的人，说话结结巴巴，很怯懦的人，即使上再好的大学，司法考试的分数再高也成不了出色的律师。"

模糊不清的目标是难以行动的，不行动不作为就只能沉浸在焦虑中。通过对酒店管理这一职业的胜任特征的探索，秀秀对自己的职业目标有了一个更清晰和现实的了解，只有将抽象的认知具体化，才能制定清晰的行动目标，才能采取具体的行动。

在报考学校之前，我们对选择学校进行了深入的讨论。秀秀最终认识到大学的专业是为职业规划做准备的，选择专业要比选择学校更为重要。秀秀放弃了报考北京师范大学，选择了一所酒店管理专业很强的大学，并最终以优异的成绩考上了该大学。

王颖说：

由于全社会都把高考看成是决定命运的门槛，学校、家庭对高考生给予了过高的期待。跨过门槛好像就可以前程似锦，被拦在外面似乎就会一片灰暗。高三的学生背负着巨大的学习压力和情感压力。表面上看是秀秀对学习产生了厌倦，实质上是她对高考未知结果的恐惧。秀秀担心一旦高考失利，自己无力面对，因此通过不去上学这种逃避的方式，为自己找了一个绝佳的避风港。高考不是终审判决，它只是决定了未来四年我们在哪里学习、生活。高等教育是为将来更好地适应社会而做的前期知识准备，高考生不应该只是为了高考而高考，为了分数而高考，为了名校而高考，为了面子而高考，而忽略了自己对未来职业的规划，以及对自我胜任特征的洞察。

👤 | 谭秦说：

　　青春期孩子的人生有很多种可能，家长要和孩子一起树立正确的"高考观"：高考很重要，但不是唯一重要的事情；为高考全力备战和完全为高考而活是两回事。如果家庭对孩子高考过分关注，一切为此让路，甚至亲人亡故也不告知，父母感情不和却一直隐忍，等孩子高考一结束就离婚等等，这些做法都会使孩子在高考结束、成绩落定之后承担更大的压力，无论分数高低都很难面对。

　　当整个社会面对高考都如临大敌之时，孩子本能的洞察力已经让他们不自觉地进入到一种紧张的状态。作为家长，不应该在这种紧张的状态下再给孩子加码，而应该不断开拓自己的眼界和思路，看到创新教育、国际教育和职业教育正在逐步给孩子创造更多的出路和机会，相比名校而言更重要的还有人生规划和生命的境界。

　　案例中的秀秀是一名复读生，在成绩非常优秀的情况下出现了厌学，幸好家长及时察觉并向专业心理机构寻求帮助；而咨询师也在充分评估学生成绩和备考时机的基础上提出了"休克疗法"，把她的短期目标树立为最快乐的高考生，使其焦虑、抑郁情绪都消失后再开始长达三个月的备考冲刺，最终考上了理想的大学。更为宝贵的是，让孩子的高考目标和人生目标都清晰化，不仅调整了高考院校，而且改变了专业方向。可想而知，如果秀秀没有这样的规划，仅仅是冲着名校名专业而报考的话，一旦落榜，该是多么遗憾；即使考上大学，也会产生新的迷茫，在集体中随波逐流；如果不能及时调整，求知欲就会降低，最终导致实际能力缺失，这又何尝不是个体人生的遗憾和社会整体的遗憾！

> 关键词：名校，偏科，学习厌倦，行为与情绪，目标，人生，事业，酒店管理，职业规划。

10. 高考不是学习的终点

18岁的花季少女正处在爱美的阶段，一头乌黑亮丽的秀发更是无数女孩梦寐以求的。而郑君却不这么认为，"高三时期，时间空前紧张，怎么能够为头发而耽误时间呢？"所以，在一次月考之后，她毅然做出把自己的一头长发剃掉的决定。

事情还得从郑君第一次参加高考开始说起。郑君学习一直名列前茅，从小学、初中到高中，她一直都是周围家长教育孩子学习的榜样。郑君内心对自己的期望也很高，她从上高中的第一天起就把"考上清华大学"作为自己的学习目标，并且时刻提醒自己要好好学习，为自己的理想而奋斗，还把自己的这个想法告诉了家长和周围的叔叔阿姨，大家听说后都夸郑君"志向远大""有魄力"。随着高考的一天天临近，她也不断给自己加油，高考结束报志愿的时候，她只在第一志愿中填写了"清华大学"，别的都不填，最后还是爸爸瞒着她，偷偷找老师给她补填了其他学校。

高考成绩出来了，郑君以 10 分之差与清华大学失之交臂，但是她很快收到了上海某重点大学的录取通知书，专业也是自己很早就想学的"计算机专业"，就在全家人都为她收到通知书开心并准备庆祝的时候，郑君告诉父母："清华大学才是我心中的真正的大学，所以我决定不去上海，再考一年。"一开始，父母坚决不同意她去复读，认为能够考出这样的成绩已经很好了，明年是什么情况谁也不敢保证，而且上海的这个大学也是全国有名的重点大学，就苦口婆心地劝说。但是这都无法动摇郑君的决定，她不仅没有去碰那张通知书，反而把自己关在屋子里学习。眼看着去学校报到的日子一天天临近，郑君丝毫没有改变决定的意思，父母只好请来了爷爷奶奶、叔叔阿姨等一大堆人来劝说她。面对一屋子的人，郑君一时觉得百口莫辩，只好说，上清华是自己最大的心愿和梦想，希望家人能给她一次证明自己的机会，否则她会留下终生的遗憾，说着还落下眼泪来。大家被她的执着打动了，最后郑君和父母达成协议——"再考一年，明年无论是否考上清华大学，都必须去上大学。"这样，郑君又一次回到了学校，进入复读。

复读一开始，郑君就告诉自己："这是最后一次机会，人生的成败就在这一年了！"于是她更加刻苦学习，她的毅力和刻苦的程度是周围同学无法想象的，达到了忘我学习的地步。但是几次考试下来，她都对自己的成绩不满意，认为自己的成绩上清华的风险还是比较大的，"我希望我的成绩每次都能百分之百达到清华的分数线，这样我就踏实了！"于是，她开始寻找各种提高成绩的方法，买了很多高考辅导书，抓紧一切时间做题，并且把全国各地的高考模拟题做了一份又一份，因为她觉得"清华大学是面向全国招生的，所以我不能只做我们省的题，我要看遍全国各地的高考试卷，这样我就更多了一份把握。"一个月之后的再次月考中，郑君的成绩虽然还是第一名，而且比第二名的成绩要高出很多，但是她依然觉得自己的成绩还是不保险。所以，当老师让她在班会上向其他同学讲述一下自己的复习经验时，她只说了一句"我的成绩离清华还很遥远，没有什么，只有抓紧时间学习。"就回到自己座位开始看书，扔下了一脸疑惑的老师和惊愕的同学。

月考后，郑君开始新的思考："我那么努力地做辅导题，做模拟题，怎么成绩还是不好呢？我觉得可能还是时间上的问题。大家学的都一样，都在刻苦，老师讲的都一样，所以只有学习时间长短上的差异了！"找到这个原因之后，郑君开始为自己寻找节省时间的办法。

从此，她把自己每天晚上的睡眠时间减少到 5 小时，吃饭时间必须在 20 分钟之内，为了把放学回家走路的时间节省下来，她要求父母在学校附近租房子，全家搬到那里去住。为了帮助女儿实现"清华梦"，父母答应了并且很快搬到了学校附近。但是郑君还是不满意。有一天在洗头发的时候，她突然想到有一道数学题自己刚才没有做出来，现在想出解题思路了，想马上回到书桌前把那道题做完。但是头发洗了一半必须洗完才能走，这时候郑君突然想："原来洗头发也是耽误时间的，洗一次差不多一刻钟的时间，每周洗四次的话，不就是 1 小时的时间吗？如果没有头发，每次用毛巾一擦就可以了！"这种意外的发现，让郑君欣喜若狂，她马上到楼下的理发店要求理发师给她剃个光头，理发师坚决不肯，担心她事后会后悔，并且以自己不会剃头来拒绝她的要求。郑君回到家，让爸爸给她剃头，听完她剃头的理由之后，爸爸说道："一个女孩子，剃成光头怎么出去见人？你不觉得丢人我还觉得难为情呢！"郑君的回答更让爸爸感到惊奇："如果考不上清华，我更没法出去见人！跟你说吧，我誓死要考上清华！"说完摔门而去，晚上回来她把帽子一摘，光亮的脑壳把爸爸妈妈吓了一跳，原来她自己找了一家偏僻的理发店，花了很大的一笔钱，理发师才答应把她的长发剃掉。怀着胜利的喜悦，她在自己房间的墙上写下这样两句话"剃去青丝为高考，若不成功就成仁！"让父母在惊叹她的决心之余，不禁有些担惊受怕。

很快，新的月考又结束了，郑君的成绩不仅没有她预期的突飞猛进，而且还有了小幅度下降。一时间，她感到自己的世界天崩地裂了："全完了，我所有的办法都尝试了，还是考不上清华大学，我的理想破灭了，我的人生没有意义了！"回到家后，她开始大哭，不肯吃饭，越想越觉得自己的人生没有意义，就想到结束自己的生命。她开始偷偷写遗书，被妈妈发现了。父母觉得郑君的问题已经发展到了无法控制的程度，就带着她来到我的工作室。

郑君戴着一顶黑色的帽子，帽檐压得低低的，使她的脸显得很苍白、窄小。

我说："离高考还有半年多，你有什么想法？"

她低声说："没什么想法，一切都完了。"

我问："一切都是指什么？"

她抬起头看着我，说："学业、未来。"

我微笑地说："我们讨论一下你的学业、未来好吗？"

她沮丧地说："我真的已经尽全力了。考清华是我的梦想，如果考不上，我的生活将没有任何意义。"

我问："你对生命的意义是怎么理解的？"

她坚定地说："一个人应该有理想，人生不能在碌碌无为中度过。我想上清华大学，因为只有清华可以让我实现梦想！"

我说："难道有意义的人生就是上清华大学？"

"当然了。"她望着我，似乎对我的问题感到疑惑。

我问她："清华大学毕业后，干什么？"

她很快回答："到世界五百强公司当软件工程师。"

我说："哦，原来做软件工程师是你的梦想。"

她兴奋地说："我从小就喜欢电脑，我非常希望能将自己设计的软件给全世界的人分享。那我将多快乐呀！"

看到郑君的情绪不再像刚来时那样低落了，我顺势说："我感到你真正的理想是做一个优秀的软件工程师。"

她点点头。

我告诉她："一直以来你都是一个在学业上比较顺利的人，不断的成功使你片面地认为，只要努力就可以得到自己理想的成绩，于是你把所有的责任都归结到自己身上，拼命地给自己加码，忽略了其他原因的存在。当你感到自己已无法再挖掘的时候，对未来的恐惧、焦虑就席卷而至，你无力战胜它们，就想采取自杀的逃避方式来解决。"

她困惑地问："还会有其他原因吗？"

我诚恳地说："高考就像是全国考生的一场赛跑，而考进清华大学只能是跑得最快的少数人。一个成功的运动员一定要具备良好的心理素质、健康的体魄、突出的运动成绩、优秀的教练员等。而你似乎一直在被焦虑左右，看到别人做卷子你焦虑，想方设法找全国各地的卷子做。为时间不够焦虑，因此剃了个光头。你恰恰忽略了劳逸结合，忽略了心理素质的锻炼，忽略了学习方法的调整。你把自己限制到了一个不自由的状态，最终赛跑还是没到终点。"

她着急地说："我还有机会吗？"

我说："机会无处不在。你将上清华大学——进世界五百强——当优秀的软件工程师——让全世界的人分享你的成果——人生有意义，看成了一个必然的结果。上不了清华大学，后面的希望就都消失不见了。在你的夸大下，上清华大学成了你人生唯一的路，你的生活不再自由了。我想问，在世界五百强的企业里，有没有优秀的软件工程师并没有在一流的大学学习过，但他们通过自己努力依然做出了卓越的成绩？"

郑君想了想说："应该有吧。那我怎样让我的生活自由呢？"

我笑了笑说："其实离高考还有半年，你在一所重点高中补习，老师有着非常丰富的经验，只要我们按照老师引导的节奏去复习，以你的成绩能够上一个不错的学校。另外，我想问，读完本科你就不再求学了？"

郑君回答："不，我还要读硕士、博士呢！"

我接着说："是呀！本科不是你求学的终点，终身学习才是当今社会的趋势。"

郑君高兴地说："王老师，现在我心里舒服多了。我还以为我这辈子完了。我明白了，只要我尽力去考，一直努力，我就一定有未来！"

王颖说：

人的一个突出的特点是从生活中努力地寻找所谓的重要性和意义，而意义恰恰不是我们可以直接寻找和获得的，它是无形的，只有在恰当的载体上我们才能感受到。你越是刻意地寻求它，越有可能迷失。当你认为你生活的世界没有意义，沉浸在对是否继续努力、是否继续活着的苦思冥想中而不去实践时，你将原地打转无法前行。如果固执地认为某一件事没有随愿，人生就没有意义了，那你将处处碰壁。对于意义，我们只能在实践中追求，它体现在学习、工作、创造、建设中，体现在你曾经努力过、奋斗过，没有荒废生命的过程中。只有在行动中才能找到真正的意义。

谭秦说：

年龄渐长的我们，愈发懂得人生没有什么东西是"唯一"，对于那个梦想的唯一，原本就有很多B方案可以替代，可以迂回达到目的。有时候，能不能达到那个终点也不是成功的标志，有没有足够有效的B方案才是判断我们是否成功的标志。可是，我们如何让孩子在青春期这个树立人生目标的关键阶段明白这样的道理，看到生活的真相，从而有因地制宜的态度和做法，这才是我们在教育当中应当思考的。

我们不是说要佛系生活，一切随缘，得到得不到都无所谓，这个没得到就换另一个，所以我们不要太较真，不要太执着，甚至不要太坚持。而是说，如何帮助孩子判断什么才是他的终极目标，而达到这个终极目标的路，是不是只有一条，还是说也有另外一种可能。同时，也帮助孩子学会对不同的可能性随时随地地进行总结，面对环境的变化时能够及时更新原有的认知，学会更加全面长远地看待问题，深化自己的认知，弄清楚什么样的选择才是更好的选择。

案例中的郑君，自己清晰规划了一条成功路径：上清华大学——进世界五百强企业——当优秀的软件工程师——让全世界的人分享自己的成果——人生有意义，这是非常值得肯定和鼓励的。作为家长不应直接简单粗暴地告诉她，这个目标要一步步地实现，去上海的大学也不是不可以，那个大学也挺好的云云。而应该通过引导性的沟通来帮助她丰富对成功路径的认知，比如人生有意义是不是只能通过"让全世界来分享你的成果"来实现？让全世界人分享成果，是不是只有"成为优秀的软件工程师"这一个选择？而成为优秀的软件工程师，是不是只能通过"进入世界五百强企业"才能实现？以及进入世界五百强企业跟"上清华大学"是不是有必然且唯一的联系？通过这样的方式，可以让她原本单一的直线型发展规划，变得有分支，有细节。

家长要尊重孩子自己选择的目标，但是也要在孩子追寻目标的过程中，利用家长的人生阅历、社会经验和资源，帮助孩子综合分析日新月异的社会发展态势，丰富其达到目标的路径和方案，这才是家长能为孩子提供的最有效的帮助。

在这样的信息整理、自我分析、步骤调整、目标校正的过程中，无论是孩子对目标路径有了更加清晰的认识，还是改变了最初的方向有了更好的选择，他们对自我、对世界、对社会、对未来的认知都会变得更多维、更完整，这是他们成长里程中最可喜的收获，也是生命真正的意义所在。

关键词：名校，复读，唯一目标，意义，时间规划，职业路径，终身学习，社会责任。

青春期孩子对独立自主有着强烈的渴望，但许多愿望因各种因素往往得不到理解和实现，因而他们的内心产生了强大的内驱力，促使个体在接受不良的刺激的过程中得到满足。另外，青少年还会萌发出许多不被正常的社会意识所容许的本能欲望，在现实生活中又没有表达的机会和释放的空间，从而使得个体必须寻找一个去社会抑制的环境来释放潜意识中积聚的张力。于是不良诱惑乘虚而入，不良习惯得以形成。

青春期是形成世界观的关键时期，家长应该以身作则，创建温馨的家庭氛围，以防御外界的不良刺激和诱惑。同时引导孩子的行为符合社会期待，帮助孩子把握正确的人生方向。让孩子积极参加有益身心发展的文体活动，把年轻旺盛的精力投入到掌握技能、发展特长、丰富业余生活的活动中，淡化和转移青春的躁动。鼓励孩子积极参加朋辈的集体活动，在活动中可以与同学进行近距离的交流，既满足同学间的互动需求，又能增加人际交往实践。关注孩子的言行、交友的变化，发现问题及时沟通，切不能粗暴对待。面对孩子情绪不稳定、易激怒，家长应帮助他们学习情绪管理，掌握自我调节能力。发现孩子郁郁寡欢、孤独自闭、自伤自残，一定要及时干预，不给心理疾病侵袭孩子的机会。

做青春期孩子的父母，不能雾里看花，水中望月。一定要在了解中理解，在理解中同理，帮助孩子安全地度过青春期。

第二章

安全

青春期安全知多少

01. 和陌生人保持距离

一个阴雨连绵的下午，我正在办公室里写咨询报告。听到门外有声音，我急忙出去，看到一对母女正在拉扯，妈妈努力把女儿往我办公室里拉，女儿蹲坐在地上往后躲。

妈妈说："你给我进来，你绝对有病！"

女儿说："你才有病呢！"

我连忙上前拍了拍妈妈的肩膀，妈妈一看是我，眼泪夺眶而出："王颖老师救救我吧。"

我说："别着急，别着急，你先进屋，我来跟她说。"

我用双手把女孩子从地上拉起来。这是一个十二三岁的文静、漂亮的女孩儿，我理了理她凌乱的头发，跟她说："别着急，怎么回事儿呀？"

她咬着嘴唇，说："我妈说我有病让我来这儿，我觉得她才有病呢！"

我拉着她僵硬的小手，边往屋里走边说："让王老师看看，到底你和妈妈谁有病。"

听了这句话，小白的手没有那么僵硬了。

进了办公室，我让她在等候区看书，我和她妈妈进咨询室先进行了一番交流。

"王颖老师我终于找到你了，你知道我有多难吗？这孩子我都不想要了，气死我了。"

我说："你别着急，到底发生什么了？"

"事情是这样的，我女儿叫小白，今年上初一。近几个月我就觉得这个孩子不太对劲儿，学习成绩不好，也不抓紧学。我一说就和我拉拉着脸，也不和我交流，像我欠她的似的。经常拿着手机在洗手间里待很长时间，总感觉她鬼鬼祟祟的。昨天是周末，按照我和她的约定，周末可以玩两个小时的手机。可她白天不动手机，到了晚上8点多，就抱着手机到阳台，边聊天边笑。我更加觉得不对劲儿，就趁半夜她睡着了，用她每一个手指头来试指纹密码，终于小拇指成功了。您说说这孩子多阴险狡诈，坦荡的人都用食指或中指设指纹密码。"

我笑着打断她："小孩子和我们的思维不一样，我女儿还用大拇指呢。"

她似乎屏蔽了我的插话，继续说："打开微信一看，我简直就气惨了，我看到她在微信里面频繁地和一个头像是黑蜘蛛的人交流。'你睡了吗？做个好梦。''你想我了吗？''明天接你，去哪吃饭呀？'还有恶心的表情包。"

我问："她大概从什么时候开始和这个人交流的？"

小白妈妈说："我翻了翻，应该有三个月了。我现在又生气又担心，这孩子怎么就学坏了呢！王老师，你帮我看看，还有救吗？如果没有救，我就把她送到她爸那儿，我也落个眼不见心不烦。"听她这口气，我感到小白生长在一个离异家庭。看了小白妈妈给我的微信截图，我觉得小白应该不是和同龄人在交流。因为小白经常用表情包、语音和对方聊，但对方都是打字。

我让小白妈妈先在等候区冷静冷静，然后把小白约进咨询室。

她一进门，就小声嘟囔道："我妈就是没事找事，我又没招她惹她，她生气都是她自找的。"

我说："你妈妈确实是很生气，生气就是人遇到事情的一种情绪反应，有的人觉得这个事情不值得生气，有的人觉得特别生气，这只是不同人的不同体验，没有对和错。你来讲一讲，发生了什么事情让妈妈那么生气。"

小白轻描淡写地说："没什么可说的，我在微信里和好友聊天，被我妈发现，偏要问我是谁，干什么的，怎么认识的。我都这么大，我都上中学了，您说她是不是管得太宽了？再说她管得了我一时，还管得了一世呀！您跟她说说，让她少操点心，多关心关心她自己和她弟弟就得了。"

我并没有顺着她的话题说，而是让她把微信好友黑蜘蛛介绍一下。一听我喊那个微信好友是黑蜘蛛，小白脸上有了笑模样，跟我娓娓道来。

"黑蜘蛛是一个特别好、特别善良的大哥哥。一天早上，我背着书包乘坐公共汽车上学，黑蜘蛛哥哥好心地拍了拍我的肩膀，说，'小美女，你的书包拉锁没拉上。'然后帮我拉上了拉锁。我们一路开心地聊天，黑蜘蛛嘱咐我车上坏人多，以后要小心。临走还和我加了微信，说遇到困难可以找他，他一定会帮我的。后来我们就开始微信聊天，也没有什么呀。你看电视剧里面不经常发生偶遇、邂逅吗？每一个朋友不都是从陌生人开始的？哪有人天生就认识很多人啊。我不想跟我妈妈一样，每天就是两点一线，上班、回家，回家、上班。然后每天就盯着我，没有一个朋友。你看别的同学家长，一会儿去同学聚会、一会儿去旅游，多快乐呀！您看我妈一副苦瓜脸，人缘差、没人理，孤苦伶仃的。"

就这个话题，我问小白："你和黑蜘蛛认识多长时间了？"

小白两眼放光："还有 4 天就 100 天了，我们还约好了一起吃饭庆祝呢。"

我问："你在学校同学关系怎么样啊？"

小白的脸一下子晴转阴，"唉，别提了，我特别特别倒霉，本来我不应该派到这个学校。就因为我舅舅的儿子想上我上的小学，我妈就和舅舅换房，我也就到舅舅房子这边的中学上学了。"

我说："你上中学已经好几个月了，有没有结识新的朋友呀？"

小白小声说："没有，他们小学就在一个学校，已经是好朋友了，所以我也没办法加入。我跟我妈说了，她说，'你不要管别的，学习好是硬道理'。"

我调转话题问小白："你们在微信中都聊什么？"

小白兴高采烈地说："有的时候我就给他讲讲我不开心的事，讲讲我同学的八卦，讲讲学校发生的事，有时候我妈要求我太严厉，我也会跟他说，他好像什么都懂，都能帮我疏导，跟他聊完，我就开心了。"

我开始理解小白对一个陌生人的依恋和赞许。我说："刚才听你说要在认识100天时和黑蜘蛛吃饭庆祝，你们见过面啦？"

小白自豪地说："当然了，我们是好朋友，有时候我们一起吃饭，一起看电影，一起逛街聊天呢。"

"这些妈妈知道吗？"我问。

"当然不能让妈妈知道。黑蜘蛛哥哥说，这是我们的秘密，不能让任何人知道。"

接着，她警觉地说："王老师，你不会告诉我妈妈吧？"

我给她看了看保密的条例，她长出了一口气。

我轻松地说："我看黑蜘蛛哥哥很了解你，你了解他吗？他是干什么工作的？多大年龄？叫什么名字？"

小白低头思索了一会儿，冲我摇摇头。

我说："你给我讲一讲你们都看什么类型的电影？经常在哪个电影院看电影？在看电影的时候他如何关心你？"

小白边回忆边回答："我们都是去看恐怖片、爱情片。一般都去很远的电影院，他不喜欢在城里的电影院里看。"

我问："你们一般会选哪个位置坐。"

小白羞涩地说："黑蜘蛛哥哥一般会选最后一排，最左边的位置。"

谈到这我心里基本有些明了了。我严肃地问："在看电影的时候，你们有没有肢体接触？"

小白眼珠子飘来飘去地狡辩道："王老师，你别把人往坏处想，只是有时候电影太恐怖了，他就把我搂在怀里安慰我。"

我紧追不放："他有没有在抱你的时候，摸你的一些隐私部位？"小白急忙否定道："没有，没有。"

我盯着她的眼，说："他有没有让你摸他的隐私部位？"小白低头不语。

于是，我在黑板上给小白画了一张三个月的交往图，第一步，获得好感（遇到好人、关心我的人）；第二步，微信互动（倾诉、获得情感支持）；第三步，吃饭、逛街（被赞美、被呵护）；第四步，看电影（被猥亵、满足色狼的性饥渴）；第五步……

小白趴在桌子上哭了，这哭声中有悲伤、愤怒、自责、不舍……我只轻轻地抚摸着她的肩膀，一言不发。有时候，沉默也是最好的治疗。

半个小时以后，小白坐起来，我帮她擦干了眼泪。她望着我说："我是不是特别傻。"

我摇摇头说："宝贝，不是你傻，是坏人伪装得太好了。"

小白又低声说："其实他让我摸他那儿，我也不情愿，可我又害怕他以后不理我了。"

我连忙说："小白，王老师理解你当时的处境，新到一个陌生的学校，没有朋友，学习成绩一般，不被家长和老师认可。妈妈的工作和生活压力大，又不太温柔，你感到不被关怀。所以，当上学的路上偶遇黑蜘蛛（当然这个偶遇也要打一个问号）时，你觉得他能满足你这个时刻的诸多情感需求，于是才给坏人欺负我们的机会。"

我拉着她软软的小手，对她说："你要感谢你火眼金睛的妈妈，她没有粗暴地打骂你，而是把你交给我。经过我们俩的认真拆解，坏人就原形毕露了。快去谢谢妈妈，告诉妈妈你知道今后该怎么做了。"

小白走到妈妈身边，怯生生地说："妈妈，我知道错了，以后我不会和陌生人交往了。"

望着母女俩远去的背影，我知道今天只是她们成长的第一步。接下来，妈妈的成长点在于学习管理自己的情绪；接受作为一个单亲妈妈要面临的更多的生活困境；在孩子遇到学习困难时，学会不要一味地指责，要和孩子共同协商找出办法。姐弟之情固然重要，但无论什么时候都要量力而为，而自己和孩子的需求才是应该第一考虑的。孩子的成长点在于建立良好的同学关系，给大家了解自己，接受自己的时间；接受单亲家庭的事实，要明白自己和妈妈不仅仅是母女，还是临时的闺蜜、生活的搭档；此外，要坚守男女生的界限，不和陌生人交往是青春期的必修课程。

王颖说:

作为成年人，我们具备了一定的生活阅历和对人的辨别能力。面对陌生人，成年人会根据当时的环境和既往经验，做出与陌生人打招呼、给予陌生人帮助、与陌生人保持一定的距离等选择。而中学生年龄尚小，辨别能力不强，又常常自以为是，更容易相信别人，好奇心强，对各种诱惑缺乏免疫力，所以在面对陌生人时，要保持警惕，与陌生人保持距离。全社会倡导孩子们从小乐于助人，但这些都基于在安全的环境下。对未成年的孩子而言，单独与陌生人交往是绝对不安全的。

孩子的成长期，在很多方面都可以试错，但与陌生人交往很有可能被欺负或是误入歧途，我们试不起错。再一次强调，未成年人不要和陌生人交往。

谭秦说:

孩子从小被我们教导要热心助人，要对人有礼貌。但是这些大道理的背后，我们很少告诉孩子，助人的前提是保护自己的安全，对人有礼貌的前提是这个人不对你构成威胁。每当一个悲剧发生的时候，我们才会敲几下警钟：孩子你的善良要有一些边界。然而事过之后，似乎又没人提起了。也有的家长矫枉过正，仿佛整个世界都是威胁孩子的因素，对任何人都充满了不信任和巨大防备，从而使孩子无法正确判断人际关系，造成社会交往的障碍。

我们要帮助孩子识别自己的安全界限，到哪个地步，别人的行为就已经越界了。比如违反自己意愿的身体碰触，不论是你触碰他还是他触碰你；比如除了父母正常检查自己孩子的隐私部位，老师和医生都没有权利私自检查，除非家长在场并且许可；比如一个成年人在"危急中"明明身边有很多可以帮助他的成年人，唯独向你一个未成年人求助，你就应该警惕了……家长可以教孩子遇到陌生人求助的情况时，可以帮他打电话给警察、保安、救护等专业人员，但不要亲自去救助。无论是什么样的紧急状态，需要一个孩子马上冲上去的情况实在是太少了。

上述的"安全教育"还在善良、正义的范畴之内，此外，对青少年乃至成人而言，还有非常多"犯罪"或"不道德"的危险潜伏在身边。除了道理的教导之外，家长更要格外关注孩子的内心需求。当他们从家长身上得不到理解和安慰的时候，自然就会向外部寻求满足，即便隐约知道这里面潜藏了一些危险，或者已经觉得哪里有点儿不对劲儿，但是为了满足心理上的匮乏，还是会饮鸩止渴般地扑向陌生人。这时家长的"阻拦"会更强化孩子对陌生人的信任、对自由和被爱的渴望。更何况那些不正常的关系和做法本身就很刺激，对青少年"下手"的人本身就采用了甜言蜜语、呵护有加的方式；甚至会采用利诱、威胁、恐吓等手段来挟制、胁迫，给孩子造成生理和心灵的双重伤害。

作为父母，不要让别人先于你去理解和安慰你的孩子，要努力成为他们生活中的那道阳光。

关键词：陌生人，大哥哥，伪装，看电影，异性交往，性教育，关心，爱，距离。

---

02. 孩子网络成瘾的背后

　　嘉诚的妈妈对我说，嘉诚15岁，原来是一个很好的孩子，在学校认真听讲，团结同学，经常参与学校的各类活动。在家里孝敬长辈，帮妈妈做家务，但是这些美好的回忆都随着家里新买的电脑烟消云散了。自从家里买了电脑，装上了宽带，嘉诚就总在玩游戏。每次一坐就是好几个小时，经常是饭不吃，水不喝。不仅学校的体育活动不参加了，连同学也基本不联系了，每天放学回家第一时间就冲到电脑前。妈妈问到底有什么这么吸引他，嘉诚说自己在网络游戏里面负责消防局，整个市区的消防安全都要由他看管。如果他经常不在网上，那么别人家的房子着火了就没人去灭火了，别人的财产就会付之一炬，大家好不容易积累了这么多的财富，不能因为自己偷懒使别人倾家荡产。嘉诚不明白这些网上虚拟的东西本来就是假的，财产、消防局都是游戏开发商用来挣钱的手段，哪有那么重要。但是无论妈妈怎么劝说，嘉诚就是听不进去，依旧被网络游戏深深吸引着。

　　妈妈开始想出很多方法来管制嘉诚，甚至把家里的电脑弄走，让他没办法在家里上网。但是后来他妈妈发现，嘉诚用自己的压岁钱买了个智能手机，晚上在被窝里偷偷上网。最后妈妈干脆趁着嘉诚放假，把他强行带到北京旅游，打算用这种方法割断嘉诚和网络的联系，同时寻求心理医生来医治嘉诚的"病"。

　　嘉诚在咨询室一坐下，就苦苦地哀求："王老师，我已经在北京三天了，我三天都没上过网了。"

　　"这三天你都去哪儿了？"

　　"去了颐和园、长城，没劲！"

　　"以前来过北京吗？"

　　"没来过，不过北京真没劲！求求您啦！您让我回去吧。"

　　我好奇地问道："你三天不上网，会有怎么样的后果？"

　　"王老师，如果我不上网，我就不知道谁家着火了。着火的那家人肯定特别着急，因为烧的是他的房子啊。他的房子是用积分买来的，如果我不派人去灭火，那么他用积分买来的房子就没了。我是一个消防局局长，我不能这么没有责任心。我要对自己的工作负责！"接着，他开始滔滔不绝地给我讲这个游戏。我得知，在这个网络游戏里，他是消防局局长，市区一旦发生了火灾，他就要根据火警的地点和级数安排消防员和消防车，并及时赶到火灾发生的地点采取灭火措施。如果出动不够迅速或者消防员人手不够，火灾就会使游戏中的"市民"遭受很大的损失。为了避免火灾的发生和火情的升级，嘉诚要一直在线留意市区里的情况，一旦收到警报就要出警灭火。

　　我说："看来嘉诚是一个很有责任心的孩子。"

　　嘉诚说："人不能没有责任心，我最看不起那些没有责任心的人了。就像我们'市区'以前有一个公安局局长，他经常不在线上好好看守大家的安全，有人报案他也不管，最后我们'市'差点成了小偷和强盗的天堂了。"嘉诚一边说一边露出愤怒的神色。

"有责任心的确是一个很好的品质，你有这样一个好的品质，王老师也很高兴。但是我感觉到，实际上你也不是很有责任心。"我说。

"不是的，我是很有责任心的人。我对我的'工作'很负责任。"

"那么在现实中，我的意思不是在网络游戏里，你是怎样表现得有责任心的呢？"我问道。

"我……"嘉诚陷入了沉思。

我问嘉诚，有没有想要实现的理想，以后想从事什么职业。嘉诚说想做一名医生，因为自己小的时候经常生病，吃了很多苦，以后成为医生要帮助其他生病的小孩摆脱病魔的折磨。

"那你现在因为要为那个市区的居民负责，帮他们守护家园，自己却没有了学习的时间，这样会不会离你的理想越来越遥远？"我问嘉诚。

"但我是一个负责任的人……"嘉诚小声地说。

"嘉诚，你在对网络游戏中的市民负责时，有没有想过为你自己的人生负责？"我看着低头不语的嘉诚，期待着他的回答。

"我从来没有想过我这样做是对自己不负责任。我还一直觉得自己是一个非常负责的人。"嘉诚恍然大悟的样子，接着他慢慢道出了自己玩这个网络游戏的原委。

这要从和嘉诚同住一个小区的同班同学志伟说起，因为两人的妈妈经常会在小区里碰面，每次志伟的妈妈都会向嘉诚的妈妈炫耀自己孩子的成绩多么优异，在学校里的表现多么出众。嘉诚的妈妈觉得自己特别丢脸，自己的孩子什么都不如别人。所以经常说要嘉诚向志伟学习，要多和志伟接触之类的话。在学校里的志伟，虽然成绩并不像他妈妈向嘉诚妈妈描述的那样优异，但基本每项都比嘉诚好。无论嘉诚怎么跟妈妈说志伟其实并不比自己优秀太多，而且自己已经尽了力等等。他妈妈却始终不接受，总是表扬志伟是多么优秀的孩子，不断地数落嘉诚。

"我讨厌他，都是因为他我妈才会这样数落我。"嘉诚激动地说，"后来，我知道他在玩这个模拟市区的游戏，而且玩得很好，拿到很多的积分。我不能让他什么都比我强，我要成为我们班积分最高的人。"停顿了一会以后，嘉诚沮丧地说："我的成绩总是比不上他，我希望我能比他强，哪怕只是在游戏上。"

"志伟知道你和他在玩同一个游戏吗？"

"他知道，是我告诉他的。我还故意让他知道我的分比他高。"嘉诚露出一丝骄傲的神色。

"当志伟知道你的分比他高的时候，他有什么样的反应？"

"他什么也没说，只是笑了一下。"嘉诚露出了失望的表情。

"在你告诉他你的分数的时候，你期望他有什么样的反应？"

嘉诚说："我以为他会嫉妒我，说一些冷嘲热讽的话，但是他表现得对这个一点都不在意，我很失望。"

我告诉嘉诚，竞争本身不是问题，有竞争才会有进步的动力。但是竞争有很多种方式，我们可以在学习上竞争，这样可以提高我们的学习成绩；也可以在体育比赛中竞争，这样可以锻炼我们的身体，而不是采取一些无益的方式。随着一次又一次的澄清，我发现嘉诚一直都沉浸在自己的幻想之中。在自己的幻想里，他拥有比志伟高的游戏积分，所以他感到自己终于超越了志伟，实现了自己一直以来的心愿。但在现实里面，嘉诚没有办法超越志伟，而妈妈又一直在他面前表扬志伟。嘉诚想得到妈妈的赞许和认同，想在学习上超越，可是又没有付诸行动。这个巨大的焦虑就被转移到游戏世界里面，通过不断地打游戏来处理在现实世界中无法处理的巨大焦虑，通过游戏来逃避真实的焦虑。

当嘉诚慢慢地明白自己一直以为的"负责任的行为"，只是用来逃避焦虑的手段的时候，他说："但是这个真实的焦虑我真的没有办法解决，他一直都比我强，他天生聪明，我怎么也比不上他。"

我问嘉诚："为了要超越志伟，你都做过什么努力？"

他支支吾吾地说："嗯……我那个……我就是学习呀，我不断学习……"最后，嘉诚终于明白自己虽然心里面很想超越志伟，但是一直没有为这个目标付出过行动。不仅在这件事上，嘉诚对其他事情也经常缺乏足够的行动力，只是一味地怨天尤人。我告诉嘉诚，如果不行动就只能忍受焦虑，行动是处理焦虑的唯一方法。网络可以使你一时逃离现实的焦虑，但是不能解决实质的问题。

而且沉迷网络只会使焦虑越来越大，这样做无异于掩耳盗铃。

在咨询即将结束的时候，我告诉嘉诚的妈妈嘉诚之所以沉迷于网络游戏的真实原因。他妈妈惊讶和后悔地说："我这样对他说只是想激励他，让他上进，让他有动力。以前大家都是这样教育孩子的，真的没想到会变成这样，没想到我为他好，最后竟然会害了他。"

我对嘉诚妈妈说，其实做家长的可以有很多方法激励孩子进步，但一定不要使用言语的攻击，因为那些话只会给孩子带来心灵上的伤害，甚至还会影响到亲子关系。

👤 | 王颖说：

互联网既开阔了我们的视野，又使我们的生活变得更为便捷。但它如同一把双刃剑，享受益处的同时，又使很多不成熟、自律性比较差的青少年堕入网瘾的泥潭。网络成瘾不仅是个体问题，而且已经成为严重的家庭和社会问题。我们探索的并不是网络成瘾后的灾难，而是成瘾前青少年遇到的困难。当这种困难大于他们的解决能力，又得不到社会的支持时，网络成了他们的避风港，逃避成了他们最好的解决问题的方式。

一味地攻击、封堵网络游戏和视频网站，并不能阻挡孩子对网络的眷恋。引导他们更积极地生活、让家庭氛围更加和谐温暖才是最有效的方法，堵不如疏。

👤 | 谭秦说：

"别人家的孩子"几乎是每个孩子的成长魔咒，无论这个孩子怎么努力，似乎总有一个"别人家的孩子"做得更好。无论是父母认识的朋友家的孩子，还是媒体中看到的成功典范，父母期待用"那个榜样"给自己的孩子树立一个标杆，好让他们能明白，自己距离目标还有一段距离，所以更要加倍努力。然而这是父母一厢情愿的逻辑推理：目标离你很远——所以我要努力——真的努力——距离目标更近——孩子变得更优秀。但是在孩子那里可能有另外的逻辑推理：父母觉得别人家的孩子很优秀——我不够优秀——我在别的方面证明自己——父母根本不看重别的方面——自我放弃；或者，父母觉得别人家的孩子优秀——父母更喜欢那样的孩子——我的父母不喜欢我——去别的地方寻求肯定……

当我们对自己的孩子了解不足的时候，看似唯一的逻辑体系可能被孩子衍生出很多匪夷所思的推理，这在成人看来近乎荒谬，但却是孩子的真实想法和感受。无论是孩子期待在别的地方寻求肯定，还是放弃自己，虚拟的网络世界对他们来说都是看起来很棒的选择。

下面，我们来分析一下网络游戏对孩子的吸引力。

孩子只要花足够的时间在游戏上，就一定会得到肉眼可见的收获和改变，这些"真实的经历"和"美妙的感受"让在现实生活中没有得到肯定和接纳的孩子，获得了极大的成就感："虽然别人家的孩子在某一方面比我好，但是我在游戏里比他可威风得多"；"虽然爸爸妈妈不肯定我，但是在游戏里我有一群粉丝无比崇拜我这个'大佬（BOSS）'"；"虽然在现实世界我的性格不那么讨人喜欢，但在虚拟世界我是一个近乎完美的人，可以做内心想成为的那个我"；甚至在游戏中遇见了一群彼此理解、志同道合的"战友"和"知己"，大家共甘苦，同进退，一起骂人，一起狂欢……这些体验在现实生活中通通没有。

这种时候，围追堵截不可能成功地解决问题，只有从根本上给孩子提供心理上的支持才是好的方法。家长可以把孩子沉溺网游的问题当作转机，通过这个虚拟世界发出的信号，明白这个阶段的孩子需要更多的理解、接纳和支持；家长要及时改变原有的亲子交往模式，可以和孩子一起来一次"真人CS"，和孩子一起"破解"游戏的逻辑等等，同时在现实世界中加强孩子的"深度学习体验"，并帮助孩子树立真正的责任感，让孩子明白父母虽然有他们不擅长的地方，但也有很多值得孩子效仿和学习的地方。

> 关键词：别人家的孩子，电子游戏，虚拟角色，网络成瘾，刺激，专业帮助，激励，责任，接纳。

03. 什么是网络欺凌

　　派出所接到群众报警，有一个女孩坐在六层楼的楼道窗台上要跳楼。在警官的劝解和孩子爸爸妈妈的哭求下，女孩才不情愿地从窗台上下来。女孩被警官带到派出所，但无论警官怎么询问自杀的原因，她都只说四个字"生无可恋"。

　　我接到派出所的求助电话，急匆匆地来到派出所，派出所所长焦急地说："王老师，你快帮帮忙，这孩子才14岁就企图跳楼自杀，被我们救下来后，还是两眼发直，我们也问不出什么所以然来，担心她出了派出所又要寻短见。"

　　了解完情况后，我来到派出所的一间办公室里，看到了这样一个女孩，身穿驼色和白色相间的格子JK短裙制服，还配了一条同色系的领带和一双白色品牌板鞋，瘦瘦的身体惊恐地团缩在大大的沙发上，显得那么形单影只。她双手紧紧地抱着一个一尺见方的灯牌，灯牌上有两个大大的K字，生怕被别人抢走的样子。由于刚才折腾了半天，齐肩的短发非常凌乱，我走过去用手指把她的头发捋了捋，她执拗地甩了甩头，对我的亲近表达不满。我拿了把椅子坐在她对面，明确地表明我是心理咨询师的身份。

她看了看我说："我知道您是谁，我在电视里见过您。"

我饶有兴致地说："你也会看家庭调节类节目？"

她不屑地说："我才不会看呢！是我奶奶爱看，有时候我没事，也陪奶奶看看。"

我套近乎地说："那你觉得我在电视里表现怎么样？"

她轻松地说："您够厉害的，有点毒舌，但我奶奶就喜欢您，打开电视没有您，她都不看。"

我说："你知道为什么你奶奶喜欢我吗？"

她忽闪着一双大眼睛问："为什么？"

"哈哈哈，因为你奶奶和我一样也是毒舌，只是她没有机会在现场表达她的感受，而我恰恰和你奶奶的感受一样，就把你奶奶想说的话给说了，所以你奶奶喜欢我。"

她兴奋地说："太神了，太神了，我奶奶就是毒舌。"此时的小女生和刚才那个要自杀的女孩已判若两人。

看到她心情放松了许多，我们开始了正式的心理咨询。女孩子的名字叫莹莹，今年是14岁，是一个"饭圈女孩"。喜欢一个英俊的流量明星KK。爸爸妈妈虽然不是特别支持，但也无奈接受。看演唱会，买手幅的钱都是最宠溺她的奶奶给的。上个月KK代言了一个体育品牌，莹莹第一时间就买了件卫衣穿着到学校。没想到，被她们班三个平时和她关系不好，喜欢另外一个流量明星CC的同学攻击，她们阴阳怪气地讥讽她，于是她们就吵了起来，刚开始是互相贬低对方，但后来升级到谩骂对方喜欢的明星。虽然莹莹是单枪匹马，但她伶牙俐齿，把那三个女生吵得哑口无言。

她讲的这些引起了我的好奇心，青春期的女生吵个架、断个交也正常，今天不好了，过不了三天，可能又好了，但莹莹怎么就到了想自杀的地步？

我指了指她抱着的灯牌说："可以给我看看吗？"

她疑惑地看着我，不舍地递给我，我接过灯牌的同时说出了这位明星的全名，她惊讶地看着我。我告诉她我女儿也是KK的粉丝，并且准确地说出他最近代言的运动品牌名称。

她开心地说："我的KK是不是最棒的？那个衣服是不是特别好看？"

我说："因为你们喜欢KK，他当然在你的心目中是最好的。但是不喜欢他的，就仁者见仁，智者见智了。"

她嘟起小嘴，脸沉了下来。

我问："后来又发生了什么？"

她说："我们班有一个同学群，她们三个是CC粉丝，在群里就开始骂我，说我是一个脑残粉，只会粉脑残。我就说你们才粉脑残呢，我家KK的一场演唱会可以碾压你们家CC 100场演唱会。我说的是事实，我家KK就是无敌，就是全世界最棒的。没想到她们就急眼了，就开始在群里胡说八道。说我妈是超市的理货员，我爸是看仓库的，我家特别穷，她们还说我奶奶是个泼妇，我和我奶奶一样也是泼妇，根本不配进饭圈。最可恨的是她们不仅把我的照片P成一个用舌头舔KK脚指头的照片，还P得袒胸露背，说我是女流氓。不知为什么我们学校初三的CC粉丝也知道了，他们就到我们班里骂我，有的还扬言要在校外堵我打我。她们还把我P成和一个男明星抱在一起的照片发到微信群里，我们班同学都觉得我特别下流，没有人再理我了。我申辩了很多次、解释了很多次，没人相信。这几天我一进校门，就会看到很多异样的目光，还有人对我指指点点。我就知道，她们肯定又放了一些图片，其实那些P的半裸照的图片，合成的迹象特别明显，但大家好像依然相信。"说到这儿，她沉默不语了。

我问她："就因为这些要去死吗？"

她说："最可恨的是她们把我们争吵的截图发到CC粉丝群中，引起CC粉丝群对我的攻击，还发到KK粉丝群中，KK粉丝群也说我脑残，影响了KK的形象，让我退群。CC粉丝群的人不但攻击我的微博，还人肉到我家地址，我的学校，我的手机号、微信，我爸妈的手机号、微信，我奶奶的手机号，还都公布到网上。他们冒充老师加我爸妈好友骗取他们的信任，然后就发恶心的图片，还让我爸妈好好管管我。我爸爸看到图片、接到电话，不分青红皂白就狠狠地打了我一顿，还要求我奶奶以后不许再给我一分钱。那些 CC 粉，还让我在网上发道歉视频、赔偿他们精神损失，要是不答应，就会到我妈的超市里闹，让我妈失去工作。我害怕极了，惶惶度日，整晚不敢睡觉。我的心里已经无法承受更多的伤害，我只有死这一条路了。"话说到这，莹莹面无表情，两眼空洞。

"网络欺凌"四个字在我眼前晃动。我扪心自问，如果我的女儿遭遇如此残酷的"网络欺凌"，她会怎样？她会不会也……我不敢往下想。

我把莹莹揽入怀中，不断地用手捋着她软软的头发说："不怕不怕，一定有办法。"

"没有办法，没有办法，我太痛苦了。"她紧紧依偎在我的怀里喃喃地说。

我坚定地说："有办法，王老师有办法。"

我用格式塔流派的空椅子技术——倾诉宣泄法为莹莹处理恐惧、愤怒和委屈。我把一张空椅子放在莹莹的面前。空椅子代表的是曾经伤害、误解或者责怪过莹莹的妈妈、爸爸、同学、KK 粉丝团、CC 粉丝团。莹莹不再压抑，把郁结在内心的痛苦用质问、解释、哭诉的方式向空椅子直接表达出来。接着，我让莹莹换坐在另一把椅子上，对面的空椅子变成莹莹，而此时的莹莹就化作那些曾经伤害、误解或者责怪过莹莹的妈妈、爸爸、同学、KK 粉丝团、CC 粉丝团，"他们"对莹莹刚才的一番宣泄又予以回应。几轮下来，通过对空椅子的倾诉、指责、宣泄、甚至谩骂，莹莹从怒目圆睁、慷慨陈词，到声音平缓、语言简短，我知道此时此刻孩子的内心已渐渐趋于平静。

接下来我又用"自我对话式"的方法，让莹莹内心对自我存在冲突的两个部分展开对话，这两个冲突就是"我只有一死了之"和"我没有错，是他们太欺负人了"。我放了两张空椅子在莹莹面前，让她坐在其中一张椅子上时，扮演内心那个想自杀的莹莹；坐在另外一张椅子上时，就扮演内心的另一部分，即"我没有错，是他们太欺负人了"。通过这两部分的对话，莹莹内心的对立与冲突获得了一个解决的方法。在不断的对话过程中，"我只有一死了之"的观念越来越弱，"我没有错，是他们太欺负人了"的声音越来越大。我知道，莹莹离自杀越来越远了。

在后来的咨询中，莹莹懂得了青少年追星没有对和错，但由于追星遭遇网络欺凌就太得不偿失了。派出所非常重视莹莹的"网络欺凌"事件，和有关网站联系，把不良照片、家庭信息、欺凌的帖子全部删除。并深入学校调查事件缘由，对参与"网络欺凌"的同学予以了警告处分，并要求她们在全校大会上向莹莹道歉。莹莹终于走出了"网络欺凌"的阴霾。

同时，我也告诫莹莹的爸爸妈妈，"网络欺凌"具有隐匿性，家长应该加强对子女的关怀，多了解他们在学校的生活及交友情况，加强和孩子的交流与沟通。家长还应该监管孩子经常浏览的网站、上网聊天的对象，禁止其上交友网站与陌生人联系。同时，留意子女在情绪、行为或身体方面是否出现异常情况，从而做到防微杜渐。

👤 | 王颖说：

网络欺凌事件，是网络时代的新现象，即指人们利用互联网做出针对个人或群体的，恶意、重复、敌意的伤害行为，致使他人受到伤害。这一现象在青少年中时有发生，会对心智尚未成熟的未成年人造成巨大的危害，让他们遭受永无止境的心理创伤。

网络欺凌往往是由偏见、执拗引起，而偏见、执拗正是青春期孩子需要克服的障碍。青少年不必将大量的时间和精力花在看不见、摸不着的明星身上，而应将自己的时间和精力放在真正对自己的未来更有用的事情上。如果你感到有人在网络上对你欺辱、威胁、嘲笑，让你感到心烦意乱、痛苦不堪、寝食不安时，就要果断远离它。千万不要以其人之道，还治其人之身，使网络欺凌不断升级。如果你的远离并没有阻止他们继续欺凌，那你一定要将欺凌的原委如实报告给网站管理员、班主任和家长，让大人们来制止这一欺凌行为。

👤 | 谭秦说：

最近几年，媒体报道了一些校园欺凌事件，从小学到初中都有发生。在这些事件中，我们很遗憾地看到，那些实施欺凌的孩子从小没有被家长教导正确的交往方式，以致小小年纪做出了一些错误的举动，甚至触犯了法律。同时，这些欺凌事件给我们的教育敲响了另一个警钟——无论是在现实生活中还是在网络交往中，我们都要教孩子学会寻求帮助。

在婴儿期，孩子对家长完全敞开，用各种哭声和笑声来表达自己。随着语言能力的发展，孩子开始用语言加上肢体动作来表达：拽着爸爸去给自己拿那个想吃但是够不到的零食，或者拍打奶奶，请她帮自己拿够不到的玩具等等。等到孩子再大一点儿，他们寻求帮助的语言可能是沉默，可能是发脾气。今天被小朋友抢走了玩具，他们会哭；明天跟好朋友吵架，回到家会沉默；想要一个玩具妈妈不给买，会发脾气……即便表达方式依旧不成熟，需要纠正引导，但孩子对家长的表达还是比较坦诚的。

但是不知道从什么时候开始，他们开始对家长有所隐瞒。在外面跟小朋友打架，回到家却装作没事儿；在学校跟老师发生冲突，若不是老师同学告知，家长永远不会知道发生了什么；甚至有些孩子在外面闯了祸，直到别人找上门，家长都一无所知。

为什么孩子不再跟我们讲述他们受到伤害的事情了呢？因为第一次讲的时候，我们可能忙着在电脑前处理工作；第二次讲的时候，我们可能忙着打电话跟朋友诉说生活的不如意；第三次讲的时候，我们可能觉得只是孩子在大惊小怪，小孩子间推推搡搡很正常；第四次呢，我们可能会责备孩子，怎么总是那么多事儿啊，人家都玩儿得好好的……总而言之，这些"伤害"都没有机会顺畅地向家长倾诉，没能得到及时的安慰和指导。

在最初那些微小的事情上，孩子需要倾诉和理解的时候，我们未曾倾听和理解；孩子需要帮助时，我们也没有给他帮助。渐渐地，孩子"心如死灰"，已经预设了我们大概的态度。在孩子看来，那件我们看似微小的事情带给他们的伤害，可能跟今天欺凌受到的心理伤害是一样的，甚至小时候的那个"痛"更深刻。

看，我们就是这样一步步把孩子的依靠渐渐推开，让他们独自承受痛苦和无助。

关键词：追星，粉丝矛盾，网络欺凌，人肉搜索，P图，谩骂，社会交往，个人隐私，边界。

04. 教孩子识别校园欺凌

　　一个穿着讲究的中年女性带着一个身穿校服、微胖、木讷的女孩来到咨询室。我还没有开口，中年女性就迫不及待地说："这孩子可不是我的孩子，是我哥的孩子。你快告诉老师你为什么不想上学，你不想上学，将来怎么办呀？你别指望我养你一辈子，你爸就是一个开滴滴的，他养活自己都够呛，不可能养得了你。"女士连珠炮的话语，让我大概了解了他们的关系，以及孩子来咨询的缘由。

　　我示意她姑姑不要再说了，把孩子领进咨询室。她低着头，双手紧紧地攥在一起，牙齿咬着干瘪的嘴唇，打绺儿的头发散发着一股馊味儿飘散过来。我心头一紧，不知这孩子到底经历了什么。我拍了拍她的手说："别着急，慢慢和老师说说发生什么了。"但信息的采集非常困难，女孩子性格怯懦，表达能力也不太好，问一句答一句，经过一个多小时，才搞清楚她的世界到底发生了什么。

女孩名叫朱某静，今年上初二。小静从小和父母生活在远郊区，爸爸和妈妈在一个 5A 级景区门口靠卖鸡蛋灌饼维持生计，她在镇上的小学上学，生活虽不富足但也过得平平静静。这样的生活在小静 12 岁的时候被打破了，妈妈得了重症，花光了家里不多的积蓄，最终还是撒手人寰。在姑姑的安排下，她和爸爸来到城里，暂住在姑姑的一个空置的平房里，爸爸开滴滴挣钱养家，她在城里上初中。

用小静的话说，上中学就是她噩梦的开始！开学老师点名，点到朱某静时，有一个男生大声说："猪成精！"全班哄堂大笑。小静不知所措，真想找一个地缝儿钻进去。由于早年小静的爸爸妈妈忙于生意，对小静的学习要求不高，镇上的教学质量也一般。来到城里后，每一门功课她都跟不上，排名也在班里垫底。同学们经常嘲讽她："你真是个'猪成精'，一只大笨猪，猪成精、猪成精。"刚开始小静还会争辩，"我不叫猪成精，我叫朱某静"，但越争辩，同学们叫得越欢，似乎欺负小静成了全班同学的娱乐活动。小静体型丰满，皮肤微黑。初一的新年联欢会上，有三个平常看她不顺眼的同学编排了一个小品——"一只傻黑猪的悲哀"，而黑猪的名字就叫猪成精。后来，整个年级都叫她"猪成精"。小静最怕的就是上厕所，从教室到厕所的路上，有很多在楼道里闲待的同学，他们会喊她"猪成精"。很多男生会肆无忌惮地狂笑，一些女生会交头接耳地议论她。为了减少被羞辱的机会，她只能在学校少喝水。小静曾经求爸爸给她改名字，姑姑知道了断然拒绝，说这个名字是她当年花 1000 元请大师算的，怎么可以随便改。

上初二后，由于小静学习不好，老师给她安排和学习委员小迪坐同桌，让小迪帮助她补课，希望她的学习能赶上来，别老拖班里成绩的后腿。小迪是一个漂亮的傲娇女孩儿，她对老师的安排非常不满意，但又敢怒不敢言，于是就把气都撒在小静身上。有时候小静的姑姑会给她买一些高级的文具，小迪会把它抢走或破坏掉。小静曾经告诉过老师，但小迪能言善辩，总能让老师觉得小静就是没事找事，最后老师还叮嘱她以后要搞好同学关系。但告状彻底激怒了小迪，小迪利用自己在班里的好人缘，向班上同学哭诉自己如何一心一意帮助小静学习，没想到她忘恩负义，不但不感激还到老师那儿告状冤枉她。看到小迪满含泪水的讲述，班里的十几个女生就开始对小静从讥讽、孤立到谩骂、推搡。小静曾经不止一次地和爸爸说，同学们都欺负自己，想转回镇里上学，但爸爸总是让小静别老瞎折腾，不理他们就好了，还说姑姑好不容易给她安排到城里上学，让小静坚持坚持。每天上学，小静都是在孤独、无助、辱骂声中度过，她只是期待日子过快点再快点，好早点毕业，离开这个学校。

听到这里，我平静地问她："你不是决定继续忍受，坚持到初中毕业吗？"小静突然将声音提高说："今天上午月考卷发下来了，小迪偏要看我的卷子，我知道她又想把我不及格的试卷张扬出去，让大家讥笑我，我就不给她。她就和我抢，争抢的过程中，她的柚子茶饮料打翻了，她就拿起还剩多半瓶的柚子茶，直接倒在我的头上。我真的没办法在这个学校上课了，我一定要回小镇。"呜呜呜，小静大声地哭起来。我握着她僵硬的小手，鼓励这个委屈的孩子哭个痛快。

在咨询室中，哭泣是一个好的契机。真实的情绪展现后，会使咨询关系更近一步。

哭了一阵子，小静抽泣着说："老师，不好意思。"

我拍了拍她的手说："当你哭泣的时候，我反而会松口气。哭声和眼泪会帮你宣泄掉不良情绪，也是对过去遭遇的一种哀悼。当我看着你哭，我体会到你内心的痛苦和委屈，我真的好心疼，很想陪你一起大哭。"

小静眨着红肿的眼睛喃喃地说："谢谢老师，我没事，都过去了。"

我说："感受你痛苦之余，我会有一种与另一个生命真实相遇的感动。因为这并不只是你在说，我在听，这是我们之间的情感在互动。在这个世界，你并不孤独。"

小静擦了擦脸上的泪水，情绪也似乎平静了许多。我明确地告诉她，她遭遇了校园欺凌。

"校园欺凌？"她疑惑地望着我。

我耐心地向她解释："是的，校园欺凌是指学生之间的权力不平等的攻击性行为，是长期、反复发生的，或者是持续发生的。有以大欺小，以多欺少，以强欺弱的特点。你遭遇的有三种欺凌：第一种是关系欺凌，指有意排斥某人、孤立某人，散播有关某人的谣言，当众给某人难堪等；第二种是语言欺凌，指挖苦嘲笑，说脏话，起外号，恶意的玩笑；第三种是肢体欺凌，指肢体攻击，恶作剧，围攻捉弄。"

她不解地问我："王老师，你怎么知道这么多呀！"

我看着她的眼睛，非常气愤地说："因为王老师这里来过很多和你有过一样遭遇的孩子。"

她低声说："我以为只有我自己这么惨呢。"

我问她："你想知道，为什么你被欺负吗？"

小静使劲地点着头说："特别想知道，特别想知道。"

我缓缓地说："被欺凌的同学大多有这些特点：一是性格内向，胆小怕事；二是在同学中朋友不多，孤独；三是性格上异于他人。"

她急忙说："老师，好像这些特点我都有。"

我接着说："所以，我们想不被欺凌，一定要自己强大。"

她疑惑地说："强大？我还能强大吗？"

"当然了，你今年才15岁，有很大的成长空间。"

"可我学习不好，我没有未来呀！"

我告诉她："学习好与差受太多因素的影响，你从小的学习环境不是特别好，导致你的基础知识掌握得不牢靠，上中学这两年又一直被欺凌，也没有踏实地学习，造成你的学习比较差。但上大学并不是成功的唯一途径，你可以在各科基础知识部分下点功夫，力争考上一个理想的中专，也会有很好的前程。"

"可我害怕上学呀！"小静无奈地说。

我鼓励她说："遇到校园欺凌，你是找过老师、找过爸爸，但你是不是并没有把事情的原委、你的感受清晰地表达出来？所以你的求助都被忽略了。但你不能因为一次求助失败就放弃，而应该寻找被忽略的原因，再次求助。"

小静难过地说："我一和老师、爸爸说话就紧张，之前想好的话也会忘了。"

我说："表达不清没关系，你可以用文字表达。面对欺凌者你不能表现出害怕，也不能哭泣，这会让欺负你的人觉得你很好欺负而继续欺负你。你要勇敢地直面欺凌者，要坚定而且明确地告诉欺凌者停止他们的行为。有些同学欺凌你往往是为了取乐，如果看到你如此强势，欺凌者一般会很无趣地离开。"

小静攥紧拳头说："老师，我知道怎么做了。"

回到家里，小静给班主任、爸爸分别写了一封长信。把这两年的不幸遭遇、痛苦的体验一一表达。班主任看后紧紧地抱住小静："对不起、对不起，老师太忽略你了！"随后老师召开了"拒绝校园欺凌"的主题班会。在班会上老师让小迪把小静给老师写的信朗读出来，小迪边读边抽泣，为自己的行为给小静带来的伤害感到愧疚。那些经常挖苦嘲笑、恶作剧、围攻、捉弄小静的同学也都羞愧地低下了头。同学们纷纷向小静表达了真诚的歉意，并请求小静原谅他们，小静也大度地说："我原谅你们了。"小静的脸上终于露出了久违的笑容。

小静的信也让爸爸惊醒了。一直以来，他都认为自己是特别称职的爸爸，没想到由于自己一门心思挣钱，和女儿缺乏情感沟通，面对女儿一次次的求助都给予了冰冷的回绝，以至于让女儿遭受了这么大的伤害。他和女儿约定，有什么困难一定要第一时间告诉爸爸，父女俩一起去面对。一年后，小静考上了卫校学习护理专业，并和小迪成了好朋友。

王颖说：

被欺凌的同学大多学习成绩差，交际圈小，比较孤僻，缺少支持系统，或体弱多病，无力保护自己，家庭生活窘困，穿着邋遢，性格怪异，有人际关系障碍，家庭不和睦，缺乏关怀，不被家长和老师重视。如果你在校园被同学欺凌，第一，告诉自己不要害怕。千万不要轻易地向欺凌者低头，要坚信邪不压正，学校和老师是你坚强的后盾，一定会坚定地站在你这一方保护你。第二，要大声地提醒对方，他们的所作所为是违反校规的，如果不立即收手，一定会为此付出应有的代价。第三，如果受到伤害，一定要及时向老师、校长汇报，不给欺凌者再次伤害你的机会。如果你一味躲避，就是对欺凌者的纵容，最终只会导致自己频频受伤。第四，要想不被欺负，必须自己强大，具有积极的学习态度，广泛团结同学，做到自尊、自信、自立。

在咨询中，我常常遇到"以前被欺凌"的孩子，虽然被欺凌的时间已经久远，但被欺凌的痛苦却形成了持久的心理创伤，影响着他们现在的生活。家长要保护我们的孩子不被欺凌，给予他们健康成长的优质土壤。

谭秦说：

校园欺凌难道只是在"不好"的学校才会发生吗？只有那些"小混混"会欺负老实的孩子吗？每当提到"欺凌"这个词的时候，人们经常把眼光聚焦在事件表层——发生在哪个学校，多大的孩子，恶劣程度，学校的举措等等。然而，当我们把这些事件放在一起做横向比较的时候，可以总结出一个规律：校园欺凌是孩子在过去很长一段时间里被成人"隐性欺凌"的外在促发。也就是说，这种事件和学校的校风、教育的管理、当事人的社会交往只有一定的外在关系，更深层次的是这个孩子在家庭生活中或许已经经历了很长一段时间，来自成人的看不到明显语言或者行为的"欺凌"。

成人的这种行为体现在孩子需要他关注的时候不关注，需要保护的时候不作为，需要支持的时候不表态，在孩子出现了一些人际关系障碍、交往困难等问题的时候不重视等等。究其历史原因，其中有一些是由于孩子先天发育方面客观存在的特点。当这些问题在一个家庭出现时，我们往往更关注"病情"本身，比如生理性的康复程度，却没有意识到孩子的精神世界更需要关注。

也有一些是由于后天养育形成的，比如说家长忙于做生意，父母角色的缺失，或是家长工作上异常忙碌，完全由祖辈或保姆养育的孩子，或是那些很早就寄宿在亲戚家和住校的孩子……这种养育模式本身就会使亲密关系的建立有些困难，导致孩子形成内向、自我的性格特点，家长经常不知道也根本没关注孩子身上发生了什么，遇见过什么困难，以及他们在什么时候渴望有父母的陪伴和帮助。这种情形下，孩子就只能靠自己的力量与这个世界的恶作对抗，然而他会遇见什么样的恶完全看运气。

当然我们理解父母在某些问题上力量有限，比如因为经济拮据带来的同伴压力或者欺凌，父母似乎一时也没办法改善经济来根本解决这个问题，但是至少家长可以与孩子站在一起，在心理上与孩子共同面对，激发孩子自强自爱的品质，形成共同努力的动力。与此同时，家长也要积极与学校沟通，学校在孩子的品格教育中正确引导，帮助孩子认知什么是身体欺凌、语言欺凌和关系欺凌，让所谓的强者知道边界，让弱者知道如何保护自己，如何求助，如何在生活中改变自己，抑恶扬善。因为在青少年欺凌事件中，被欺凌者固然让人心疼，但我们也要意识到当事双方内心都有着深沉的孤独和无助，渴望友善和爱意。这既是一种生命教育，也是一种法制教育。

关键词：关系欺凌，辱骂，孤独，恐惧，性格建设，社会交往，寻求帮助。

05. 孩子有自残行为怎么办

"我就是要签约！老师，我没有什么心理问题，只要让我签约，我什么事情都没有，我就不想在这个破学校上学了！"刚一落座，小冰就迫不及待地对我说。她的爸爸抢话道："是因为不让你签约，我才拉你到这儿来的吗？你让老师看看你的胳膊，简直是惨不忍睹，不可理喻。"我对她爸爸打了个手势，示意他不要再说了。

我对她微微一笑说："别着急，你叫什么名字？现在上几年级？"

"我叫小冰，现在上初三，我不想上初三了，我爸不同意我签约，偏要让我参加中考。我根本上不下去啦。"小冰气囔囔地大声说。

我好奇地问："签什么约？"

小冰不以为然地说："我学习不好，想去上职业高中，我爸说职业高中都是坏孩子，不让我上，偏让我参加中考。还说家里有钱，考不上普高，就上私立高中。"

我说："私立高中也不错，只要努力，同样也可以考上合适的大学。"

小冰不高兴地说："老师，我不是学习的料，你快劝劝我爸让我别参加中考了。"

我调转了个话题问："刚才我听你爸爸说，好像你的胳膊出了点状况？"

她低下头默默不语。

我轻声说："可以让我看看吗？"

她迟疑地看着我，我用目光告诉她我的坚持。她犹豫了片刻，慢慢把左胳膊的袖子撸了上去，我的心咯噔一下，整个小臂一条条的刀痕密密麻麻的。我见过自伤的女孩、自残的男孩，但割得如此多的还是第一次。

她看着我小声地说："是不是把您吓着了？没事的，不疼。"她随意地用手胡噜了一下。

我说："这得有 100 多刀吧？"

她笑着说："哪呀！整整 2000 刀。"

2000 刀！难道她还数着割？我用手轻轻地抚摸着那些深深浅浅的刀痕，心里像刀割一样痛，这个看似文弱的孩子，怎么能对自己下这样的狠手呀！

在我的引导下，她给我讲了她自伤的经过。初三下学期一开学，学校就召开中考说明会，说明会结束老师把学习成绩不好的学生家长留下来，劝家长面对现实，让孩子提前和职业高中签约，可以不用参加中考。在家长会上，小冰的爸爸当场就和老师怼了起来，说："凭什么不让我孩子中考，你怎么能断定她考不上高中呢？你们是不是怕影响学校的升学率才剥夺孩子参加中考的机会？我们就是要参加中考，如果你们不同意，我就把你们学校的卑劣行径告到市教育局去。"老师当时就无语了，连忙说："行行行，小冰爸爸您别生气，我们只是建议，您可以选择不提前签约职高。"就这样，小冰成了他们年级唯一一个学习差不签约职高的学生。老师被她爸爸当众抨击，非常恼火，就把愤怒一股脑地都转嫁给了小冰，处处刁难她。

有一次周考，小冰考得特别差，老师就讽刺、挖苦她。她一气之下，就背着书包跑出了学校。她一个人漫无目的地来到街心公园，坐在一片草坪上，越想越委屈，就用美工刀割胳膊。第一次她特别害怕，犹豫了半天才一刀又一刀地割。当血珠慢慢地渗出来，她没有感到疼痛，反而觉得是一种释放后的快感。从那次起，每当她在学校被老师批评、在家里与父母争吵后，就会用小刀割自己的胳膊。她还有一个日记本，上面记录了每一次割胳膊的原因、位置、尺寸和深度、流血量，她觉得没有人像她这么细心，自己还挺有成就感的。

我问："这么长时间，你爸爸妈妈就没有发现吗？"

她说："我的爸妈是做生意的，他们特别假。在外人面前特别和蔼可亲，对我也特别温柔，还常常夸我，同学都特别羡慕我有这么温暖的家，我心里只能呵呵。在家里，他们对我的态度就是180度大转弯，不是讥讽就是骂，觉得我学习差特别对不起他们，常说早知道我这样就不生我啦。我妈第一次发现我胳膊上的刀痕时，她不但不安慰我，还对我破口大骂，骂我不争气、骂我不要脸，说我给他们丢人现眼，说我要学坏。我听了这话，差点拿刀自杀。我觉得自己特别不幸福，这个富足的家一点温度都没有。"

我和小冰说："听你讲你的故事的同时，我的脑海里呈现出一个可怕的恶性循环图。"

小冰好奇地问："王老师快告诉我是怎样一个循环？"

我用图示把她的心理路径画了出来，并对她说："A 是你遇到学习的压力、人际关系的不和谐、未来的迷茫等等现实中不如意的事件。B 是这些事件引发出你的内心痛苦及负面情绪，你错误地认为自伤可以处理痛苦。C 是你通过自伤身体引发的痛苦将心理上的痛苦转移。于是，这几个月你都在这个死循环中不可自拔。"

小冰半信半疑地望着我，我又给她具象化："开始的时候你被老师批评，心里非常难受，为了减少心里的痛苦，你就愤然离开了给你痛苦的学校。但你发现离开学校，痛苦并没有留在学校，依然如影随形。但你特别想摆脱痛苦，偶然间你用美工刀割手臂，割的过程中会设计割的位置、尺寸、深度，此时你被割臂的压力所笼罩。由于人的大脑在感知到压力时会马上做出应激反应，体内的肾上腺素水平就会急剧升高，从而加快了血液循环，刺激肌肉进入兴奋状态，使人的思维敏捷、情绪激动。所以当你完成了割手臂的杰作后，之前心里的痛苦会被此时的成就感淹没，使你误以为找到了一个绝好的减压方式，于是就反复应用。"我连说带比画，终于让小冰认同了我的分析。

她高兴地说："老师，你跟我爸说，只要签约职高，我就不会再自伤了。"

我问小冰："你这 2000 刀都是因为没有签约造成的吗？"

她陷入了思索中，接着摇了摇头，小声说："我好像一不高兴就去自伤。"

"那也就是说，即便现在我说服你爸爸同意你签约职高，你依然会遇到很多不开心的事，那时你怎么办呢？"

她瞪大眼睛望着我，似乎在等待我的答案。

我说："痛苦、不快乐的事就像你得了肺炎，肺炎的一个症状就是会发烧，这让你不舒服，于是你就吃退烧药，半小时以后你不发烧了，但过了 4 个小时你可能又发烧了。你不治疗肺炎可能会一直被发烧困扰。所以我们感受到痛苦时，不能被痛苦困扰，而是理性地去寻找让我们感受到痛苦的事件。如果这个引起痛苦的事件是 80% 的人遇到都会痛苦的，那么你的体验就是正常的，我们就要接受这个痛苦。如果大多数人遇到引起你痛苦的事件都没有感受到痛苦，而你却感受到痛苦，那就一定要解决你的感受问题，也许是你夸大了这种感受，也许是你太敏感，也许是你的心理问题。"

"哦，我明白了。如果别的同学被老师讽刺挖苦，他们也会和我一样痛苦，如果他们被妈妈臭骂也都特别难受，那我该怎么解决自己的这两个痛苦呢？难道只有忍着吗？"

我说："这要具体问题具体分析，由于你离中考只剩 1 个多月，在这个班集体里学习的时间不多了，我们没必要花时间、精力去和老师沟通，只要让你妈妈明示老师以后不要用尖酸刻薄的语言对待你就够了。针对你妈妈和你的沟通问题，你要把妈妈用贬低语言数落你的真实感受告诉妈妈，我相信你妈妈是爱你的，只是对你的学习态度、学习成绩不满意，试图用激烈的语言引发你的改变。"

小冰坚定地点了点头。

我又补充道："刚才我们讨论的这两个应对方法，不仅仅针对上述两个问题，它可以用在你日后的很多问题上。"

"另外，小冰你是不是认为别人都比你幸福，比你快乐？"

她点着头说："是的，是的，我觉得别人都比我幸福、快乐！就我活得最悲催。"

我说："中国有句古语'不如意事常八九，可与语人无二三'，意思就是在日常生活中，不如意的事很多，但能和别人讲的没几件。所以，看似幸福、快乐的人，真实生活未必如此。也许现实中的你在别人眼里也没那么惨。"

"是的，我们班有的同学家境贫寒、相貌平平、学习也很差，但他们为什么能那么开心呀？"小冰期待着我的答案。

我说："海纳百川，如果你的内心不够大度，斤斤计较，就常常会被负面情绪所笼罩。任何事物都有它的两面性，要多往好的方向去想，锻炼自己的气度。遇到不开心的事情，先让自己冷静思考，努力找到不开心的根源，想办法去解决。不要和别人攀比，每个人的成长环境、个人特点都有所不同，知足常乐，才会越来越快乐。常怀积极乐观的生活态度，勇敢面对生活中的挑战，好运不会惠及时常哭丧着脸的人，试着学会洒脱面对，你才会活得更加自在。"

最后一次咨询，我们一起寻找小冰拥有哪些更好的资源。最终我们一起找到了如下优质资源：聪明幽默、漂亮苗条、擅长绘画、家庭富足。我们继续分析：选择上职业高中和她的优质资源有哪些连接？如何利用她自身的优质资源？经过讨论，小冰明确了自己的选择，决定坚持参加中考，考不上普高就上私立高中，以美术特长生参加高考，力争考上合适的艺术院校。

🧑 | 王颖说：

在痛苦的时候，人的思维往往会变得狭窄，认知观念也会随之出现偏差。在这种状态下，我们选择的行为往往是不利于问题解决的。青春期的孩子有着极强的自尊心，不愿意被否定，也不愿意去承担责任，面对困难更容易被一些新鲜的、刺激的、短平快的解决方式所吸引。小冰用美术刀割手臂的行为恰恰符合上述特点。人际关系的淡漠、亲子关系的冲突、伙伴关系的紧张、学习的强压、消极的情绪等等，都能成为青少年自伤的理由。但是这些原因的背后蕴藏着一个共同点，就是孩子们在得不到重要他人理解的情形下，变得自卑自怜，自我否定，自暴自弃，不得不采取一些偏激的行为来寻求理解、寻求帮助、寻求关爱！

请多关注你的孩子，不仅仅只是和他讲人生大道理，还要关注他的情绪变化、观察他的身体变化和服饰变化。

👤 | 谭秦说：

这个世界上，最能伤害我们的人就是我们深爱的人和我们自己。我们深爱的人的一句挖苦的话、一个冰冷的眼神、一个漠视的动作都对会对我们影响至深；而我们自己总是遵循着本能，试图用一种痛苦转移我们不愿意面对的艰难。

青少年的自伤，带着一种近乎麻木的快感。当我们看到那些伤痕累累的身体，都不敢想象当时有多疼，而对他们来说，那是一种畅快的记忆，是一种成功的体验，甚至成了某个"暗网圈"里炫耀的资本。因为那种疼痛，让他们聚焦了注意力，忘掉了别的不开心的事情，渗出的血液激发了他们的另一种快感，暂时的疼痛变成了一种放松和享受，成为逃离痛苦的忘我之门。这是人的一种本能，不仅仅是孩子，成人也常如此。只不过成人的理智使得"发泄方式"跟孩子不同罢了——失意时的一场酒醉，难过时的疯狂运动，想哭时在KTV的嘶吼……

父母需要格外关注青春期孩子的心理变化。当孩子遇到困难时，父母可以先留一些时间和空间让他自己去处理；当孩子解决不好，甚至事情已经给他带来了困扰时，父母就应及时地介入——帮助他分析原因，安慰他的情绪，接纳他可能不正确的处理方式，一起寻找解决问题的办法，鼓起面对困境的勇气。或许有时候，有些问题成人也不能彻底解决，但至少在孩子艰难痛苦时父母陪在身边，大家在一起努力。

孩子虽然不是父母生活的全部，但他们却是父母生命中最重要的存在。父母拼命工作、努力奋斗时，孩子依旧是父母最深的牵挂。与其在孩子出现问题的时候补救（严重的事情还未必能补救回来），还不如在问题出现之前多一些关注和陪伴。这种关注不是看看身高、体重、成绩，而是把注意力放在孩子身上。陪伴倾听孩子讲述他喜爱的明星，惋惜的爱情，欣赏的侠义，幻想的未来……如果这种陪伴能从幼时开始，随着孩子的成长，自然会换来彼此的信任，奠定更好的亲子关系，培养出浓浓的亲情。

孩子不仅是家长生命的传续，也是认知的延展。家长在陪伴孩子时将自己置身于与孩子同等的处境，仿佛在一场时空穿越中进行人生的回看，又过了一遍童年和少年；在这种信任和爱的关系中，家长可以坦言能提供的帮助，能给予的意见和分析，甚至可以讲述自己不能解决的问题和人生中的遗憾。这正是孩子理解人生、走进社会的重要入口，也是父母经验、家族智慧的传承。

> 关键词：自伤，痛苦，迷茫，压力转移，释放，亲子关系，社会交往，情绪变化，安全感，理想。

06. 孩子与违法犯罪的一步距离

一个星期三的上午，我照例来到北京某看守所，为这里的在押青少年做心理辅导。我刚到谈话室，江帆就被杨管教带了进来。从杨管教的口中得知：最近江帆的情绪不太稳定，一连几天不说话，饭吃得很少，也不愿意参加集体活动。有时候还表现得非常烦躁不安，动不动就朝其他人大喊大叫，管教布置给他的书面作业也不完成。医生怀疑他得了抑郁症，所以特地给他申请了个体咨询。

当谈话室只剩下我和江帆两个人的时候，他显得非常局促不安，坐在我对面的小板凳上把头埋得很低，两只眼睛盯着自己的脚尖不敢看别处。我从椅子上站起来，从墙角拿了一把同样的小板凳坐到他的左边，开始了我们之间的交流。

我说："江帆，你好！很高兴见到你，我听杨管教说你最近心情不好，内心有很多烦恼不能很好地处理。作为一名心理咨询师，我希望通过咱们的谈话为你提供一些帮助。"

江帆抬起头，看了看我，眼神里充满了恐惧和不安。我接着问："我不知道你以前有没有接触过心理咨询？"

江帆摇了摇头，我接着说："其实在我们每个人的成长过程中，都会遇到一些自己没有办法应对的问题。在外面，我每天都会遇到一些和你年龄差不多的孩子来找我探讨他们内心的困惑，比如自己的情绪、内心的焦虑、和周围人的关系等等。我不知道你最近睡眠怎么样？"

听到这里，江帆才把目光从脚尖上挪开，他看了看紧闭的大门，才慢慢地说："我睡觉一直不太好。"

我说："具体什么表现？"

江帆说："我晚上经常睡不着。这里每天9点半熄灯，别人很快就睡着了，我差不多要到一两点钟才能睡着。"

"哦，那睡不着的时候，你在想什么？"我接着问道。

江帆说："想我的案子，不知道什么时候才能判下来。"

我说："你一直在想自己的案子，心里很不踏实，所以睡不着觉？"

江帆点了点头，我接着说："给我讲一讲你的案子吧。"

"我觉得自己挺冤的。"江帆说，"我和同学打架，结果他家人报案了，说是构成了故意伤害，就把我从学校抓进来了。"

我问："你跟我描述一下你们打架的经过吧。"

江帆开始讲："我们班有一个同学，他凭着自己家里有钱就经常拿别的同学寻开心，我看不惯总想找机会教训他，让他不要太猖狂。到了高二的时候，机会来了。有一天上体育课，我们踢足球时，他穿了一双新球鞋在我们面前显摆，我就在踢球的时候故意把他绊倒了。他起来要和我打架，被边上的人拉开了。当时我警告他以后不要那么狂，让他小心点儿。"我点点头，示意他继续往下讲。

江帆接着说："但是从那以后，我看他就更不顺眼了。那天上课，我回答问题答错了，他带头在教室里哈哈大笑，我当时就想扑过去揍他。后来，我等到晚自习后，找了以前的两个同学，在放学路上把他给打了。开始觉得没什么大不了的，即使打伤了，顶多赔些钱就是了，没想到第二天他没上学，第三天警察就到学校把我抓进来了。审问的时候，警察说我们把他打成了重伤，属于故意伤人，要判我们的罪。我觉得自己太冤了。"

"我想问一下，类似的打架以前发生过吗？"我问。

"我从小就经常打架，有时候是别人叫我去打架，有时候是我叫着别人去打架，最后都是写个检查，或者赔点医药费，从来没有想过会进监狱。我以为只有杀人放火那样的事情才算是犯罪。"江帆一脸无奈地说。

我接着问："你以往打架以后，无论是赔钱还是写检查，父母对此是什么态度？"

"我爸爸整天忙着上班，根本不管我。我是妈妈一个人带大的，只要我说打架了，我妈总是先问我是否受伤，如果我没有被打伤，赔多少钱她都无所谓。"江帆说。

"现在最让你难受的事情是什么？"我问道。

江帆想了想说："我听同号说像我这样的案子，一般也就是判半年，我最担心的是我的两个同学被牵连了，出狱后我该怎么办？"

我说："你觉得自己连累了朋友感到内疚，我认为你内心对朋友还是很讲义气的。至于以后出去的事情，今天我们暂时不讨论，我更关心的问题是你怎么度过在这里半年多的时间。"

江帆点了点头，说："老师你觉得我冤不冤啊？"

我说："从你个人对法律知识的不了解和你成长环境的不利因素看，这件事确实让人觉得有些遗憾，因为你并不知道这些行为是犯罪的。"

"对，我真的不知道。"江帆说。

"但从另一个角度看，你今天因为打伤同学的事情进了这里，对于你的人生来说也是一件好事，你知道其中的原因吗？"

"我不知道。"江帆脸上显现出惊讶的神情。

看到江帆急切想知道答案的样子，我开始给他解释："因为从你的成长经历来看，每当你遇到一些人际冲突的时候，你解决问题的唯一办法就是打架，家人也没有给你正确的引导。即使今天你没有被抓进来，总有一天你也会进来的，是这样吗？"

"是的，"江帆一边点头，一边说，"我们管教也说过，一个人的习惯一旦形成，就会一直持续下去。"

看他很容易理解和接纳我的说法，我接着解释道："你还是个未成年人，虽然被抓了进来，但无论是在量刑上还是在教育的方式上，国家和社会对你们都是非常宽容的。因为在大家的眼里你还是成长过程中犯了错误的孩子，需要更好地引导和教育，最终目的还是希望你回归到正常的社会生活中。试想，如果你是超过 18 周岁的成年人，被抓进来的话，将会怎样？"

江帆答道："那一辈子肯定就完了，成年人故意伤人要判好多年的。"

"对呀！"我说，"在你成年之前，有这样一个机会思考自己的错误，及时停止那些有可能会毁掉你一生的不良行为，并且在这个过程中学会为自己的行为承担后果，从此让你更顺利地度过人生。"

"老师，这一点我明白了，我感觉轻松多了。不过我也担心将来我出去怎么面对我的爸爸妈妈，我觉得太对不起他们，太让他们丢人了。"江帆接着问。

我说："你能理解我们上面探讨的内容，我觉得你是个很聪明的孩子，有很好的悟性。同时，你想到了对不起父母，我觉得你还是个有孝心的孩子。遇到今天这样的事情，你在监狱里接受教育获得成长，我相信你的父母在外面也同样在思考，思考在教育你的过程中存在的问题，也就是说他们也在成长。"

听到这里，江帆长舒了一口气，说："我来到这里从不给他们写信的原因，是觉得自己给他们带来的伤害太大了，不忍心与他们联系。今天听您这么分析，我觉得我应该给他们写信了，把我在这里的生活情况告诉他们。"

我接着说："是啊，你在不断成长，父母也在不断思考，虽然有高墙相隔，你们不能见面，但是我觉得你们彼此之间内心的距离，一定会更近了。"

听到这里，江帆的眼里溢出了泪水，我的眼睛也有些潮湿。我接着说："很高兴你能够和我分享自己内心的感受和想法，我能够感受到你是个聪明、讲义气、有孝心的孩子。不知道对我们刚才的谈话内容，你还有哪些不太清楚的地方吗？"

江帆说："没有了，现在我觉得自己好多了，我也知道自己该怎么做了。"

我感谢了江帆对我的信任。失眠和对未来的担心，是很多监区孩子都会遇到的问题。我问他是否愿意在下午的团体辅导会上和大家一起分享他在咨询中学到的东西时，他也欣然答应。最后，我祝愿他能够尽快以积极、乐观的心态面对生活。

王颖说：

勇敢、义气，这两个词是父母渴望给男孩子贴的标签。在贴标签的时候，您是否教会孩子正确理解标签的含义，教会孩子如何践行标签的行为。青春期的孩子，虽然生理上日趋成熟，心理上还处在动荡不安的阶段，情绪冲动随时可能产生。如果法律意识淡薄、见义勇为尺度不清，并且成长环境中的引导不正确，很容易会以仗义、勇敢为出发点走上犯罪的道路。

任何犯罪行为一定是"偶然中的必然"。我们在鼓励孩子为自己的行为承担责任，以积极、乐观的心态接受改造、获得真正成长的同时，也再次重申家庭教育的重要性，"千里之堤，溃于蚁穴"，违法犯罪孩子的父母更应该反思。家长要关注孩子的不仅仅是日常生活中的吃、喝、拉、撒、睡、学，更应关注他们心理的成长和法律法规的遵守。做父母须认真，孩子成长无小事！

谭秦说：

青少年的社会交往中有冲突是正常的，他们的生理先于心理成熟，所以有时会有动作过激的行为；但若因为没有基本的人权精神、行为边界和法律意识，而失去了对事情的控制，那么家庭教育者就需要反思，同时也需要承担相应的民事或刑事责任。

在孩子的成长过程中，家长会不断地赋予他一些自由。比如一个2岁的孩子可以在成人的监护下使用剪刀；一个6岁的孩子，可以在成人的监护下使用水果刀。但必须强调，给孩子的自由度需要与他们的成熟度、行为控制能力相匹配。这不是常规意义的技术范畴或素质范畴的行为能力，而是具有社会性和社会交往特征的本领，不能伤害到自己，也不能故意或者无意地伤害到别人。

如果孩子能按照家长说的规则使用剪刀或水果刀，保证自己与其他人的安全，孩子才可以使用；而不是先由孩子任意发挥，出现问题再说。有很多孩子从小缺失规则意识和边界教育闯祸了，家长无条件收拾，比如在外面抢了别人的玩具，父母花钱赔一个；欺负小朋友了，父母上门道歉……

法制的雏形就是在基本的权利与义务并行中开始的，你想要一个权利，就要履行相应的义务，侵害了别人的利益，就要承担相应的责任。随着孩子年龄的增长，家长可以逐渐地把生活中出现的权利与义务、奖赏与惩罚的逻辑关系，转换成日常的基本规则讲述给孩子。另外，家长还可以教会孩子在社会交往中如何处理与他人的冲突。此外，在媒体中出现类似事件时，家长可以把其当作教育的契机，引导孩子渐渐明白什么事能做，什么事不能做，过界行为的后果是什么，从而逐步形成规则意识和自控力，并能在生活中懂得自制，理性地面对事情。

> 关键词：青少年打架，勇敢，正义，人际矛盾，社会交往，人身伤害，法制教育，边界，责任。

07. 正确认识和远离烟草

　　小磊和他爸爸一起走进了咨询室，爸爸一边推搡着他，一边说他："快点儿，丢人现眼的东西。"小磊耷拉着脑袋，磨磨蹭蹭地走进了咨询室。小磊身高一米六左右，相貌平平，大大小小的青春痘布满了黝黑的脸庞，看样子像个初中生。随着爸爸离开房间"咣当"的关门声，小磊长出了一口气，表情也轻松了许多。

　　我诙谐地问："说说，你犯啥错误了？"

　　他看着我，笑笑不语。

　　我说："你这心也真够大的，还笑，快告诉老师犯啥事了。"

　　"没啥事，就是抽烟。"

　　"抽烟？你才多大呀？"我惊讶地说。

　　他强词夺理地说："我都17岁了！再说法律也没有规定不可以抽烟呀！"

　　"嗨，你懂得还挺多，谁告诉你抽烟不违法的？"我反问。

"我们班同学王聪说的，法律没有限制公民抽烟，只限制不能吸毒。"

"那他有没有告诉你所有室内公共场所一律禁止吸烟。以未成年人为主要活动人群的公共场所的室外区域，也全面禁止吸烟。"

听到我的反驳，他翻了翻眼睛无语了。以我的经验看，小磊就是一个糊里糊涂、没啥主意的孩子，我就直接说："你就竹筒倒豆子，一粒不剩地把事情的原委都一一说出来吧！"

小磊目前上高二，是个寄宿生。他们宿舍里面有6个同学，王聪就是他们宿舍的"宿舍头儿"，连宿舍长都要敬他三分。小磊是他们宿舍的开心果、替罪羊、侍应生。尤其是嚣张的王聪更是没事的时候，就要调侃小磊一通，给大家取乐。小磊号称自己特别大度，认为他们也没有什么坏心眼，就是淘气而已，所以从不和他们计较。小磊的"大度"使同学们经常没有限度地使唤他，比如"小磊你帮我拿拖鞋""小磊你帮我泡个方便面""小磊帮我把书拿过来""小磊帮我……"小磊并不觉得同学们在欺负他，因为他在家也是被父母呼来唤去的。父母认为这是他们家小磊善良、孝敬、懂事的表现，而且越是在外人面前，越指使他干这干那，引起大家对小磊的好评。

高一开学不久，小磊就发现王聪会吸烟。刚开始，王聪只是周日晚上到学校报到时带两三根，但是随着烟瘾的增大，他开始带整盒的烟上学。王聪知道自己是老师重点监视的对象，而小磊是老师眼里的乖宝宝，所以为了防范老师突击检查宿舍，他会把烟藏到小磊的柜子里。刚开始老师检查宿舍时小磊还诚惶诚恐，但是正像王聪的预测，老师检查他的柜子时，只是打开门随意看看就过去了。小磊在心里暗暗地佩服王聪。在王聪的怂恿下，他们宿舍的其他4个同学也开始陆续抽烟了。但小磊依然坚持他的原则，说："我可以帮你们藏烟、掩护你们抽烟，但我绝不抽烟。"因为他的爸爸是个大烟鬼，妈妈常常因为爸爸抽烟和爸爸吵架。在吵架的过程中，妈妈常常气急败坏地说爸爸："你就抽吧，抽得你两肺黢黑，最后肺癌憋死！"妈妈的谩骂给小磊带来了极大的恐惧，也给他普及了吸烟危害健康的知识。

直到前两个月的一天，王聪对着手机哈哈大笑，说："你们猜猜我们六个谁先得肺癌死？"大家都指向王聪，王聪说："NO NO NO，是小磊"。同时将手指向小磊。大家你看看我，我看看你，不知所云，小磊更是一头雾水。王聪对着手机大声朗读：在日常生活中，物质燃烧越充分，挥发便越充分。但由于烟草制品在燃烧时，常常处于燃烧不充分的状况，所以二手烟中有害成分的含量会比一手烟高几倍甚至几十倍。小磊一听立马傻眼了，几个同学怂恿他，"快抽烟吧，要不你就惨了。"于是，这个宿舍就成了一个名副其实的吸烟室。

但这星期，王聪的去除烟味空气清新剂用完了，他们侥幸地认为老师这周不会抽查宿舍。然而事与愿违，老师检查宿舍时闻到了浓浓的烟味，并且在小磊的柜子里查出了两包烟。这简直让老师大跌眼镜，小磊虽不是什么优秀生，但也不是调皮捣蛋的孩子。老师不断地盘问小磊烟到底是谁的，他就是不说话，还一副爱谁谁的架势。老师问最有嫌疑的王聪，王聪耸耸肩说："这不是明摆着吗？"老师没办法，就请来了小磊的爸爸，讲明小磊违纪的情况，让爸爸把他带回家反省一周，并写出深刻的检查。

小磊一口气讲完，重重地叹了一口长气。我让小磊喝口水平静平静心情。我也捋了捋自己的思路，最终没有就吸烟的问题进行讨论，而是从同学关系开始分析。

我让小磊给我讲讲什么是同学关系，他很诧异地说："同学关系，就是同学之间的关系呗。反正就是要搞好同学关系。"

我说："你后半句说得特别好，要搞好同学关系。但前半句说得不是很清晰。"

他说："那您给我说说什么是同学关系。"

我说："同学关系是一种人际关系，宿舍、班级、学校都是一个小型社会，在这个小集体中学会处理好同学关系，将来走上社会才能处理各种复杂的人际关系，更好地适应社会。"

"这个我没问题，我在班里、宿舍里人缘很好，将来在社会上肯定吃得开。"他洋洋得意地说。

"但同学关系有两个重要的原则，平等、尊重。你认为你在同学关系中有平等、被尊重的感觉吗？"

小磊想了想说："我无所谓，他们让我帮他们干这干那，我就只当助人为乐了，他们拿我开玩笑，我就只当我是一颗开心果。"说到这些，他扬起下巴做出一副无所谓的样子。

"那你帮助王聪等同学隐瞒吸烟的事实又做何解释呢？"

他沉下脸不高兴地说："他们不承认，我也没办法，但我绝不能把他们供出来，那也太不仗义了。"

我笑了笑说："刚才我们讨论了在学校里学会处理好同学关系，将来走上社会才能处理各种复杂的人际关系，更好地适应社会。这句话你认同吗？"

他自信满满地耸耸肩说："当然！"

我问他："你将来想干什么工作？"

"我学习一般，也没有什么远大理想，就想当个办公室白领。"

我深思了片刻说："我眼前呈现出十年以后的你，一个相貌平平、唯唯诺诺的男子，在办公室里被同事们呼来喝去，自己的工作也不能专注地完成，常常被老板修理。办公室的同事随意拿你开玩笑，你只能跟着自嘲。遇到上司、同事工作中出现的失误，都习惯性地甩锅给你。最终……"

"老师你别说了。"他趴在桌子上，把脸深深地埋在双臂中。我知道孩子被吓坏了，他没有想到自己今天的行为会影响他的一生。我安静地离开咨询室，轻轻地关上门，我要给他充足的时间去消化刚才的信息。

一刻钟后，我重新回到咨询室，小磊看到我不好意思地笑了笑。

我说："我们来谈谈未成年人吸烟的问题。你说王聪告诉你法律没有限制公民抽烟，只限制不能吸毒。他虽然没有明确告诉你所有室内公共场所一律禁止吸烟，以未成年人为主要活动人群的公共场所的室外区域，也全面禁止吸烟。但这个条例你真的一点都不知道吗？"

他说："我知道学校里不能吸烟，我们学校几个吸烟的男老师，中午都去学校外吸烟。"

我进一步问："烟草制品销售者不得向未成年人销售烟草制品。对难以确认是否为未成年人的，应当要求其出示身份证件；对不能出示身份证件的，不得向其销售烟草制品。这个规定的意思是约束未成年人别瞎花钱，如需要香烟，就让父母来帮着买吗?"

他笑着说:"那肯定不是。"

"那这个规定是什么意思呀?"

"唉,我知道,就是不让未成年人吸烟。"

我摸了摸他的脑袋说:"你这不是挺明白的嘛。可为什么吸烟的时候就把这些信息屏蔽掉呢?"

他着急地说:"是因为王聪说二手烟中有害成分的含量会比一手烟高几倍甚至几十倍,我怕我得肺癌死了。"

我用纸卷了两个烟卷,一个给他,一个给自己,我说:"我们两个来做个宿舍吸烟模拟。"首先是小磊吸了十次烟,吐了十次烟,接下来是我吸了十次烟,吐了十次烟,我让小磊写出我们吸了几口一手烟,他说各十口。我给他竖了个大拇指。

接下来我问他:"我们吸了几口二手烟?"

他说:"我们没有吸二手烟,我们吸的是一手烟。"

我说:"那我们吐的二手烟跑哪里去了呢?"

他睁大眼睛,忽然明白了:"哦,我们也在吸二手烟呀!"我再一次给他竖了个大拇指。

他挠挠头,问我:"老师,当时我的脑子为什么卡机呀?"

我笑着说:"这就是心理学的晕轮效应,是指在人际相互作用过程中形成的一种夸大的社会印象,正如日、月的光辉,在云雾的作用下扩大到四周,形成一种光环作用。王聪在你的心目中非常聪明、强大,他看着手机给你读一个貌似是经科学验证的二手烟的知识,这些信息决定了你的总体看法,导致你以偏概全。"

接下来,我们全面了解了吸烟对青少年的不良影响,我让小磊将下面吸烟的危害每天抄写十遍,朗读十遍。

1. 香烟燃烧产生的烟雾中含有焦油、一氧化碳、尼古丁、二噁英等300多种有害的化学物质,其中有40多种致癌物质。

2. 吸烟还会对循环、消化、神经系统造成损伤。青少年吸烟会降低记忆力,分散注意力，影响身体的生长发育和正常学习。

3.在香烟中，尼古丁的诱惑会使人上瘾。因为尼古丁进入体内会刺激大脑神经，让人产生亢奋的感觉，人在长期的刺激与亢奋的情况下，如停止吸入尼古丁，就会感到精神不振、萎靡无力。从而对尼古丁产生依赖，陷入恶性循环，不可自拔。

4.吸烟也是吸毒的入门药，几乎所有的吸毒者在尝试毒品前，均已形成吸烟嗜好。我告诉小磊要远离烟草，不给毒品留有可乘之机！

一周后，小磊勇敢地将一份深刻的检讨交给老师，不但条理清晰地澄清了事实，还把在心理咨询中的体会分享给了老师。

王颖说：

青少年好奇心重，许多新鲜的事情都试图体验。看到别人吞云吐雾、悠然自得的样子，很想体验一下"赛神仙"的感觉。近朱者赤，近墨者黑，长期与吸烟的同学接触、交往，自己不吸烟似乎就不太合群，只有从众才会有被真正接纳的感觉。另外，青少年渴望长大，而吸烟成了有些孩子自以为的进入成人世界的一个"标志"。而且，这一时期的青少年自我意识强，又处于反抗期，对家长、老师的批评指正不敢直面反抗，负面情绪无处发泄，也会通过吸烟行为来实现与权威的对抗。

堵不如疏，因此，我们要从根本上解决孩子吸烟的问题，家长就要帮助他们树立正确的人生观和价值观，培养积极向上的生活信念，带领孩子积极参加有益的文体活动，让健康的兴趣爱好填补他们闲暇的时间。家长还要帮助孩子筛选朋友，让孩子远离不良群体，也要为孩子营造温暖的家庭环境，奠定良好的亲子关系，是孩子安全度过青春期的重要保证。

谭秦说：

从众是人类的正常心理，成人如此，孩子也一样。有时候成人走到超市，原本没打算买某种商品，遇到打折和围观都会稀里糊涂地跟着买。正因为人的社会性特征不能完全消除从众和模仿的心理和行为，类似的情形在各种场合都可能发生，所以家长要特别关注孩子的交往原则。

青少年的抽烟、喝酒、打游戏等，几乎都是在同伴中主动参与或者耳濡目染中学会的。有些孩子是出于好奇，看到身边的小伙伴有了成年人的行为，觉得很酷、很有影响力，就跟着一起接触。有一些是因为自己的学习或生活遇到了一些困难，不被关注，这些嗜好给了他们一个出口，想借此寻找存在感和成就感。也有些是出于同伴压力，"我们都抽烟你不抽么？""你装什么好孩子？"这些原本不打算做的事情，在那一刻变成了进入到一个群体的"投名状"。若是孩子没有在家庭中得到足够的爱和肯定，就很容易被这种"友好"关系胁迫。

家长一方面要严格要求自己，不抽烟不喝酒，有良好的生活习惯，并且在孩子的成长中明确表达这些"不良嗜好"对身体的危害，并给孩子讲清楚社会交往的原则。在父母的影响下，孩子会建立起积极、健康的生活态度和习惯。面对不良诱惑，孩子即便是好奇，也会觉得这些人和事跟我的生活是格格不入的，也会对同伴压力勇敢说不。一个孩子在外面能抵挡多大风雨，取决于他在家里被爱和认可的程度。孩子在未来一生中所需要的勇气，大多数也都来自于童年时期他们在成长过程中积存的爱意。这些带着智慧的爱有多深，孩子的内心就有多坚定，面对困难就有多勇敢。

> 关键词：同学关系，替罪羊，吸烟，专注，家长教育，恐吓，晕轮效应，科学知识，原则。

人是群居动物，合群会降低人的恐惧。青少年正处于生理、心理巨变时期，他们在面对一种陌生的环境时，合群的需求会比其他时期更加强烈。与同学、朋友交往成为青少年的一种现实需要，他们渴望在群体中相互学习、帮助，增长知识、发展友谊。青少年的感情需求增加，自己是否被同学喜欢，是否被朋友认可和接纳就显得很重要。对于自己在同学或朋友心目中的位置也很敏感，容易产生嫉妒或争夺别人关心的现象。由于青少年心理发展不成熟、社会经验缺乏、人际交往能力不足，都会造成人际关系的紧张和困惑。

善解人意是人们对彼此交流的期待，但是现实中我们对他人的意见不可能全部认同，但如果不是什么原则问题，自己又无力改变，不如给予对方适当的情感支持，他们快乐，我们自己也会快乐。沟通出现障碍是常有的事，被别人误解，要尽可能地去解释，让对方感受到自己对友谊的渴望和珍惜。在交流中发现对方误解自己，不要即刻打断，要用坦诚的态度听对方把话说完，不要枉然下判断，要以对方的立场和观点为出发点去理解对方。幽默风趣是交流畅快的润滑剂，但如果自己还没有能力张弛有度，就不要随意地应用，搞不好还会破坏友谊。

天上不会掉馅饼，朋友不会自动来。要积极主动地结交朋友，消极坐等是永远等不到友谊的。

第三章

社交

朋友不是天上掉下来的

01. 朋友关系的理想与现实

现年 22 岁的小丽，在单位里面做行政管理工作，月薪五六千元。大学毕业至今，她已经换了 3 份工作，基本是 3 个月就要"跳槽"一次。虽然现在这份工作工资、福利待遇都很好，工作压力也不大，但最近她还是萌发了换工作的想法。她的理由很简单：单位里的同事太不厚道了。可是现在想再找一份待遇这样好的工作确实不容易，况且手上还有一套房子要还月供，每月要两千多元。到底是否换工作？带着这样的冲突，小丽走进了心理咨询室。

走进咨询室的小丽带着愤怒和困惑向我讲述了她的苦恼："我一直对同事和朋友都很好，但是他们根本都不把我当回事。我一直在为其他人付出，但所有人都不会回报我。在这样的单位里面根本感受不到爱，我的热情都被他们给浇灭了。为什么我遇上的人都是这样的？难道好人就只能受气、受欺负吗？"

为了弄清具体发生了什么事情，我对小丽说："自己一味地付出，但得不到别人的回应，确实是件很让人难受的事情。从你的语气中我也能感受到你的沮丧和愤怒。你能跟我说一下最近有没有发生类似的让你觉得很难过的事情吗？"

　　小丽有些郁闷地说道："前一个月我们部门来了个大学毕业生，她不是北京户口。刚好我也不是北京人，大家都是'北漂'，我觉得她生活肯定也不容易，我就主动和她亲近，带她熟悉我们部门的情况。中午买饭的时候也会叫上她一起，让她不会觉得自己一个人那么寂寞孤单。我在附近看见有什么好玩的，好吃的，也都会告诉她。有一天，我让她帮我复印点儿文件，过了一会儿我去找她要，谁知道她竟然说还没来得及复印，刚才在给人力资源部的经理复印文件。我当时就火了，就跟她说：'我跟你什么关系？她和你什么关系？我对你这么好，而你关键时候却不向着我。我平时那么照顾你，把你当妹妹一样对待，你却因为别的毫不相干的人这样对我。真是气死我了。'"

　　我问小丽："请问在你的生活中这样的事情经常发生吗？"小丽想了想，说这样的冲突经常发生。在小丽的记忆中，身边的人都对她很冷漠，在关键的时候都会抛弃她。她觉得为别人做那么多的事都是白费的，其他人根本就不会真的对自己好，也不会真的关心自己。她总是抱怨，世界是不公平的，自己永远都是付出的多，收获的少。

　　为更好地了解小丽的人际关系，我尝试着问："发生这样的事后，你有没有向其他朋友倾诉呢？"

　　小丽说："我原来有一个朋友，我觉得她人挺不错的。这件事发生后，我想打电话和她说的，但是她居然用一堆不着边际的理由拒绝了我。我真是倒霉，最近老遇到这样的事。那女孩原来人挺好的，我上次从老家回来还给她带了土特产呢，她怎么能拿了我东西又不陪我呢？这样对我太不公平了。我都给她买东西了，我对她这么好，她却在我最需要人关心的时候抛弃了我。"

　　"那你以前有没有给同事朋友带过礼物之类的，或者在别人过生日时送点儿小礼物？"

　　小丽轻松地说："可能也就三四次，我一般不轻易送别人礼物。"

　　"那你为什么这一次想到给这个女孩带礼物呢？"我追问道。

　　"因为当时觉得她是自己的好朋友啊，所以才给她带的。而且她也曾经送过我生日礼物，所以，我觉得我们是特别好的朋友。"

"那我能问一下她送给你的生日礼物是什么吗？"

"一只陶瓷水杯，挺好看的。"

"那其他同事知道你回家乡的事吗？"

"大家都知道。"

我有些好奇，于是问她："为什么没有给同事们带点土特产呢？"

"我为什么要给他们带？"小丽有些不解，同时也有些不屑一顾。

原来，在小丽的世界里，给别人送礼物是一件非常隆重的事，只有对自己特别好的朋友才会"行此大礼"。而对于其他人来说，在同事生日的时候送点小礼物表表心意，回家探亲以后带些特产回来给大家分享是理所当然的事，也可以说是人际交往的技巧、方法。打个比方，送礼物这件事在小丽看来是80℃的水，烫得够呛，但是在一般人眼里这只是10℃的水，一点儿感觉都没有。这种感受和认知的不对称使得她总是感觉自己的付出没有回报，因为她认为特别的东西在别人眼里只是普通的，别人感受到了普通，所以大家并没有给小丽太多的情感反馈。为此，小丽感到失望。她认为自己确实给了别人爱，但别人也确实感觉不到来自她的爱。

在咨询中，我对小丽这种错误认知进行了调整，让她渐渐地意识到这种偏差，并且接受这种偏差，学会用社会的标准去衡量，放弃用自己的小尺子去衡量他人。

在咨询的过程中，我感觉小丽的错误认知可能来源于更早的经历，所以我决定接着问下去。

"我感觉到你对工作以后的朋友都不是很满意，觉得他们都忽视你，不在意你的感受，那么以前在学校里面和同学的关系怎么样呢？"

小丽："他们也不好，和现在我身边的同事没两样。我不爱和他们说话，他们都太平庸了。我5岁就上一年级，6岁已经可以熟背唐诗三百首，他们什么都不懂。"说到这里的时候，小丽脸上洋溢着一种得意的神情。

我点点头，说道："嗯，6岁就已经会背唐诗了，看得出来你是个很聪明的女孩儿。我6岁的时候还什么都不会，现在能背出10首唐诗就不错了。"

小丽："那是，我妈妈从小就要我学习书法和中国文学，她说我是个与众不同的女孩，要比他们有气质，如果整天和他们在一起，就会变得普通了。"

通过交流，我了解到，原来小丽从小的生长环境是一个工厂宿舍大院，父亲是个工人，母亲是个小学教师。在同学们都在大街上踢球、跳大绳的时候，小丽却在家里学写毛笔字、背诵文言文和唐诗宋词。小丽的妈妈对小丽说，不能和那些大老粗工人家的孩子一起玩，这样会变得愚蠢和庸俗。几乎每天下课以后，小丽都是独自回家练字。周末和假期的时候，妈妈也不允许她和其他小朋友一起玩，只能待在家里看书。小丽的爸爸三班倒，妈妈经常参加夜大的学习。他们不在家的时候，幼小的小丽就会把收音机拧开，趴在书桌上听广播剧。在广播剧的世界里，她随着主人公的喜怒哀乐而心情起伏，幻想着各种各样的场景，幻想着剧情的发展和人物的长相。在她的世界里面，她就像是一个高贵的公主，俯视着普通民众的市井生活。小丽每天都在自己的"城堡"里面想象着自己美好的前程，想象着自己未来的王子，想象着幸福的生活。渐渐地，小丽变得非常高傲，只能容许赞美。

小丽在北京读书、工作已经快 6 年了，这中间只回过一次家。当我问起她为什么的时候，她反驳道："为什么要回家呢？在北京待着挺好的，回去不知道要做什么。"而当我问她有没有经常打电话和家人说一下自己现在的生活情况，减少家人的牵挂，她诧异地回答道："没有这个必要吧。他们会担心我吗？"

小丽和家人的关系非常淡漠，她在前几次咨询中很少提到父母。在人际关系问题谈得比较顺利以后，我们便开始探索她和父母间的关系。小丽和妈妈的关系不好，她几乎可以用最恶毒的词语来描绘自己的妈妈；对于父亲，她则表示没有什么深刻的印象，虽然一直在一起生活，但从小就不怎么和父亲接触和交流。小丽说："如果不是他们在我小的时候不让我和别的小孩玩，不让我出门，我现在也不会遇到这样的人际关系问题。别人谈到童年都有很多有趣的故事，而我的童年好像是苍白的，他们应该为我的童年负责。如果不是他们硬要我上哪个学校读哪个专业，我肯定会比现在更成功，更出色。"

在对待自己的问题上，小丽把责任全部归咎于父母，而自己则以一个受害者的姿态在不断地控诉，从来没有想到从自己身上去寻找原因。这种外归因的方式也经常表现在她对人际问题处理上总是埋怨别人不关心自己，处理工作问题上总是指责别人犯错。随着咨询的深入，小丽也意识到父母的教育方式虽然有不足的地方，但父母也是很爱自己，很在乎自己的。但是她拒绝去面对这个事实，因为如果小丽不把责任归结到父母身上，不恨父母的话，她就没法接纳今天这个不完美的自己。要小丽颠覆自己长期以来形成的观念是一件很艰难的事，何况还要她否认自己，接受自己的不完美。这对于一向高傲的公主来说，人格问题不是一次两次咨询就可以解决的。咨询在不断的阻抗中艰难地进行，半年的时间过去了，小丽慢慢地发生改变，她能理性地面对同事的拒绝，接受人际关系中的不对等，生活也变得自由了许多。

王颖说：

精神动力学理论认为，个体的早期经历尤其是 0～6 岁时期的经历，在个体后期的成长和发展中起着至关重要的作用。这个时期是孩子获得安全感和依恋感的重要阶段，尤其是从重要他人——养育者那里获得安全感和依恋感，会为个体日后能够顺利地和他人建立关系打下坚实的基础。如果在这个阶段，孩子不能很好地建立依恋关系，通常他们会将原本应该投向外界的心理能量转投向自身，形成病理性的高度的自我关注，很难与他人建立亲密关系，从而影响自己的生活。良好的亲子关系之所以不断被提倡，正是因为这个时期的重要性。亲子关系是孩子学习人际关系的第一堂课，也是最重要的一课。如果父母自身成长中有缺失，一定要先寻求专业人士的帮助补救自己，边学习，边成长，边做合格的父母。

谭秦说：

案例中小丽的情况，或多或少会出现在一些人的身上。他们经常有一种受害者的心理：我对你那么好，你竟然这样对我？我曾经为你做过那么多，但是你却在我的关键时刻，重要事件上缺席或者冷漠！随之而来的是郁郁寡欢，甚至愤怒、失眠……同样的人群，类似的事情，为什么有的人就可以一笑置之？背后的原因是什么？决定幸福感高低的又是什么呢？

回到教育的现场，我们看到不论是什么家庭环境和教育背景，那些开开心心的孩子背后，通常是开朗豁达的家长；那些谨小慎微的孩子背后，通常是战战兢兢或者要求严格的父母。父母要求异常严格的孩子，在早期的学习中，反而会呈现出让家长乐于看到的结果，成绩优秀，表现乖巧等等，其弊端并不能很快显现出来，往往在孩子成年工作后才会显露冰山。由此可见，家长本身的性格，孩子成长中的亲子关系，都极大地影响着孩子日后的人际关系。

像小丽这样，小时候被父母灌输觉得自己是和周围人不一样的"高傲的公主"，长大之后对别人的一点付出都会产生高高在上的"施舍"心态，觉得我是"公主"，我对你的一点好，你都应该感激涕零；而相应的，我需要帮助的时候，你应该不遗余力地来到我身边；父母对我的好也是应该的，实际上他们做得还不够好——毕竟我是跟周围的人不一样的存在。这已经迥异于社会交往的常识。我们只能遗憾她在小时候没有得到父母正确的教导，也没有机会在真实的伙伴交往中打磨。在她的成长过程中，既没有学会如何掌握交往的距离和方式，也没有体验过社交语言和同理心。

孩子在我们身边只有短短几十年，家长构成实际影响力的时间更短；而他们的人生却很长，如何在幼儿到青少年这个阶段，帮助他们建立足以度过一生的学习和交往能力，是每个父母都需要努力的方向。

> 关键词：同事关系，朋友，至交，礼物，社会交往，与众不同，朋伴关系，家庭教育。

02. 谁能教我交朋友

很多处于青春期的来访者都是被家人"揪"来咨询室的，咨询原因大多是不明不白的成绩下降，或者临近考试家长意识到孩子心理存在问题。本来是抱着要提高孩子学习成绩的目标，但随着咨询的渐渐深入后，才发现孩子学习不好的原因，并不是孩子不勤奋和懒惰，而是与他们的成长有关。

小华也是在学习成绩下降以后，经过多次请家教无效，才被家长带到咨询室的。原来，刚上初二的小华在第一学期期末考试中考了全班倒数第二。爸爸说他原来的成绩一直非常好，上初中后成绩开始不断下滑，老师也反映他上课经常开小差，提问的时候回答不上问题，甚至经常连问题是什么都不知道。家里也已经为他请过3个家教了，但是学习成绩并没有太大的进步。而且家教也说他写作业的时候心不在焉，心思根本不在书本上。当家人问他为什么学不进去，在想些什么时，小华就不吭声。家人没办法，只好带小华来做心理咨询。

在我和小华谈话的时候，我觉得他是个挺聪明的学生，和我交谈也很配合，不像有的来访者那样抵触。很快我就了解到他一直困惑的事情：不知道怎么和同学相处。

我问："你能给我举个例子吗？"

"有一次，我和班里的一位女同学小红开玩笑，说她是'肥猪'，她竟然生气地打了我一记耳光。全班同学都看见我被打了，我真想找个地洞钻进去。但是我明明看见其他同学也是这么叫她的呀，她那时候挺高兴的。为什么我叫她'肥猪'，她就不高兴了呢？"小华皱着眉头问。

我说："小华，你把当时的场景给我再现一遍，好不好？"

"当时，我看见小红和另外一个同学在玩，有说有笑的。那个同学逗她，叫她'肥猪'。我看着好玩，也上去轻轻拍了她一下，叫她'肥猪'。谁知道她生气了，转过身来就给了我一记耳光。好多同学都看见了，我又生气又郁闷，不知道她为什么打我。"

我感到小华很渴望与同伴建立关系，他试图通过模仿其他人的行为融入同伴之中。

"那她们俩原来的关系怎么样呢？"我问道。

"她们认识好久了，原来好像是一个小学的，也经常在一起玩。"小华回答我的同时，脸上有些困惑，似乎不明白这件事和那两个同学之间的关系有什么联系。

我再问："那么你和小红的关系怎么样？也和那个同学一样吗？"

小华迟疑了一下："我好像以前没有和她说过话，应该是第一次吧。"

"那你们班里有人给你起外号吗？"

"他们都喜欢给别人起外号，我刚到班里的时候他们就叫我'猴子'。因为我长得瘦，但是我很讨厌这个名字。猴子那么难看，为什么要叫我'猴子'？我觉得他们是不喜欢我，所以叫我'猴子'。如果他们喜欢我是不会给我起一个我不喜欢的外号的。而且起外号是件坏事，我不喜欢别人给我起外号。因为这件事，我一个星期都没理他们，我要让他们知道这是不对的，给人起外号的行为是不好的。"小华气愤地说。

　　谈到这里，小华的问题就比较清晰地显现出来。对于一个初中生来说，分清什么是真话，什么是开玩笑应该是没有问题的，但是小华在这个方面明显存在不足。他的人际交往水平相对有些低，某些情况还处于儿童时期单纯的模仿阶段，别人做什么，他也学着做同样的事情。看见同学之间开玩笑，他也学着别人那样开玩笑。

　　接下来，小华又继续跟我诉说他的苦恼："我老是为一些事担心，比如说到底该不该催小明还钱。虽然50元钱不是个大的数目，但是他说过很快就会还的，他已经向我借了两星期了，他是不是忘了？我是不是应该去提醒他？如果他觉得我不信任他怎么办？我这么做是不是不够朋友了？还有，中午出去吃饭是我付钱还是AA制呢？如果还是我请客的话又要花很多钱，这个月的零花钱快花完了。我要是不请客，他们会不会觉得我很抠门，以后就不和我一起玩了？但是我上次已经请过他们了，他们还记得我上次已经请过客了吗？如果他们都故意说忘记上次是谁请客，我是不是还要再请一次？我应不应该提醒他们我上次已经请过客了，这次该换别人请客了？我每天上课，都在想这些类似的问题，根本没有心思听老师讲课。所以，老师总是批评我开小差、注意力不集中。我都快烦死了。"

　　我问："在你认识的人里面，有没有人经常请人吃饭？"

　　小华回答道："我爸爸会。"

　　我说："你知道你爸爸为什么要请别人吃饭吗？"

　　小华回答道："因为爸爸要和他们成为朋友。"

　　我说："你请你的同学吃饭也是想和他们交朋友，是吗？"

　　小华脸上露出向往的神情，回答道："是的，我想和大家一起玩。"

　　很显然，在处理人际关系时，小华显得像一个小孩子。他看见爸爸通过请客的方式来交朋友，他也想通过这个方法和同学成为朋友，但是他只是模仿了外在的行为，而内在的社交技巧却没有学到。学习怎么和同伴建立关系的任务应该在小学期间完成，但是小华的人际交往能力还停留在一个六七岁儿童的水平，所以他和同学的交往方式就形成不对等的状态。在收集小华的成长经历时，我发现他在小学期间就没有跟周围的同学建立起真正的朋友关系。在小华的记忆里，经商的爸爸妈妈总是晚上9点以后才回家。他们把小华完全托付给了他的班主任，每天班主任带着小华上学，课间的时候小华也和班主任待在一起，放学以后跟着班主任回家吃饭，吃完饭，写完作业，班主任再把他送回家。小学的学习和生活基本是跟班主任一起度过的，班里的同学和他的关系都很疏远。其实也难怪同学们会疏远小华，他上学放学都和老师在一起，而且老师对他还特别照顾，同学们都以为小华是老师的亲戚。他们不敢在小华面前说学习以外的话题，怕万一说错什么了会传到班主任耳朵里。小华说，他是小学毕业后才知道学校围墙边有一棵果树，班里的同学都在那儿爬过树，摘过果子，但是同学却一直没有告诉他，最后还是他的同桌跟他说，大家怕他会告密给老师才没有叫他一起去玩。

在小华的回忆中，有一件事一直令他很难受。小华说："在初一的时候，我和班里同学的关系虽然比在小学时要好，但是他们总拿我开玩笑，我却不会回击，我觉得很尴尬，所以我就尽量避免和同学接触，每天最晚来到教室，一放学就跑回家。就这样，整整一年基本没有和其他同学进行交流。"

我问他："有没有一个交往相对多一点儿的同学呢？"

"哦，有一个，我的同桌'大胖'。不过他经常在同学面前嘲笑我，笑话我瘦得跟营养不良的非洲难民一样。我近视眼戴眼镜，大胖就经常抢走我的眼镜玩，我越追，他就越跑；我越着急，他就越高兴。有时候我就想，如果有一天我长得比他高大，一定要找他报仇雪恨。但是大胖因为家里的缘故要转学了，他拿着通讯录请大家写留言纪念。谁知他突然对我说我是他最好的朋友，所以要我在第一页给他写留言。我当时就糊涂了，我一直讨厌、想报复的对象居然一直把我当作好朋友。这还是长这么大，第一次有人跟我说把我当作最好的朋友，但是这个人却是我最讨厌的人。那次以后，我就一直觉得挺对不起大胖的，我也搞不明白：朋友到底是什么样的？什么样的关系才是朋友？"

通过咨询，我们发现小华的问题在于其成长过程中，家庭教养方式的不当，导致他建立同伴关系的能力不足。当他升入初中后，他固有的交往模式遭到破坏，同时面临着青春期和同伴交往的压力，双重的不适应使小华陷入到了困境之中。因此在咨询初期，我对小华进行了行为方面的训练，让他学会积极主动地建立同伴关系，为他补上落下的这堂课。

经过三个月的行为训练之后，我开始对小华的认知进行调整。我和小华一起分析了侮辱与玩笑的区别，并且讨论了朋友的意义。在其中一段，我是这样表达的："真正的朋友不会因为你不请他吃一顿饭而和你决裂，也不会因为你不借钱而闹翻脸。只和你吃饭玩乐，否则就不理你的只是'酒肉朋友'，并不是真正的友谊，在交往中需要保持一些自我。"

尽管小华在学习同伴交往过程中充满不适应，但是我相信，随着小华的努力，他会慢慢融入伙伴之中，拥有一个良好的人际关系。

王颖说：

同伴交往是儿童社会性发展中非常重要的途径。正常的同伴交往不仅可以满足儿童集体归属感的心理需要，还可以促进他们人格和社会认知的发展。良好的同伴关系有助于儿童获得熟练、成功的社交技巧，能使儿童感受到安全感、归属感和自尊感。在儿童时期家人或者老师的过多陪伴，会剥夺儿童学习建立同伴关系的机会，使个体在长大以后缺乏人际交往的能力，严重的还会造成人际交往障碍，影响正常的工作和学习，对人格的发展造成不良的影响。儿童时期的学生除了要学会学习以外，还要学会与同学建立同伴关系，很多家长认为孩子只要学习好就是万能的，每天给孩子安排很多补习班，孩子没有时间和同伴建立友谊，实际上是剥夺了他们学习人际交往的机会。我们生活在社会群体中，无论生活、学习、工作，都要与人发生关系。因此，人际交往的学习是我们一生都无法回避的课题。

谭秦说：

"伙伴"对城里的孩子来说意味着什么呢？是楼上楼下的邻居吗？好像不是，现在居住在城市里的人，也未必会认识自己的邻居。是班级的同学吗？好像也不是，随着人口流动的加剧，人们居住环境的不断变化，在一个地点居住几十年的情况似乎越来越少；并且同班同学还有一种难以摆脱的"竞争关系"。那么到底谁才是孩子们的伙伴呢？

孩子在社会交往中会希望找到自己的"伙伴"。但是由于各种因素他们没有机会跟同伴建立长期稳定的关系，没办法真正地发生矛盾和解决问题；家长的过多干预一次次地帮孩子远离矛盾，逃避了问题，孩子仿佛生活在一个真空罐子里，不知道别人拍我肩膀到底是要打我，还是在跟我打招呼；也不知道自己想对别人表达善意的时候，是应该拿出我所有的好东西才算是"够朋友"，还是应该看人家对我怎么样自己再做决定。

韩寒曾说过"听过很多道理，却依然过不好这一生"，教育的过程更是如此。我们给孩子讲道理、举例子，以为他们可以通过这样的指导长大。然而没有在真实社交中成长的孩子，怎么能真正明白什么叫背叛，怎样是朋友；没有跟小伙伴一起哭哭闹闹玩耍过的孩子，又如何才能明白与人交往的分寸呢？

家人在保证孩子安全的前提下，除了在适当的时候给予指导，就放手让孩子自己去体验吧，吵完架再和好，体会背叛，感悟信任，学会交往，理解人性……

> 关键词：优等生，成绩下降，交朋友，绰号，关系距离，亲子关系，社会交往，友谊。

03. 朋友不是"垃圾桶"

正在北京读大二的童童是一个羞涩、内向的女孩，第一次来咨询室的时候，接诊的老师给她倒了一杯水，她都不好意思伸手去接，而是赶快站起来，一副受宠若惊、手足无措的样子。

当咨询室里只有我和她两个人的时候，她才敢把头稍稍抬起一些，但是眼神里充满了紧张和不安。我轻轻地对她说："童童你好，能走进咨询室解决自己的问题，我觉得你是一个很有勇气的女孩，而且也是一个为自己负责任的女孩，这是非常难得的优点。"

童童一边点头，一边用手攥着自己衣衫的一角。我接着说："在电话中，你告诉我最近你和同学的交往中，遇到了一些你认为很难解决的问题，我很想知道你和同学之间究竟发生了什么事情。"

童童看了看我，说："我说不好，也不知道该从哪里说起。"

我说："没有关系，就把你从学校来的路上想对我说的话都说出来，你想到哪里就说到哪里，我来帮你整合。"

低头沉默了差不多一分钟，童童开始讲述她遇到的困惑。

原来，在童童小时候，因为爸爸工作的调动她经常转学，平均一两年就要转学一次，现在算下来，她一共上过三所小学、两所初中、两所高中，每到一个新环境，她都是同伴眼里的"新同学"，加上她从小性格比较内向，学习成绩也不是特别出色，所以很难在短时间内融入新的集体中，用童童的话来说就是"基本上都是刚把所有人的名字记住，就到要转学的时间了。"就这样，从小学到高中，她基本上没有朋友，也从来不知道该怎样和别人建立关系，就养成了默默无闻、埋头学习的习惯。

"但是到大学之后就不一样了。"此时童童开始慢慢放松，说，"学习不是那么紧张了，而且看着身边的人都是三三两两地一块儿吃饭，一块儿上自习，我特别羡慕。"

看着她开始放松的眼神，我也感觉松了口气，我问："你很羡慕别人身边都有朋友陪伴，这种感觉让你觉得大学和以前不一样了，对吗？"

"是的，"童童说，"以前就是学习，而且住在家里，没有什么感觉，但是上大学后开始住校了，你身边没个朋友的话，到宿舍都没有人跟你聊天。"

"然后呢？"

"然后，我就开始在我们宿舍里找朋友，一个从江西来的女生晓丽，我觉得她人不错，性格开朗又大方，睡在我的上铺。但是因为长得漂亮，别的女生都不愿意和她在一起，怕被她衬托得不好看了，但是我不在乎。"说到这里，童童的脸上出现了一丝红晕，看了看坐在对面的我，她接着说，"很快我们就成了形影不离的好朋友，经常一起吃饭，一起逛街，遇到她舍不得买的衣服和零食，在她生日或者过节的时候，我都会想办法买来送给她，她都欣然接受，而且还经常跟别人说我是她最好的朋友。"

我说："哦，你描述的这些画面，我也能感觉到你们之间的友谊。"

"但是，她不是我内心真正的朋友。"童童说道。

我问："那我想问一下，你内心认为的真正的朋友是什么样的？"

"我也说不太好，反正就是能够在一起说说知心话，比如自己遇到的一些烦恼啊，以前的一些事啊，让朋友能够帮助分析分析，或者能够互相开导什么的，就像书上说的那样，叫作良师益友的那种。"

"那你和晓丽在一起会说知心话吗？"

"不会的。"童童说。

"这我就搞不明白了，刚才你说你们形影不离，而且她也说你是她最好的朋友，怎么就没有机会说知心话呢？"

童童说："在我们好了以后，有一次我们俩单独在宿舍，我就跟她说起小时候的一些事情，说我在上大学之前是多么孤独，刚说到一半，她就打断了我的话，说这些事情都过去了，以后别提了。"

"你当时有什么感受呢？"我问。

童童答道："我当时特别难受，我也没有想让她怎么开导我，我就是想说说以前的事情，和朋友一起来分享一下自己的经历，但是她马上就制止了我，我觉得心好凉，觉得这个人没有拿我当朋友。"

"后来呢？"

"后来我想算了吧，也许她今天心情不好，我不该在这个时候提这些难受的事情。过了一段时间，我觉得她心情好的时候，又说起另一件以前遇到的伤心事，她又以同样的方式制止了我，并且说她找朋友是为了快乐，不是为了婆婆妈妈地唠叨。"

"听到这些话之后，你有什么感受呢？"

"我当时很伤心，就决定以后不理她了。当她再叫我吃饭或者上自习的时候，我就说我不去，她就一个人去了。没过多久她就和隔壁宿舍的一个女孩一起吃饭、一起逛街了，我又成了一个人，感到很失落。"说到这里，童童满脸都是委屈和无奈。

"那你是怎样来应对自己内心的失落的呢？"我问。

"一开始，我就坚持不理她，晚上回到宿舍她和我说话，我也不理她，但是她一点都不在乎。后来，正好赶上她生日，我就送给她一件她喜欢的裙子，我们就又和好了，而且怕她再疏远我，我就经常给她和那个女生买零食，帮她们买饭。"

"也就是说，你通过自己的行动，让你们的关系得到了恢复。我发现你经常用买礼物的方式表达友谊。"

"是的，这样不对吗？我妈妈常常告诉我出门在外别抠门，花点儿钱多和她们沟通没坏处，将来总有用得上的时候。"童童叹了口气，接着说道，"没过多久，当我们三个人一起逛街的时候，我请她俩吃饭，在吃饭的时候我又提到以前发生的一件让我特别伤心的事情，晓丽马上站起来，对我说：'你真烦人，不是告诉过你，不要再提那些陈芝麻烂谷子的事情吗？你再说我不吃了啊。'我当时差点气哭了，但是怕她们不理我，只好对她说：'不好意思，我忘了，是我不对。'你说，我对她这么好，她怎么能这样对我呢？回去之后，我越想越生气，觉得她做得太过分了，就决定不理她了。"

"我能感受到你当时的愤怒，从这件事情之后，你们的关系怎么样呢？"我问道。

"从这件事情之后，我越来越觉得她自私，爱占别人便宜，觉得她不配做我的朋友，就不想再理她，但是我又不愿意回到一个人的世界，所以我还是处处迁就她，讨好她，希望有一天她能够变成我真正的朋友。"说到这里，童童像卸下了一块大石头一样，长舒了一口气，并小心翼翼端起面前的杯子喝了一口水。

这时候，我就开始一边画图一边给她解释，每个人择友的标准不一样，童童需要的是一个能够说说知心话的朋友，她不仅能够分享快乐也能够分担痛苦，而晓丽需要的只是一个能分享快乐的朋友，这是人和人的差异，没有什么对与错。童童通常在交往过程中采用迎合的方式，她呈现给朋友的是一个"假我"，而她内心希望朋友接纳自己的"真我"，而恰恰朋友接纳的只是她的"假我"，这就是矛盾产生的根源。

接下来的咨询中，我用大量的叙事疗法来对她头脑中有关自己经历的事情进行重新编写，改变她内心对自己的认知。抛弃那些"我是孤单的""我是内向的""我是没有人际交往能力"的消极认知观念。澄清她在人际交往的过程中，片面地接受母亲不正确的引导，将"只能通过给别人买礼物、迁就别人才能得到别人的喜欢和接纳"这样的不良模式作为与人交流的唯一手段。并通过角色扮演，使童童重新定位在群体中的位置，增强人际交往水平。

随着咨询次数的增加，童童的变化越来越大，整个人都洋溢着青春的活力，开始变得喜欢表达，性格也开朗起来。在后来的咨询中，当提到第一次见到她的情景的时候，童童也为自己今天的成长和变化感到欣慰。

👩 ｜王颖说：

在个体成长的过程中，人际交往能力是在集体生活中，逐渐建立和培养起来的。一旦错过，就会对以后的生活造成障碍。在失败的关系建立过程中，个体会自发地形成一些对自我的错误评价，这些评价往往是以偏概全的、消极的、偏离客观现实的。这些不良的自我评价，会影响到个体对周围的人和事物的看法，会影响到个体的行为方式。而不良的行为方式又重新引发新的错误观念，如此反复，形成恶性循环，又会阻碍个体关系的发展。

童童在上大学之前，错过了建立正常人际关系的机会，而且形成了很多对自己的不良认知，这些不良认知和行为成了她在大学生活中人际交往的障碍。在人际交往中，她又希望通过迁就、迎合等方式来获得别人的关注和关系的改变，在客体关系心理学中被称为"迎合的投射性认同"，也就是通过迎合别人的需要，来诱导对方产生自己期望中的行为表现，一旦投射不成功，就会给投射者本人带来极大的挫折和伤害。

👨 ｜谭秦说：

我是谁？我是什么样的？怎样是"完美范式"？这看似是一些高深的哲学话题，但是在孩子很小的时候就开始不自觉地思考了。他们通过父母怎么评价我，身边的人怎么评价我，自己怎么评价自己，不断地进行回答和重构。小时候或许没办法用成熟的语言、完整的体系表达，但是他们的行为会表现出他们的答案，并且形成他们的价值观和社会交往范式。

在这个过程中，越小的孩子越容易受到外界的影响。一名幼儿园的孩子和一名小学生，你评价他"是个勇敢的人"，和一个初中生、高中生你告诉他这句话，产生的效果完全不同。我们常常强调教育中身份的平等，首先就是亲子关系中对孩子人格的尊重。当我们开始"定义"一个孩子，"教导"一个孩子的时候，那种不尊重的观念是不是就已经产生了呢？比如我们会像上帝一样宣判："你这个孩子怎么这么笨呢？""你这个孩子真是不听话！""你太不专心了！""你太不懂得体谅人了！""你只有好好学习才是价值的体现！"……这些都会对孩子造成"多米诺"般的影响。而这种影响也会不自觉地投射到孩子与同伴的交往中，以至于他非常在乎别人给自己的"定义"——"我是不是对方的好朋友？""对方觉得我做得怎么样？""在他眼中，我是一个称职的朋友 / 同事 / 妻子 / 丈夫吗？"……好像失去了别人的评判，自己就失去了行为的准绳。

因此，我们首先要做的就是不去武断地定义孩子的行为，或者给孩子贴上标签，让孩子按照自己的本心，形成一个真正社会化的自我，而不是用迁就别人、迎合别人来"交换"别人的认可。

同时，在孩子社会化的过程中，我们也要为他们提供有效的帮助。比如案例中的童童，在家庭不断变换环境的同时，家长也要不断关注孩子的心理、人际交往和行为方式。在孩子很小的时候，他们可能无法通过语言来表达，但是我们可以观察他生活中的细节：比如幼儿园阶段的小朋友，他在换了幼儿园之后，每天的情绪变化是怎样的？他对去幼儿园是期待的，还是抗拒的？他是否每天跟大人分享一些幼儿园的事情，甚至喋喋不休、乐此不疲？通过这些细节，我们可以看到孩子在幼儿园的状态如何。

到了小学、初中，如果家里有比较大的变化，或者孩子有转校、休学等情况（这些对孩子来说都是非常大的改变），这时我们家长更要细心地观察自己的孩子。因为这么大的孩子，不一定像幼儿园阶段那么直接地表露自己的想法、情绪等等。我们只能通过跟老师、同学的沟通，以及有技巧地和孩子沟通不断地去了解他们在学校的生活、学习状态的起伏等等，来推测孩子的状况。

另外，孩子的社会性交往，在上幼儿园之前其实就已经产生了。家长要随时随地引导他们发展与年龄、经历、生活环境相适应的人际交往能力，以免他们到了成年的时候才发现在成长过程中，有一门社会交往课没有及格……

> 关键词：好朋友，交友诉求，送礼物，人际交往模式，沟通手段，开朗。

04. 朋友相处要换位思考

晓晓打过几次电话来预约咨询，都失约了。直到后来她主动走入咨询室，我才知道她遇到了一件比较尴尬的事情，所以一再爽约，现在实在无法解决了，才下定决心寻求心理咨询师的帮助。

"请问你有什么事情需要我的帮助？"

"我跟同学们合不来，我很孤单，心里很难受，想问一下您有什么办法可以帮助我与同学们和好吗？"

"哦，是这样，这种情形持续多久了呢？"

"一个多月吧，我今年刚上大一，开始的时候我挺开心的，与宿舍的同学也处得挺好的，大家一起上课，一起逛街买衣服。可是现在，她们都不跟我玩了。"

"这期间发生了什么事情吗？"

晓晓嘴一抿，说："就是因为我睡觉打鼾呗，可是这事也不能全怪我呀，是生理因素造成的，我也控制不了呀，可是她们都对我有意见，集体孤立我，不跟我玩了。"

"那么，你能跟我详细地讲一讲你打鼾是怎么引起'公愤'的吗？"

晓晓详细地讲述了自己与宿舍同学闹矛盾的缘由。她晚上睡觉打鼾，而且发出的声音还挺大，同学们跟她提过此事，她也颇为难堪。她到药店买药，上网去搜索各种办法，把枕头垫高，睡觉往右侧躺，自己认为有效了。可有一天晚上，对面床的同学被她吵得睡不着，喊了她好几声见她没反应，就朝她扔书，扔了几次，她也不知道。她早上醒来还挺奇怪的，不知道自己床上怎么会有这么多书。当下铺同学告诉她实情后，晓晓很委屈，认为自己对那个同学以及宿舍的其他同学都很好，相互之间的关系也很融洽，从来都没有吵过架，没想到她们会这样对待自己。再说了，她已经想了好多办法去改善，自己发出声响也不是故意的。于是晓晓心中就有了疙瘩，和宿舍的同学在一起感觉很不自在，最怕晚上睡觉，怕自己打鼾吵到同学，更担心同学又砸东西过来。因此她晚上总是最后一个睡，也不敢睡熟，经常半夜惊醒，早上更是早早醒了，不敢起床，躺在床上一动也不动，偷听同学们讲话，生怕讲的是与自己打鼾有关的事情。

慢慢地，晓晓与宿舍的女孩们疏远了，自己成了个独行侠。平时看到宿舍同学与别的宿舍同学聊天，她就会不由自主地担心，怕她们拿自己打鼾来说事。晓晓痛苦极了，觉得实在抬不起头来，都不想上课了。申请调宿舍吧，情况是一样的，出去单租一个房间，自己又没有这么多钱，想来想去，没办法才走进咨询室求助。

"晓晓，在你的讲述过程中，我感受到了你的伤心和无助，你也很愤怒，是这样吗？"

"是的，我一直认为我们的关系很好，但是她们这样对我，太伤我自尊了。"

"晓晓，那个用书砸你的同学和你的关系怎么样？"

"跟别人一样的，以前没有过争执，还是能有说有笑的。自那之后，我们就很少说话了，有时她跟我打招呼，我也是爱答不理的。"

"我感觉你似乎和整个宿舍的同学关系都有些疏离，是吗？"

"嗯，那天晚上我被砸了，她们都知道，却没说什么，明明是那个同学的不对，她们却不说她，更不制止她，也不喊醒我，使我被人砸了几次，我对她们很生气，所以不怎么理她们了。"

"我能体会到你在宿舍的不自在。我想问你，以前你知道自己打鼾吗？"

"知道，但不认为是什么问题。"

"以前你住过宿舍吗？"

"没有，我一直在家住。"

"那么，在家里，你跟爸妈是怎么住的呢？"

"我一直自己睡一个房间。"

通过澄清，我发现晓晓一直都是自己睡，也没住过学校，因此从来没有人对她打鼾表示过反感。通过这件事我发现晓晓的人际关系还是有问题的，她遇到事情总认为是其他人不理解自己，没有客观地分析同学过激举动的原因，就认定自己是无辜地被攻击，并把相关同学的不作为也认定是错误，致使自己处于相对孤立的境地。

由于晓晓的情绪还处于比较激动的状态，我们的讨论就从晓晓关注的打鼾问题入手，在对相关的医学知识、生理结构、对健康的影响等问题的探讨中，晓晓明白了，打鼾不只是尴尬的表现，更是影响身体健康的隐患。她决定去医院治疗。咨询到这里，晓晓的情绪稳定了许多，我说："表面上是打鼾引起了你和宿舍同学人际关系紧张的问题，但我感到你在人际交往方面似乎还有一些需要思考和改善的地方，你是否愿意再继续咨询？"晓晓欣然答应了。

一周后，晓晓如约来到了工作室，很开心地告诉我，她的打鼾是由于鼻中隔的问题，医生说，让她利用假期做个手术就可以解决了。

我趁势问她："看病的事情你告诉宿舍的同学了吗？"

她说："我告诉她们我准备做手术这件事情了。她们也没说什么。"

看到她沮丧的样子，我问："你希望她们有什么样的回应？"

晓晓说："她们应该知道我之所以愿意花几千元钱看病，一部分原因也是为了让她们睡得舒服！"

我问："在没有发生扔书事件之前，你与宿舍的同学都是怎样交往的呢？"

"我们会一起去教室上课，一起吃饭，放学后一起回来，晚上聊聊天，周末一起逛街买衣服呀。"

"我想你的打鼾应该是持续的，也就是说，从你住宿舍的第一天睡觉就打鼾，但同学们并没有在第一天因为这个问题就和你疏离。"

晓晓想了想，说："是呀，那为什么那天要用书砸我呢？"

我用角色扮演的方式让晓晓理解了整个事件的发生、发展。晓晓是一个独生女，第一次过集体生活，才使她意识到自己的生理问题带来的尴尬，她希望别人能理解并忍耐她。但睡眠是一个人的基本需要，当困意袭来又由于噪声不得入睡时，人就会进入极度焦躁的情绪中，消除噪声、实现睡眠成为迫在眉睫的问题。所以，过激行为并不是指向当事人，而是指向噪声。无论当事人是谁，都会成为被指责、攻击的对象。咨询到了这里，晓晓的表情松弛了许多。

她说："其实我还是很想跟她们在一起的，我不想孤单单的一个人。"

我问："那么，你为这个想法采取过什么行动了吗？"

晓晓低下头，小声地说："没有，我希望她们能主动理我，我担心我主动和她们示好，万一她们不理我，我会觉得很丢脸的，就更无法在宿舍待了。"

我感到晓晓的负面思维是她人际关系中最大的障碍，遇到问题，她的思维模型是放大灾难、推卸责任，感到无辜、委屈、愤怒，无力解决就逃离。在接下来的咨询中，我帮助她建立新的积极的思维模型，取代消极的思维模型。通过一个疗程的咨询，晓晓变得开朗了许多，并能够和同学和平相处了。

⚅ ▎王颖说：

当个体的一些身体异常现象，或多或少给他人的生活带来影响时，个体内心的自责和无奈将会使自己陷入极大的冲突之中。这种冲突往往会让个体把问题的责任归结为他人的不理解和不宽容，而忽略了他人真实的感受，进而产生攻击、逃避、怨恨等情绪和行为，使自己的人际关系变得更加紧张。面对类似的问题，我们首先要分清楚哪些是"可为的"，哪些是"不可为的"。对于前者，我们要增加有效的行动力主动改变；对于后者，要在自我接纳的基础上，将对他人的干扰降到最低，以此获得他人的理解和接纳。

谭秦说：

就年龄而言，进入大学阶段的学生大都已经过了 18 岁，法律上已经是一个成年人。然而，进入大学之前的孩子很少有机会与除家人以外的人长期同吃同住，教育体系中也没有太多行之有效的"社会交往"课程，以至于当他们过上集体宿舍生活时，面对的一切都是陌生且不适应的。

但是无论遇到什么问题，真正能帮助孩子解决困境的，其实是帮他们形成一种正面应对的能力。首先，我们要反思在过往对孩子的教导或者亲子互动中，是否默认了以下模式：

冷战＝我生气了

我今天又跟你讲话了＝对不起

我做了我能做的＝你所受的伤害不怪我

我觉得你应该怎么做但是你没做＝你对我有敌意

……

所有的沟通都停滞在自己单方面的心理活动或者无差别的交往行为当中，以至于自己内心已有惊涛骇浪，但是对方仍旧毫不知情。我们常形容成人世界"内心戏太多"，对于一个进入到新环境的"准成年人"来说，这种模式何尝不是一个巨大的交往障碍。所以，我们在跟孩子的互动过程中，一方面我们要做好榜样，清晰明白地表达我们的感受、要求、规则、期待；另一方面也要训练孩子，像我们自己那样去表达自己的感受、需求。只有在家庭中被这样训练过的孩子，在新环境中与人发生需求冲突的时候，才能平和且清晰地表达自己的感受和需求，理解别人的感受和需求，并温柔且智慧地解决冲突。

关键词：打鼾，忧虑，自尊，睡眠需求，过激行为，同伴交往，负面思维，身体异常。

05. 教孩子保持适当的人际距离

不知道从什么时候开始，"早恋"成了一个时髦的词。只要男生和女生走得稍微近一点，也许只是比较好的朋友关系，老师和家长都会像惊弓之鸟。小薇的妈妈从老师的口中得知小薇经常和男生"出双入对"，已经"荒废学业"以后，非常着急地给心理咨询中心打来了电话："老师，我女儿最近被老师批评总爱和男生在一起。我很担心她会早恋，这孩子自从上初中以后学习成绩就不太好，如果现在真的早恋了，我担心她以后考不上大学。这种事我始终觉得是很难开口的事情，不知道怎么和她说，请您帮我开导开导她吧，我都快急死了。"就这样，小薇被家人带到了咨询室。

小薇正在读高一下学期，据她爸爸说，小薇天生就招人喜欢，加上从小就练习芭蕾舞和小提琴，气质比一般学生要出众，所以才经常有男生追求她。咨询的当天，我也觉得小薇确实长得很漂亮，气质也很好，可能是长期的舞蹈训练使她的举止很优雅。

"王老师，我向您发誓，我真的没有早恋！"小薇刚坐下，就抢在我开口之前说了这样一句话。"老师在冤枉我，我没有像他说的那样肮脏。老师总是捕风捉影，我和他们都只是朋友关系，他只要看见我和男生在一起，就说我是早恋，太庸俗！我只是和他们看看电影、逛逛街而已，难道一起看电影、逛街，就是谈恋爱？真可笑！"

自从小薇上高中以来，身边就不乏追求者，自然也经常收到各种各样的礼物。有情书、卡片、鲜花、项链，甚至还有手机、iPad、小宠物等等。无论是谁送的礼物，她都会收下来。

"我知道班里的女同学都在嫉妒我，当然了，如果一个人不招别人嫉妒，她肯定是个庸才。我基本每周都会收到礼物，她们想要也不会有人送。"小薇这样说道，"不过我只是把他们当成朋友，而且是普通朋友罢了。我从来没有想过要和他们进一步交往，谁知道他们怎么那么爱自作多情呢！"

我问小薇，平时和这些朋友都会上哪儿玩。她说，没什么特别的，不在学校的时候就是一起上咖啡馆，听音乐会，看电影，逛街买东西之类的。在学校的时候就是一起上食堂吃饭，或者一起上图书馆自习、看书。小薇在描述这些事情的时候，表情特别轻松，在她看来，这些举动根本够不上谈恋爱的标准。但是这些内容在一般人看来，确实和恋爱没有两样。

从小薇上中学起，身边就一直有男生对她表示好感。只要小薇有什么需要，男生们都会全力满足。有时候，这些男生还会因为小薇打架，小薇自己也弄不清楚原因。她告诉我："不就是普通朋友交往吗？用得着打架吗？打赢了，我也不会只和他们中的某一个人出去玩；打赢了，我也不会喜欢他。真是多此一举！"

"能不能给我描述一下，你和其中一个男生是怎样相处的呢？"我问道。

小薇思考了一会儿，说："好像是在初三吧，有一次情人节的时候我收到一个邮包，打开以后发现竟然是一部 SONY 的 MP3。那时，这款机型是最先进的，我一看见就喜欢上了。里面还有张纸条，写的是要约我晚上到保利剧院听音乐会。那天，我本来约了另一个男生蔡某某，所以就没有去保利剧院，而是和蔡某某吃西餐去了。第二天放学以后，有一个男生捧着一束玫瑰花站在我们班门口，大家都走出去看热闹，我也跟着出去看了。突然，那个男生冲着我说：'请和我交往吧！'我被他吓了一大跳，心想，把花拿走再说吧，做普通朋友还是可以的。然后，我接过他的花，对他说：'我们就当是朋友一样吧。'后来几天，我就和他随便看了两场电影，并吃了几顿饭。有一天，蔡某某突然找到我，说我脚踏两条船，对他不公平。真是天大的冤枉，我根本就没有和他谈恋爱，他凭什么说我脚踏两条船。那次之后，我就再也没理这个姓蔡的，那段时间我都和那个送花的男生一起出去玩。但是没多久，我就觉得他好缠人，总要早上来接我上学，晚上送我回家的，如果我和别的男生出去吃饭，他知道了还摔东西。真吓人！后来我就没和他来往了，反正还有别人陪我吃饭。不就是一个追我的人吗？没有他陪，还有其他的追求者陪，我犯不着在他身上这么费神。上个月，他还到我现在的学校找过我，向我道歉，说他当年太鲁莽了。王老师，你说这个男生为什么这么自作多情。"

在我们谈话的时候，小薇接到两条短信息，她主动让我看了，内容是一个男生的示爱。小薇说，这个男生挺好玩的，最近总给她送巧克力。我问她，对于这样的信息是怎么处理的。她微微一笑，说："给他发一个笑脸呗。"我再问："你喜欢这个男生吗？笑脸是什么意思？"她诧异地说："为什么会喜欢？我对他和对其他男生都一样，不就是发个笑脸吗？又不代表什么。"

我问小薇："听说过什么是人际距离吗？"她摇了摇头。我告诉她："人际交往可以分成 4 种不同的距离，即亲密距离、个人距离、社交距离和公众距离。亲密距离是一个人与最亲近的人相处的距离，在 0～0.45 米。如果有陌生人进入这个领域时，就会使人在心理上产生排斥。就像我们走在很拥挤的路上，人和人都发生了身体接触，我们就会感觉很不舒服，而我们和父母就不会因为身体挨得太近觉得别扭。个人距离的范围是 0.45～1.2 米。在这个范围内不会触及对方身体，大家可以随意交谈。我们对一般的朋友和熟人，往往在这个距离内交谈。社交距离在 1.2～3.5 米，通常是人们在社会交往中处理个人事务的距离。公众距离往往是公众集会时采用的距离，一般在 3.5～7.5 米。如果超过这个距离，人们就无法以正常的音量进行语言交流了。而你在和普通朋友交往的时候正是没有区分亲密距离和个人距离，就采用了只有和亲密的人相处才使用的距离，使他人产生了误会。"小薇一边认真地听着，一边不住地点头。

为了更好地了解小薇，我问她："一直说的都是你初中以后的事情，那初中之前的生活是怎么样的？"

小薇骄傲地说："在小学，我的成绩特别好，老师特别喜欢我。那时候的课也简单，我每天除了上课以外，就是跳舞和拉琴。我从 5 岁开始跳舞，小学时一直是舞蹈队的成员，还经常代表学校去表演。我下课后基本不用看书就可以考满分，老师都夸我是天才。每次开会，老师也都会表扬我，还让其他同学都要向我学习。其实老师是不知道，我回家根本没学习。但是自从我上了初中，成绩就没原来好了。学校的老师只喜欢学习好的学生，我讨厌他们。我爸妈对我的态度也变差了，以前他们总会带我出去玩，后来就说我成绩不好，要在家里好好读书，就不带我出去玩了。不过这些也没什么关系，他们不理我，有别人理我；他们不陪我上街买东西，还有别人陪我逛街，有人给我买东西。"

我问："你一共收过多少礼物？"

小薇说："没有算过，有一大箱子吧。"说着，她还用手比画了一下。

我好奇地说："这么多的礼物，你家人没有发现吗？"

小薇说："我告诉他们这是我同学送的。"

我问："他们怎么回应的呢？"

小薇说："他们说挺好的，看来我的人际关系挺好的。"

从咨询中我们就可以了解到，小薇这种收礼物的行为并未受到父母的过问或质疑，反而受到她父母的不断认可，被视为是人际关系良好的结果。

在小薇的世界里面，她从小因为出众的外貌、优秀的学习成绩和课外特长受到老师和家人的喜爱。一直是众人"宝贝"的小薇在小学的学习全靠自己的聪明，没有养成勤奋学习的习惯。上初中以后，小薇仍想继续依靠聪明不劳而获，没有改变学习方法，所以成绩慢慢下滑。由于成绩的问题，小薇在老师和家人心中的"宝贝"地位开始下降，家人为了能让她多点时间读书，减少了和小薇一起的娱乐时间；同时由于成绩不好，小薇没能选上班干部，感觉离老师的距离也变得好远。小薇有一种被冷落、被抛弃的失落感，好像自己不受人欢迎一样。

　　然而，正当小薇感到失落迷茫的时候，又恰逢青春期的到来，周围男孩儿对漂亮女生的追捧，让她重新获得被爱、被呵护和被关注的幸福感，终于又有人把她当"宝贝"了。所以，在和一个又一个的异性相处的时候，小薇有的不是情窦初开的感觉，而是沉浸在众星捧月的自豪感之中。而她和这些男同学相处的场景，又像早恋一样，所以老师和家长才会误认为小薇在早恋。通过咨询，小薇慢慢地意识到，家长、老师和同学对于她有"早恋"的感觉并不是捕风捉影，而是对表面现象进行分析后的一个通常的看法，只是小薇自己在内心并没有将别人的喜欢和追捧等同于恋爱而已。

　　通过一段时间的咨询，小薇明白，自己的这种随便接受礼物、接受爱慕的方式并不能获得自己想要的那种喜爱和关注，如果想获得周围人的认可，只靠漂亮的外表是远远不够的。

🧑 | 王颖说：

　　人际距离就是指人们在沟通和交往的时候，个体与个体之间的空间距离。不同的性别、环境、社会地位、文化，尤其是亲密程度等都会影响人际距离。在一定的背景下，每一种人际距离都代表人们之间的亲密程度，过于疏远或者过于亲密的人际距离往往会引起交往中对方或者周围人的误解。

　　青少年的人际距离观念往往来自其家庭。如果家长给予孩子的是不恰当的强化或教育，就会引起孩子对人际交往的错误理解。青少年时期恰恰是一个人走向成熟、走向独立的探索期，被他人误解的时候，也是引导孩子进行反省的时候。

🧑 | 谭秦说：

　　著名演员黄磊在一次节目中说："早恋这个词特别不人性化，少男少女情窦初开，开始一段美好而朦胧的感情，这是人生中非常美好的回忆，我会尊重我女儿的选择。"但是现实中多数家长和老师都把"早恋"视为洪水猛兽，仿佛它是一个不可饶恕的错误，一旦发生似乎就会让孩子的学习成绩和社会成长各个方面都万劫不复。有些人甚至会把这个问题上升到道德层面，用一些不当的言辞来说孩子。

其实，家长和孩子都需要树立正确的恋爱观。而正确的恋爱观不是等孩子到了青春期才开始培养的，而是从孩子小时候开始家长就应该有意识培养的。

这种培养的基础是我们对孩子的情况要有足够的了解。不是说我们要事无巨细地询问，所有事情都要求孩子向我们汇报，而是要对孩子生活中出现的一些情况敏锐地发现，及时地询问并引导。比如案例中小薇的父母，面对自家女儿收到的大量礼物，并没有察觉到什么不妥，反而觉得是她的人际关系不错。这就让孩子模糊了交往的界限，甚至会产生错误的交往模式和期待。

对于青春期的孩子，身高上与成人相差无几，行为上和小时候也有了很大的改变，因此家长也逐渐觉得他们是个大人。但实际上，他们一方面渴望像大人一样成熟独立，另一方面又"格外需要"得到大人的接纳和帮助。因此，家长不要因为他们"看起来"像个大人，就真的全权放手。反而应该一边让他们尝试着做一些走向独立的事情，一边给予他们更细腻的守望和及时的引导。比如说案例中小薇的父母，可以在孩子接到礼物的时候就开始参与，和孩子一起讨论：他们为什么要送你礼物；你要如何面对他们送礼物的事情；要给他们什么样的回应；你的回应会给他们带来怎样的信号；你的举止和想要传达的信息和他们接收到的信息是不是一致；作为一个即将进入到成年的女孩，和异性交往时应该保持怎样的距离，注意哪些细节，哪些事情可以做，哪些话可以说，以及哪些言行可能给人带来误解……就是在这样一件件"小事"中，家长可以不断地与孩子进行讨论并给予引导，从而帮助孩子建立与异性交往的边界，开启幸福的人生。

> 关键词：漂亮，礼物，异性吸引，早恋，人际距离，聪明和勤奋，社交常识，尊重。

06. "老好人"形象背后的情绪压抑

　　小贝在妈妈的陪同下来到咨询室。出现在我面前的是一个十三四岁的男孩，身上穿着一套蓝色的运动服，理着整齐的平头，脸上带着羞涩的表情，头一直低着，不愿意看人，动作也显得不自然。小贝妈妈告诉我："小贝现在读初二，从小就是一个特别听话的孩子，现在是班里的宣传委员。上个月在家长会上，老师说小贝最近和同学的关系不太好，和他一向的良好表现相差甚远。回家后，我问他发生了什么事，是不是欺负别的同学了。他也没回答，扭头回房间去了，好几天都不理人。快考试了，我怕这些情绪会影响他的成绩。老师，您帮帮他吧。"

　　在咨询关系建立以后，小贝把前几天发生的让他特别烦恼的事情告诉了我："在班会上，老师要根据上学期的表现选团支书，我在第一轮选举中就落选了。我就觉得他们只是走一个过场，选谁都一样。所以，在第二轮的投票中，我就谁都没选。收票的同学看见我谁都没选，就跟其他同学说了。第二天，他看见我，就说我是神经病，其他人看见我，也说我是神经病。我说'我不是神经病，你们才是'。后来他们老跟我作对，一看见我就说我是神经病。我上课发言，他们就在下面起哄。学校的心理辅导老师告诉我，走自己的路，让别人说去吧，可我现在还是不舒服。"

在咨询室里面，我让小贝画了一幅有房子、树木和人的画。他画了一棵有叉的树（代表着被动攻击），一个小男孩很高兴地由树下走向一座城堡，城堡里有三栋房子，每栋房子上都插有一面旗子，房顶上都铺满了瓦片，每座房子都有一扇窗户，挂有窗帘。门口有两个花匠在浇花，还有一辆豪华汽车停在城堡前。经过我们一起对图的分析和澄清，我发现小贝具有很强的被动攻击性。他也是一个很有理想的人，觉得只要自己努力，就可以拥有令人羡慕的生活。

小贝又详细地讲述了事情的经过。那天开班会选团支书时，小贝得了 32 票，他的同学盖丽丽得了 40 票，杨萌萌得了 41 票，全班共有 44 个同学。盖丽丽和杨萌萌在第一轮被选中后，进行第二轮选举。小贝觉得选出来不是自己，另外参选的两名同学在他的心目中都不配当团支书，因此在第二轮的选举中就谁都没选。不料，最后一排的同学收选票时发现小贝的选票上谁都没选，就在同学间传播开了这件事。两名候选人也来质问他，他立即否认。很多同学知道后就都不理他了。一个一直和他关系不好的同学当他的面就说"神经病，神经病"，小贝就反击说"你才是神经病"。双方的口角不断升级，最后变成了肢体冲突。由于小贝比较瘦小，在冲突中就吃亏了。有一天，小贝听到有几名同学在说"神经病"，小贝走近时又都不说话了。小贝觉得自己被孤立了，内心充满沮丧。小贝是班里的宣传委员，每次出板报都会遭到一些同学的诋毁。所以，现在出板报也成了他一件非常痛苦的工作。

当我问他在填选票时，有没有挣扎，他说："有，平时和候选人的关系都不错，但一想到中考竞争那么激烈，如果她们被评上了团支书，在考试中就有可能加分，她们俩的成绩和我很接近，她俩加分就会对我不利。"

我问小贝还有没有让他感到非常痛苦的事情。小贝说有一次，他和班长在体育课打篮球时发生口角，下课后以为没事了。谁知当他一走进教室，全班齐声说："神经病，神经病。"小贝无奈地告诉老师，老师也没处理。同时，小贝感觉老师对他的态度也发生了变化，就开始远离老师。

我说："在你的描述中，我发现你一直在谴责你的同学和老师。"

小贝："是呀，都是他们在骂我，骂我是神经病。"

我说："有没有这种可能，在你当团支书的愿望不能实现时，你就用一个谁都不选的方式来发泄，借以攻击你无法接受的选举。"

小贝说："我没攻击。"

我说："我记得你说过'她们俩都不配当团支书'。表面上，你是没有攻击她们，但是在你的内心，对她们是持有否定的。攻击是将你内心的不如意以一定的方式还击给使你不如意的人和事，攻击不单指直白地骂人、打人。"

"哦，这么说的话，那我应该是攻击了吧。"小贝挠挠头，低声说道。

经过与他不断地沟通，我意识到小贝在处理事情时的模式是：遇到不如意——被动攻击——被发现——否认——自责——无力承担——逃避。为了进一步探究他防御背后的问题，还需要知道被动攻击、否认、逃避等防御产生的原因。

在小贝的回忆中，妈妈是自己最亲近的人。他妈妈一直要求他做一个善良和听话的好孩子，长大以后一定要做一个好人。在小贝四五岁的时候，每次玩耍以后，他都要自己收拾好玩具，如果不收拾就不能吃饭。对于一个小孩而言，这样的规定未免过分苛刻。小贝妈妈还教育小贝，无论别人怎么不对，自己也不可以对别人不好。如果在学校有同学欺负自己，可以和同学讲道理，千万不可以打架，要团结同学。自己可以处理的就自己处理，尽量不要麻烦老师。

在小贝的成长过程中，妈妈一直要他以高的道德标准约束自己，他自己也一直维持着在同学心目中的"老好人"形象。在老师和同学眼里，他从来都是一个特别好的学生。只要同学有要求，他都会尽力满足。遇上不喜欢自己的同学，或者是公然和自己做对的同学，他也都是能忍则忍。

这种人际交往的方式确实在一定程度上帮助了小贝，使他得到了老师和同学的喜欢。但这是一种不正确的人际交往方式，小贝要一直保持在大家面前的良好形象，就没办法真实地表达自己的感受，长期的压抑终于在选举那天爆发了。他缺乏人际交往的技巧，处理冲突时只会使用被动攻击，甚至是否认和逃避这样更为原始的方式，而不会使用一些更积极的方法。因为在长期的家庭教育中，小贝没有学习到如何正确处理人际关系的方法，妈妈只是要求小贝一味地牺牲自己的利益，成就一个他人心中的好形象。

所以在遇到问题时，小贝想到的不是如何解决问题，而是通过否认事情的真实性来回避问题，通过被动攻击的方式让他人难受。这样的孩子可能在小学时期会得到老师的喜欢，因为老师都喜欢不闹事、听话的好孩子，但是到了中学，老师更注重学生的自主管理，老师的管理和监督责任渐渐被学生干部所替代，小贝刻板的性格不被接纳又无力改变，就出现了不适应的状况。

由于小贝将落选团支书的不良后果无限放大，导致自己不能面对落选的结果，但是他又无法处理随之带来的恐惧，所以就采取被动攻击的方式来表达，面对自己孤立无助的处境，又感到后悔和自责。小贝通过对成长历程的回忆并听了我的分析之后，明白了自己遭遇背后的深层原因，心里不再自责和悔恨，也不再将事情的责任都归给他人了。

我请小贝谈谈为什么对"神经病"这三个字特别敏感时，小贝说："我爸爸是一个军人，他是非常开朗的人。他总是告诉我一个不爱表达的人将来是没有出息的。而我自己却是一个特别内向的人。内向的人一般比较抑郁，抑郁的人又会得神经病。所以我特别害怕别人说我神经病。"我给他解释了"内向""抑郁""神经病"三者之间的联系和区别。当小贝得知它们之间没有必然联系后，表情松弛了许多。我用他崇拜的中外成功人士为例，将他们的性格分析展现给小贝并告诉他成功和性格内向、外向无关，成功是积极进取的结果。

咨询结束时，小贝表示愿意勇敢面对同学和老师，并接受这件事带来的后果。他坚信只要真诚，老师和同学一定会接纳他！

🦊 ｜ 王颖说：

人生有许多关键的时期，但关键并不代表是终点。中考、高考到底意味着什么？说白了，它只是告诉你，在未来几年你将在哪里上学，仅此而已。它永远不能告诉你，你是否能成功。但很多的人（特别是家长）把它和成功紧密相连，似乎考到了重点学校就意味着和成功更近了一步。一味地追求学习成绩，却忽略了青春期孩子最为重要的心理成长！

尤其对于那些比较内向、胆小的孩子，家长要特别关注他们的心理成长，切记不要在孩子面前随意说一些不科学观念，虽然你只是随口说说，但孩子却会铭记心头，形成错误的认知，甚至在成长之路上变成对自己的威胁。

一个健康稳定的心理是孩子走向成功最坚实的基石。

🧑 ｜ 谭秦说：

在小贝的成长过程中，他的妈妈一直要他以高的道德标准约束自己，小贝也一直维持着在同学心目中的"老好人"形象。在老师和同学眼里，他从来都只是一个特别好的学生。只要同学有要求，他都会尽力去满足。遇上不喜欢自己的同学，或者是公然和自己作对捣乱的同学，他从来也只是能忍则忍。努力建立良好的品行是好的，宽容大度，慷慨礼让，可能会受人尊敬，但我们不能期待孩子是完全被这样的"美好品格"堆砌起来的，这不符合人性。

孩子的性情是最真实的，个体的有限性也更大，他们会有不开心的时候，有不愿意做的事情，也有想要却得不到的东西。

家长要做的是引导孩子学会接纳自己的情绪，合理表达自己的情绪。而在长期的家庭教育中，小贝妈妈只是一味地要求他牺牲自己的利益，成就他人心中的好形象。当他遇见不能也不想牺牲的利益时，他本能的反应就是：否认、逃避、被动攻击、回避问题。但这些方法并不能帮他真正解决问题，他内心的感受并不会随着时间的流逝被解决，久而久之就成了大问题。

我们希望父母能把孩子遇见的每个问题都当作磨刀石，把自己遇到的或者书籍中读到的典型人格当作理解人性的样本，帮助孩子建立一个稳定健康的心理，懂得理解他人，与人为善。

当家长的眼光不再局限于眼下孩子如何更讨老师的喜欢，下个月的考试成绩如何，将来上一个什么学校，而是关注孩子通过一件件事情，学到了什么，改变了什么，时刻为他塑造健全人格积累经验时，父母和孩子才都能获得真正的淡定和从容。

> 关键词：班级选举，内向，不良后果，恐惧，健康心理，社会交往。

07. 助人要量力而为

小南因为长期失眠，情况一直没有得到解决，便来咨询室找我。

从小南的陈述中，我了解到他是一个热心助人的大学生，在平时的学习和生活中经常帮助同学解决各种各样的问题，并在积极申请入党。事情是由买电脑引起的：小南在课间的时候看到同学小任愁眉苦脸地一个人在角落走来走去。上前询问才知道他的电脑机型比较老，没有办法修理，但手里的钱又不够买新电脑，很多课程作业无法完成。小南突然想起了他的网友二黑换了一份在中关村电脑城专门销售组装电脑的工作，就联系二黑想帮小任买一个便宜点儿的电脑。二黑告诉小南电脑这东西利润很深，他和经理的关系很好，肯定能拿到比市面要低很多价钱的同款电脑。二黑还告诉小南，如果要买就提前两天通知他，他们在电脑城见面，他当场就能给小南拿货去。第二天上课，小南就把二黑说的话转告了小任，小任听说后非常感激。小任希望能尽快买到电脑，于是决定隔天就去电脑城找二黑。小南帮小任买电脑的事很快就在班里传开了，大家都说小南的人品实在是太好了。小南觉得这样的助人行为肯定会为他下星期入党投票赢得更大的机会。

说到这里，小南的神情突然变得凝重，语调也低沉了下来，继续说道："买电脑的当天，二黑把我和小任带到自己工作的专柜前，很神秘地告诉我们，低价买电脑的事情不能被其他同事知道，因为这是不允许的。他要先把钱拿上才能到仓库提货，让我们在柜台前等着他，他很快就拿电脑回来。我们就把钱给了二黑，在原地等了大概 10 分钟后，想打电话催他一下。结果他的手机一直打不通，又过了 20 分钟，人还是没有回来。于是我们就问专柜的其他工作人员仓库是不是离得很远，专柜工作人员的回答让我们大吃一惊，他们说根本没有什么仓库，货全放在店里了，而且二黑只是一个临时工，不是正式的工作人员。我们立刻明白很可能是上当受骗了，小任立刻就报案了，但警察说十有八九是个惯犯干的，这两个月已经接到几起类似的报案了，他们也并没办法找到这个人。钱追回来的希望不大，要小任做好最坏的心理准备。"小南万万没有想到，自己的助人行为，竟然会是这样的结果。

第二天上课，小南发现同学们的脸色都很难看，他便耷拉着脑袋。"你说是不是他自己把钱拿了？"小南突然听到背后传来这么一句，他下意识地扭过头，身后的同学看见他扭过头来，都立即停止了说话，低下头来看书。

"冤枉呀！钱真的不是我拿的！我哪是这种人！"小南说，"我只是想帮小任一下，但是没有想到最后会变成这样。大家都觉得我是那个骗子的托儿，认为我肯定拿了好处才会这么热心地帮助小任的。我真是有口难辩！"

从那天开始，小南就再也没有睡过一个好觉。只要一躺下，他就会想起同学们的议论，不是难以入睡就是做噩梦。由于休息不好，上课和复习也无法集中精力，期末考试竟然挂了两科，党员也没评上。

小南说大家都在背后议论他，无论他澄清了多少遍，同学们依然继续议论。

我问小南："在你决定要帮助小任的时候，内心有多大的把握？"

小南思考了一会儿，说："大概是 50% 吧。"

我再问："那小任认为你有多大的把握可以帮他解决这个问题？"

"我想他是 100% 相信我。"

我说："其实在你内心里只有 50% 的把握能把这件事解决，而你传递给别人的却是 100% 可以解决。"

小南说："是啊，那时候我还跟小任说一定没有问题。当时还有很多同学在场听到我这么说了。"

"你为什么要把 50% 的可能性表达成为 100%？这样的夸大能带来好处？"我问小南。

"我只是想帮助他而已……我以为我这么做，入党也能顺利些。"小南委屈地说。

"我能看出来你是一个心地很善良，乐于助人的人。但是在你想帮助别人之前，是不是要先考虑一下自己有没有足够的能力解决？是不是应该量力而行？"

小南低着脑袋思考了很久，叹了一口气，说："我不应该相信那个人的，我怎么就这么容易相信他呢？"

我问小南："你能说一下刚才提到的二黑是怎么样的一个朋友吗？为什么你会这么信任他？"

"其实他不是我的什么好朋友，只是在网上认识的一个网友。"

"这样一个普通的网友怎么能轻松获得你 100% 的信任？"

小南说："有一次我想买一个鼠标，外面要卖 50 元，他说只要 30 元就可以买到了。而且他是先把鼠标邮寄给我，才让我给他汇的钱。那鼠标跟市面上卖 50 元的那款一模一样，质量还特别好。我就觉得他人特别好，特别实在。我这么信任他，他不仅骗了我，还让我在我同学面前无地自容。他怎么能这么对我？"

我告诉小南，他在帮助别人的同时也承担着一定的风险。他没能实现对别人的帮助，反而把事情弄得更糟糕的时候，他的人格、人品就会遭受质疑。小南表示同意我的观点，我问他："既然这件事需要承担风险，你为什么还乐意去做？"

"那时候我就想，如果我和同学的关系好一点，在评选党员的事情上机会能大一点。因为这次和我竞争入党的那个同学成绩特别好，老师也很喜欢他。所以我琢磨如果我跟同学的关系比他好，得到的票数比他高，我入党的机会就比他大了。"

在我们不断的讨论中，小南渐渐明白，自己这么热心地帮助小任，不是所谓无私的热心助人，只是想通过这个助人的行为来得到好处而已。

"为什么你只有通过这种助人的方法才能入党？"我问小南。

"我的学习成绩不是特别好，做事还总是笨手笨脚的，讲话不幽默，长得不好看，体育也不强，基本上没有什么优势可言。如果我不经常帮助别人，让别人觉得我是个热心肠的人，肯定就没有人会注意我了。"小南惭愧地说。

很显然，正是因为小南一直没有正视自己的优点，把注意力全放在自己不如别人的地方，使得他一直用"助人"作为人际交往的唯一手段，没有发掘自己的其他优点。通过咨询，小南发现自己身上还有很多能吸引人的优点，例如健谈、善良、开朗等，他并不是只有通过助人才能和别人建立关系。

"王老师，我还有一点不明白，他们为什么要这样到处说我？"小南不解地问道。

我告诉小南，很多面临人际交往困惑的人都有一个共同的特征，就是总觉得"别人总在议论我"，感到自己被关注、被说三道四。其实，人们在生活中关注的往往是那些"不同寻常的""出类拔萃的"或者是"惊世骇俗的"事，就是"值得被关注的事"。比如，一个工作一直非常出色的人突然被领导开除或者降职，一个在大家眼里各方面都非常优秀的人突然暴出了一场婚外恋情，一个学习成绩一直优异的学生突然间成绩一落千丈，一个一直以精明著称的人遭遇最低级的坑蒙拐骗等等。这些就是大家眼里生活中的"不寻常"，大家当然要去关注和评论了。小南现在遭到负面议论感到难受，完全是正常的情绪反应，要让自己不难受的唯一途径就是"把他们的嘴都堵上，不让他们再说三道四"，但这又是不可能办到的。

我问小南："如果这件事不是发生在你身上，而是发生在你们班里另外一个同学身上，你觉得你会不会参与大家的议论？"

小南笑了一下，说："如果是我听到了这样一件事，我也会在背后说他的。

因为这的确是件值得议论的事。"

咨询最后，小南懂得需要接纳"人人背后说人人"这样的现实，然后客观地分析了自己在这件事情中应该承担的责任和自己具有其他选择的权利。至于焦虑、失眠等等情绪反应都是正常的。如果创造了这些"不寻常"被别人议论，自己还能心安理得地该干什么干什么，那么这个人不是"超人"就是"精神异常"，而这些反应恰恰说明，自己是个平常人。

王颖说：

助人是一种利他行为，是一种符合社会期待的有益于他人的行为。助人的目标是完全有利于他人的，也是一种社会交换，其受益是助人后自我价值的提高，获得赞誉和尊重。如果我们把助人后得到的自我价值的提高无限地放大，助人行为就会成为我们个体发展的一个重要手段，继而忽略自己其他能力的发展。而且，个体在实施助人行为的时候会有一个理想化的预期，如果结果不理想、不被接纳，那么个体就会沉浸在理想化的助人和不理想的结果的反差和冲突中，进而触发各种应激的情绪反应。个体要能够正视不理想的结果，并且勇敢地承担责任，这才是解决这种冲突的最佳方式。同时，如果助人掺杂着个体获益的功利心，助人就不能成为真正的助人。

谭秦说：

我们在谈论"品格教育"时，有两种特质特别稀缺，一种是"助人"，另一种是"担当"。

案例中小南社交失败的原因中首当其冲的不是"帮助人，换选票"的错误逻辑，更重要的是他对别人的"信任"一开始就超出了正常的范畴。他与二黑在网上认识，只因对方卖给自己的鼠标价格略低就对其产生了100%的信任。这种"信任"没有基础，更不可靠。

此外，小南想通过助人获得"人气""好人缘"，从而顺利通过入党的投票表决。这种"助人——好人品评价——入党投票顺利通过"的逻辑放大了助人的自我价值，换句话说，即便是没有上当受骗的事，小南也不一定会因这件事儿顺利通过入党的投票表决。如果是那样的话，小南同样要面对期待与结果之间的矛盾冲突。而要解决这种冲突，就要回到"助人"的初心，我们助人是否是真正的无私？如果不是真正无私地助人，那我们就会对助人行为有所期待，那么，一旦产生与我们的期待背道而驰的结果，也会带给我们负面的影响。

因此，希望每一位家长都能教导孩子真正去无私助人，让爱变得单纯，让努力也变得纯粹。

关键词：失眠，网友，被骗，占便宜，信任，后果夸大，自我认知，帮助人，人际关系。

08. 父母可以干预孩子交朋友吗

小鹏是个读高一的男生，长得白白净净，戴着一个黑框眼镜，性格腼腆，面部几乎没有什么表情。从小到大对父母、老师的话言听计从，不招灾不惹祸。周围人都说，这孩子太让人省心了。虽然爸爸妈妈的性格都很开朗，对小鹏比较闷的性格不太满意，但想着等他长大后多接触社会可能性格自然会发生改变。

听小鹏的父母说，上周五晚上，小鹏的妈妈接到了小鹏班主任于老师的电话。于老师说："小鹏期中考试成绩退步的原因找到了。他最近老和我们班一个学习不好的同学在一起玩，你们一定要好好管管他，这孩子千万别学坏呀！"撂下电话，小鹏的妈妈傻掉了，连忙给他爸爸打电话转告了此事，并让他下班早点回家，两人一起给小鹏开批斗会。晚上小鹏写完作业，准备洗漱睡觉时，爸爸把他叫到客厅，严肃地说："今天你们班于老师给我打电话了，说你最近表现得特别不好，上课听讲注意力不集中，作业写得马马虎虎，学习态度不端正，下课不复习、不预习，就知道和班上一个差等生一起扯东扯西。期中考试成绩直线下滑，老师非常担心你跟他学坏，从明天开始，你必须和那个同学划清界限，不准再理他。"小鹏一听就急了，心想，"这不是冤枉我吗？还让我和李毅断绝来往？"小鹏心里头的愤怒一下子就顶到脑门，瞪着眼睛，半天一句话也说不出来，脸憋得通红。妈妈一看小鹏急了，连忙说："老师也是为你好呀。俗话说'近朱者赤，近墨者黑'，老师还是觉得你可以挽救，才跟我们家长说的。如果老师认为你无可救药了，就放任自流不管你了。"小鹏一听更生气了，大声说："于老师胡说八道，她冤枉我。她凭什么管我和谁玩，我想和谁玩就和谁玩，我愿意和谁做朋友就和谁做朋友，你们管不着。"爸爸妈妈一下就惊呆了，这孩子从来没跟他们大声说过话，一直是特别懂事，对家长的话言听计从的，看来真像于老师说的那样，这孩子学坏了。

小鹏坐在我对面时，搓着双手，非常紧张，结结巴巴地说："王老师，我想问您，我在学校交朋友，有错吗？"

我说："当然没有错。"

"那我选择交什么样的朋友，有错吗？"他紧接着问我。

我说："如果是你自己的选择，并且和这个同学在一起时心情特别愉快，也没有错呀。"

"那于老师为什么要冤枉我？我家人为什么一定要限制我和谁交朋友？"

我看到他瞪着眼睛，脑门上都渗出了汗珠，就知道这孩子是真着急了，于是让他喝了口水，缓解一下愤怒的情绪。等他的心情渐渐平静下来，我说："你来给我介绍一下你的这位朋友。"

小鹏娓娓道来："李毅是我们班长得最高、最帅的，而且他特别热情、特别开朗。我比较内向，刚到这个学校的时候，没有什么朋友。有一次，老师要求自愿分组做物理实验，我不知怎么办，就坐在座位上等着同学来挑我。李毅热情地邀请我到他们组，把我从尴尬的境地解救出来。从此以后，我再也不担心分组学习的问题了，因为我已经自然而然地和李毅一组了。"说到这儿，小鹏开心地笑了。

我接着说："李毅的学习怎么样呀？"

他若有所思地说："他的成绩确实不太好，他中考的成绩才高出我们学校录取分数线1分。他觉得自己挺幸运的。但是他特别聪明，电脑编程特别棒，唱歌也特别好听。他还特别自立，衣服、鞋子、学习用品都是他自己买，连上学骑的自行车都是他自己挑、自己买的。而我所有的东西都是妈妈买的，我稍微提出一点想法，我妈就说：'你那眼光不行，那些奸商就骗你这种傻了吧唧的小孩子。'"此时的小鹏满脸沮丧。

我说："人无完人，李毅身上有没有什么不足之处呀？"

小鹏说："唉！他这个人比较冲动，有点儿哥们义气，好打抱不平。上星期他的初中同学被高二的同学欺负了，他就给人出头去了。幸亏对方怂了，架没打起来。当时我害怕极了，他要是把人打了，学校还不得把他开除了。他特幽默，上课老跟我们老师逗贫嘴，给老师气得够呛。他特别热心肠，人缘也不错。"

我说："看来你很佩服李毅的勇敢和义气。如果有一天，李毅约你一起去打抱不平，你会怎样做？"

他笑着说："他绝不会找我的。我是一个胆小怕事的人，动手不敢、动嘴也不灵，他要带上我，纯属自找麻烦。退一万步说，他真叫我去，我也不会去，不是我不仗义，是我有底线，我不想给自己和爸爸妈妈找麻烦。"听他这么说，我心里就踏实多了。

接下来，我们开始讨论学习退步的原因。小鹏说："中考结束后，我爸就没让我歇着，一直给我请家教、上网课。我爸说一个新的学校，新的学习阶段，不能输在高中的起跑线上。入学考试我考得还挺好，考了我们班的第八名，我爸妈可高兴了，说什么我儿子要腾飞了，爆点到了……我觉得特别可笑。这次期中考试，我考了我们班第二十二名，虽然成绩排名退后了十四名，我自己没觉得不正常，期末考试好好复习就得了呗。但我爸妈接受不了，说是我不努力才成绩直线下滑的。"我和小鹏把两次考试的每科成绩做了一个认真的分析和比较，入学考试的内容以中考的知识点为主，考试科目也是中考的六门课程。当其他大部分同学都充分享受着轻松的假期，没有进行很好的准备时，小鹏在暑期对这部分知识进行了查缺补漏的复习，所以小鹏的入学考试成绩才在班级里名列前茅。期中考试是对前两个多月新知识掌握情况的考核，考试科目有十门，其中有三门文科需要大量地背题，而背题恰恰是小鹏的短板。所以我们可以清晰地看出，这两次的考试成绩并没有什么可比性。小鹏还告诉我，在初中时他在班级的成绩也只是中等水平，所以他自己对这个名次还是比较满意的。

我问小鹏："如果你必须按照老师和家长的要求和李毅断交，你会怎么想？"

他惊恐地说："我会特别恐惧、特别气愤。我在班里没有朋友，李毅是我最好的朋友，他不仅能够保护我，而且我跟他在一起还特别快乐。我上学都是家长接送，周末又都是在补课中度过。我用的是个老人手机，只能用来和爸妈联系。上学的时候学业压力特别大，时间也特别紧，课间只有十分钟。中午吃饭的时候，是我最快乐的时光。李毅总会讲一些有趣的、新鲜的事情，有的时候还会给我们哼唱他新学的歌曲，我们管他叫心灵加油站。"

我问："我们？"

小鹏奇怪地看着我说："是呀，我们周围的几个同学都喜欢和李毅聊天。当然，我什么也不懂，基本上不说什么话，就在旁边听着，他们一起调侃，我是最佳听众。"

我话锋一转，说："让你和李毅断交，你会很恐惧。这恐惧有没有可能并不是你和李毅这个人分离带来的，而是要和他给你带来的轻松与快乐的感觉分离带来的。"

小鹏看着天花板，若有所思地说："好像是。我每到快下课的时候就会想，不知这哥们儿又会跟我们侃点儿什么，就特别期待。"

小鹏用纸擦了擦眼镜，平静地说："他们现在合起伙来逼着我和李毅断交。如果我不断交，他们就会逼着李毅跟我断交。以李毅的性格，他肯定会说'你管得着吗？你想让我不理谁，我就不理谁啊！'然后和老师怼起来。到时候老师就该报复他了，记过处分或开除什么的。那我在班里还怎么混呀！我都想好了，我明天不上学了。我面对不了李毅，只有不上学才是最好的办法。"我拍拍他的肩膀，说："放心孩子，一定有更好的办法。"

小鹏的爸爸妈妈焦虑地问我："王老师，怎么样？他同意断交了吗？"我微笑地和他们说："别着急，你们俩凭想象描述一下李毅是一个什么样的同学。"

妈妈先说了："估计就是一个二混子，学习差、不守纪律，将来不是地痞就是流氓。"爸爸连忙补充："估计他们家长也管不了他，在班里也是称王称霸。"

我接着问："你们大胆地猜测一下，李毅为什么选择和小鹏成为好朋友。"小鹏妈妈不假思索地说："肯定是想让我们家小鹏和他同流合污，当小流氓去。"小鹏的爸爸说道："也许是嫉妒我们家小鹏，想让他的学习成绩下滑和他做伴。也许是想骗我们家傻儿子的钱。"我继续追问："小鹏有当流氓、地痞的潜质吗？小鹏兜里有很多钱吗？"小鹏妈扑哧一下笑出声来，说："我儿子三脚踹不出个屁来，胆子比耗子还小，他可当不了流氓！每天我就给他三块钱买水喝，哪会有人惦记他兜里那几块钱呀！"说到这儿，小鹏的爸爸妈妈脸上的表情似乎轻松了很多。

我详细地介绍了小鹏心目中的李毅同学，也讲了小鹏和李毅成为好朋友的心理感受。小鹏爸爸用防御的目光看着我，说："王老师，说句心里话，我的孩子我了解，他是一个思想者，根本不需要朋友。他自己其实挺会玩儿的，听音乐、玩乐高、拼图、看书，要是闲得慌，也可以上网学学计算机编程。我就希望这三年，他一门心思地备战高考，等到了大学再交朋友。"他妈妈连忙附和："对！他就是非要交朋友，他也要找班长、团支书交朋友呀！他怎么能和李毅这种差等生交朋友呢！"我笑了，说："我们都年轻过，也都上过中学。你认为班长、团支书，他们会主动和小鹏这类内敛、被动的孩子交朋友吗？小鹏已经把每天的课间和午餐时间听李毅跟几个同学在一起放松的聊天视为心灵加油站。"小鹏的爸爸妈妈四目对视不知如何是好。

我转换了一个话题，问："你们和老师经常互动吗？"小鹏妈妈立马活跃起来："我们是家校配合的模范家长。我每周都给老师打电话，问小鹏在学校的表现。我跟于老师说：'您不要客气，就像对待您自己的儿子一样严格要求小鹏。'这一次小鹏没考好，我寝食难安，我央求于老师帮我们找到退步的原因，让小鹏奋起直追。"我问："于老师知道小鹏在初中的学习情况吗？"小鹏爸爸不好意思地说："我们没跟老师说他初中学习不咋地，我觉得这样会影响老师对孩子的印象。"

在和小鹏父母的交流中，我越发感受到这是一对比较自负、爱面子、控制欲强的父母，也能理解于老师为什么将小鹏和李毅的友谊视为小鹏成绩退步的原因。心理学上有一个词叫"暗示"，小鹏父母不断地暗示于老师'退步必有原因，你作为班主任一定能找到原因'。于是，于老师陷入了心理学另外一个词即"托付"的陷阱，进而李毅就成了替罪羊。当我和小鹏的父母讨论到这一步时，小鹏和李毅断不断交，已经不是问题了。

接下来，我们把咨询重点调整到小鹏对自我的不接纳上。通过咨询，小鹏理解了自己为什么选择和李毅成为好朋友，不是他们之间有良好的互动关系，而是李毅身上有他特别渴望拥有的品质——勇敢仗义、诙谐幽默、多才多艺、英俊帅气、乐观积极等等，这些恰恰是小鹏不具备并且感到自卑的部分。我们分门别类地展开训练，不期待小鹏能一日转变，但我坚信他一定会不断地成长，成长为自己喜欢的样子。

王颖说：

青春期的孩子渴望获得友谊、渴望被同伴认可，他们会结交自己喜欢的朋友。而家长渴望自己的孩子与优秀的同学成为好朋友，但往往事与愿违，于是，家长就会动用成人的交友模式作为指导原则，却效果甚微。

帮助孩子了解他的朋友是不是易怒好斗，有没有和社会上的流氓打成一片，有没有经常违反校规校纪，他的价值观、消费观有没有和你的家风不相符。如果这个朋友存在一条上述中提到的情况，就立即阻止孩子继续和这个人来往。尽管我们提倡尊重孩子的选择权，但在原则问题上决不能妥协。家长要花时间去了解你的孩子喜欢结交哪类朋友，邀请一些优秀、可靠的同学来家里玩儿或组织以同学家庭为单位的郊游活动，这样既了解了孩子又了解了家长。家长要帮助孩子创建良好、安全的朋友圈。

谭秦说：

父母经常有一种错觉，就是自己家孩子本来挺好的，就是因为那些原因才有了这个结果。那些原因可能是班级气氛不太好，老师风格跟孩子不搭，一起玩儿的小伙伴习惯不好，最近季节的变化……似乎所有的事情都能成为自己家的"好孩子"变成"坏孩子"的原因。

案例中的小鹏和他的家长，让我们看到了一个流程：自负、爱面子、控制欲强的父母——被暗示一定要找到原因的老师——好像被找到了原因的孩子——孩子异常激烈的反抗。这就是自负的家长认为孩子成绩退步，一定有外在原因影响，并武断地认为问题出在学校，"拜托"老师"分析定案"的过程。

然而在集体教学中，老师并没有办法对每一个孩子做到细致的观察和对比分析，甚至都不能保证定期跟每个孩子进行个性化的沟通，无法从孩子的变化得出准确的分析。所以，老师只能看到孩子表象的可观察的行为。这样表象的判定自然是不对症的，然而武断、控制欲强的父母又据此给孩子强行开处方，势必会激发孩子的强烈反抗。

在这个过程中，家长自以为密切关注了孩子的生活和学习，但是他们并没有真正了解孩子的内心，完全不知道孩子喜欢什么，渴望什么，惧怕什么，期待什么……

孩子是第一次14岁，家长也是第一次做这个14岁孩子的父母，孩子成长中的每一天亦是如此。孩子在不断地成长，父母的成长呢？父母也应该随着孩子和时代的变化一起成长。父母要成为孩子这朵云身边的另一朵云，关注它想要飘去哪里，以便随时可以按照需要去推动或守望它；父母要成为孩子这棵树旁边的另一棵树，随着风向和它一起去摇动；父母要成为这个灵魂旁随时准备着的另一个灵魂，走近他，了解他，保护他，帮助他，尊重他。

关键词：考试，成绩下降，交朋友，差等生，内向，自我接纳，家长意愿，同伴认可，社会交往。

青少年随着生理的逐渐成熟，心理上的情爱也开始萌动，于是他们自然而然地开始了对异性的倾慕和渴求，这是人性的自然流露。但是青少年正处于身体发育和思想成熟的过渡时期，想法过于简单、行为容易冲动，如果家长和老师对待他们的方式不合理，很可能对他们造成心理上的伤害，甚至会导致各种心理疾病的产生。

青少年之间的爱慕，宛如一朵带刺的玫瑰。所以他们容易被它的芬芳吸引，然而，一旦去触碰，又常常会被无情地刺伤。因此，青少年的自我调节、家长和老师对他们的教育和引导就显得格外重要。

面对早恋的孩子，家长不要半遮半掩，欲言又止，要严肃认真地和孩子讨论早恋的事情，让孩子清晰地认识到早恋的危害，教孩子用理智来战胜不成熟的感情。家长可以筛选有益孩子身心健康的文学、影视作品，帮助孩子找到正向的人生榜样，培养孩子的意志力，并让其树立远大的奋斗目标。鼓励孩子积极参加有意义的集体活动，获得同学们广泛的友谊。家长要接受孩子长大的事实，对男女生正常的交往，不要过分地敏感，应该积极沟通，适时引导。同时，要杜绝孩子同异性同学单独交往的情况，谨防擦出"爱"的火花。家庭成员之间要相互尊重、理解、信任和关心，让孩子感受到家庭的温暖，感受父母爱的力量，从而产生稳定感和安全感，避免情感外移。

第四章

情感

猜猜猜的背后，引导才是关键

01. 识别什么是恋爱

"老师，我失恋了，我太痛苦了，您能帮帮我吗？"正在读高二的莎莎刚到咨询室就这样对我说，神情中充满了委屈。

"失恋对每个人来说都是一件痛苦的事情，你能走进咨询室来寻求帮助，说明你并没有在痛苦中沉沦，这一点是非常值得肯定的，现在我们来谈一谈你恋爱的经过吧。"我一边安慰她一边说道。

莎莎看了看我，问道："那从哪里开始说呢？"

"就从他是一个什么样的男孩，你们之间的关系是怎样发展的开始说吧。"我回答。

"他是我上高中以后唯一的男朋友，上学期期末他主动向我表白，要我做他女朋友，我就答应了，于是我们就开始谈恋爱。上个星期，他请我吃饭的时候，我们谈起了自己的过去。当我告诉他我以前有过差不多 20 个男朋友的时候，他睁大眼睛问我是不是真的，我就从第一个男朋友开始一边说名字一边数给他听。数完之后，他还是半信半疑的，我就说不信你可以问我初中同学去，他们都知道我以前和谁谈过恋爱，最后他就相信了。但是让我没有想到的是，他居然站起来跟我说，'我没有想到你是这么随便的一个人，我们分手吧。'说完就从饭店走出去了，我在后面追着向他解释说，我和他们都已经分手了，但是他根本就不听，头也不回地回家了。我当时特别伤心，特别恨自己。第二天上学的时候，我就听见有女生在议论我，我都快崩溃了，我没脸再去学校了。"莎莎一边抹着眼泪，一边说。

"莎莎，听你刚才的描述，现在有两个问题困扰着你，一个是你和男朋友的关系，一个是同学们对你的议论，是吗？"我问道。

"是的，就是这两个问题。"

"那我们先来谈谈第一个问题，你刚才说上高中之前你有过20多个男朋友，我们就从你这20多个男朋友谈起吧。"我说道。

"好吧！"莎莎想了想，接着说，"那要从我小学时候说起。"

我说："没有关系，我们就从小学开始说。"

原来，在三年级的时候，莎莎就发现自己很喜欢一个刚参加工作，浑身上下充满青春活力的体育老师，在学校每当遇到这个老师时，她都会和老师搭讪，上体育课的时候还会偷偷给老师带上饮料，周围有女生议论体育老师的时候，她也会挺身而出"捍卫自己心目中的王子"，而且告诉自己的好朋友说"那是我男朋友，等我长大了我就嫁给他"，但是她从来没有敢跟老师表达过。莎莎说这是她的初恋，同学们都知道她喜欢体育老师，但是自己觉得这只是一厢情愿的暗恋。

五年级的一天，当她得知体育老师要结婚的消息时，就感觉自己跟失恋了一样，一个人在家里偷偷地哭，把自己给老师画的画全部撕掉，但是到了学校又在朋友面前表现得满不在乎，而且不断地说老师的坏话来诋毁老师。后来，为了报复老师，也为了心理上的平衡，她就开始找新的男朋友。这时候班里一个学习成绩很好的男生吸引了她，尤其这个男生的数学考试成绩几乎每次都是100分，而数学课是最让莎莎感到头疼的，经常被老师作为反面典型和这个男生做比较。带着一种羡慕和好奇，她就开始喜欢这个男生，下课总找机会和他说话，放学的时候邀请那个男生一起回家，还主动替他写语文作业，最后那个男生终于答应做她的男朋友。当时让莎莎兴奋了好几天，觉得自己是班里最幸福的女生。但是没过多久，她发现这个被称作"数学王子"的男生非常自私，原因是她每次从家里带了好吃的都会分给对方，甚至自己舍不得吃，全部都给他，而这个男生却不是这样，他从来没有把自己的东西分给过莎莎。几次之后，莎莎觉得这个人根本就没有把自己当作女朋友，就告诉他："我不喜欢你了，以后不做你女朋友了。"让莎莎没有想到的是，那个男生居然很平淡地对莎莎说"我知道了"，后来，就再也没有理过她。在莎莎看来，这是她第二次失恋。之后她便开始在同学面前说这个男生的坏话，比如自私、小心眼等等，而且还编造很多他们之间的故事来证明这个男生多么阴险、多么卑鄙。莎莎说好像只有这样，自己才觉得和他打了个平手，要不就太失败了。

上初中后，同学之间谈恋爱已经不再像小学那样偷偷摸摸的了，不仅可以光明正大，还成为一种"时尚"。这时候，一个英语口语特别好的男生走进了莎莎的世界，莎莎随即便开始了主动追求。在她大胆的表白下，这个男生答应做她的男朋友，但是交往不到一个月，莎莎就发现这个男生很花心，和她约会的时候总是时不时地盯着身边走过的女生，还在学校英语俱乐部举行活动的时候向别的女生献殷勤，这让莎莎感到非常气愤。于是她又主动提出分手。分手后的第二天，她又在班上散布关于这个男生的谣言，她说："我就是要把他的名声搞臭，让别的女生都远离他，看他还敢不敢欺骗别人的感情！"说到这里时，莎莎依然表现出一副正义凛然的样子。但是很快她又投入到了新的恋爱中，不论是口才好的，具有幽默感的，长得比较帅的，还是篮球打得好的，只要身上有一个闪光点吸引自己，莎莎就去追求、就去表白、就去恋爱。但是感情持续的时间都很短，最短的不到一个星期，最长的也不到一个月，初中3年，她先后谈了16个男朋友，这个数字连她自己都觉得"太疯狂了"。

等她讲完，我说道："莎莎，首先很感谢你的信任，能够和我一起分享你的感情经历。我想问一下，你觉得自己以往的恋爱都有哪些共性呢？"

莎莎想了想，摇了摇头，说："我说不好，好像没有什么共性吧。"

"好像每次都是你被对方身上的某一个闪光点吸引，就马上开始恋爱，当两个人的关系稍微近一些，你发现对方有一些缺点时，你就马上选择分手，然后就用完全否定对方的办法来结束这段感情。"我说道。

"对，对，对，好像是这样的，以前每次都是这样的。"莎莎一边点头一边说。

我说："现在我们把你的恋爱分为三个阶段来看一下，首先我们来看你在小学阶段对体育老师的感情，我觉得这更像是一种情感上的依恋，不太像恋爱。"

莎莎笑了笑说："我觉得他挺像男子汉的。"

我问她："在你眼中有多少男子汉的形象？"

她列举了一些中外电影里俊朗、成熟的男主人公。

我试着问："你爸爸是一个什么样的人？"

她的脸一下就沉下来，告诉我："在我不到1岁的时候，父母就离婚了，从此我再也没有见过父亲，母亲也一直没有再婚，一个人带着我生活。所以在我的记忆里，根本没有关于爸爸的记忆，家里连一张爸爸的照片都没有。在家里，我很害怕提及爸爸这个字眼，因为有一次我问妈妈'爸爸在哪里'的时候，妈妈一改平时温和的样子，板着脸质问我，'你问这个干什么？有妈妈就足够了。'打那以后，我再也没敢提起过这个话题。"

我说："听了你的讲述，我能够理解你为什么在童年时喜欢一个男子汉形象的体育老师，而当他不符合你内心的期待准备结婚时，你就用诋毁的方式攻击这个让你失望的人，让自己将他忘却。"

她说："是呀！一听说他要结婚，我好悲伤，就到处说他坏话，心里才好受多了。"

我说："接下来，我们分析一下那些和你有过短暂恋情的男同学。他们都有一个共同点吸引你，就是具备某一特质或长项。而让你和他们分离的原因也有一个共同点，就是在接触的过程中，你发现了他们身上有让你讨厌的缺点。我们在心理学上把这种做法叫以偏概全，就是看到一个点是红色，就认定全部是红色，看到一个点是黑色，就认定全部是黑色。你的恋爱，是介于恋爱和友谊之间的。从行为上看像中学生谈恋爱，但从内心情感上看，其实你并没有倾注太多的感情，随时都可以放下，随时又可以拿起。"

莎莎听了我的分析显得非常兴奋，说："太对了，我以前认为我是不死心，现在我明白了，其实我并没在谈恋爱，所以才不会像其他失恋的同学那样痛苦。"

我说："最后，我们分析一下你高中的恋爱。这似乎是你第一次被追求的恋爱，从行为上很像恋爱，你也似乎倾注了一些感情。但你却告诉对方你曾经谈了20多场恋爱，对方把你所谓的恋爱理解成当今中学生都认定的恋爱，所以才有了分手的决定。后来你听到一些对你不利的议论，使你无法面对同学。我发现你的痛苦并不是源于和这个男生的分手，而是因为同学们的议论，似乎这场恋爱的结束并没有给你带来痛苦。"

莎莎惊讶地问："您是说我没有真正地谈恋爱？"

我笑了笑说："恋爱没有标准，只是针对你痛苦的感觉而言，你的痛苦不是来自失恋，而是源于同学的议论。当然，谈过20多次恋爱的人实在是少之又少，所以成为一个焦点话题也是正常的。如果你知道有一个同学谈过如此多的恋爱，我想你一样会在背后议论他的。你不去学校，同学不会因为你不去而不议论；你去学校，同学也不会因为你的出现多议论。就这点事儿议论完了，也就不议论了。"

莎莎忽闪着大眼睛说："您说得对，谁让我缺心眼儿胡说八道呢，我自己做的就得自己承受，明天我就上学去。到您这儿最大的收获是让我知道我根本没谈过什么恋爱，以后也不用把谈N次恋爱当负担了。"

王颖说：

恋爱受挫是青春期最常见的问题之一，一个人对恋爱的定义，直接关系到其恋爱的对象、动机和内容。引导青春期的孩子了解什么是真正的恋爱，在恋爱中两个人是什么样的关系，怎样正确处理恋爱过程中出现的问题。这样不仅有利于孩子处理与异性交往过程中出现的问题，而且有利于其树立良好的人生观、爱情观。

如果孩子在生活中存在"异性的缺乏"，会给他内心留下"不完整"的印象，这就容易让他对异性产生过分的好奇和理想化的幻想，而在不断寻找理想化异性的现实过程中，却又常常感到不理想。

所以，当青春期的孩子不断寻求恋爱的时候，首先需要澄清这是否是真正的恋爱，然后再去探讨这一行为背后是否隐藏着心理问题，确定其是否在用恋爱的方式补偿过往生活中异性参与的缺失，并让其知道这不是爱，这种情感不会持续太久。

谭秦说：

人们面对和处理情感的能力，不是知道某种道理或者理论就可以按部就班地应对，而是需要通过在生活中日积月累的模仿和相处习得。如果家庭成员对情感处理不当，孩子通常会到外部寻找交往对象。而在这个过程中，模仿影视剧和同伴的做法又占据了很大的比例，这又使他们对情感或者异性产生一种不切实际的幻想，很难从中脱离出来。

在家庭中，父亲应当主动且有效地融入孩子的生活，使孩子对男性角色有完整的认知，这是一个再能干的母亲也不能替代的。即使父亲的特质千差万别，"父亲角色"本身的存在也足以让孩子对男性有一个客观的认知，而不是幻想男性好像影视剧中的英雄一样都是闪闪发光没有缺点的，或者是完全"不食人间烟火"。如果孩子带着这种"滤镜"看待男性，进入一段感情或是婚姻，期待必然会落空。而这种心理落差会带来失望和纠结，如此循环下去就会陷入迷茫之中，因为他设想的跟他遇见的完全不一样，案例中的莎莎就处于这样一种困境。

母亲的角色也是一样的，一个生活中没有母亲参与的孩子，不能看到女性的完整形象。女性的特质也是父亲不能替代的，让孩子面对自己的母亲，远比从书籍、影视上了解到的女性更为真实。

即便是我们竭力去做，现实生活中仍有很多不能克服的艰难，使得孩子在自己的家庭中无法感受到这种"存在"和"参与"，家长可以借助祖辈、自己的兄弟姐妹、朋友等资源进行替代，但这种替代差强人意，仅可以看作是一种有效的外部支持。

> 关键词：青春期恋爱，感情受挫，异性缺乏，父亲角色，假想，替代，主观，社会交往。

02. 面对孩子早恋，如何以"疏"代"堵"

小良有气无力地坐在我的对面，不耐烦地说："老师，你也别费心了，我就是不想上学。我也不想说话。"

在咨询中遇到这样的来访者并不稀奇。

我问："那你为什么还来？"

"你问她呀，她死乞白赖地叫我来。"

我知道他指的是门外的妈妈。

但我还是问他："外面的女的是谁呀？"

"我妈。"

"哦，你妈为什么要你来找我？我可是一名心理咨询师呀！"我向他确认了一下我的身份。

他说："我知道，我妈说我有精神病。"

我说:"那你妈可领你来错地方了,我这个地方治不了精神病,你应该去北医六院、回龙观医院、安定医院。"

他用眼睛狠狠地瞪了我一眼,气囔囔地说:"我没有精神病。我就是不想上学。"

我问:"你从哪天开始有不想上学的想法的?"

"前天。"

"从哪天开始不去上学了?"

"今天。"

"前天发生什么了?"

"我真的不想说。"

我撇着嘴说:"我看你妈这面相,可不是善茬儿,你要没有合适的理由就不去上学,估计在家的日子也不太好过。"

小良沉思了一会儿,说:"那我就跟您说说,不过听完后,您要帮我劝劝我妈,让她同意我不上学。"

小良身高 1.80 米,相貌平平,最大的特点就是胖,我目测他至少也有 200 斤。小良的学习成绩一般,在高二分文理班时选择了文科。就是这次分班,让小良的生活发生了翻天覆地的变化。因为他的同桌小诗不但是班长,还是一个性格开朗、成绩优异、兴趣广泛的漂亮女孩。小良是一个性格比较内向的男孩,在人际交往中本来就比较被动,又因为自己相貌平平还特别胖,因此他一直以来都比较自卑。主动交流的小诗让他们的关系由陌生到熟悉,他们每天聊天,玩闹。小良渐渐发现自己喜欢上了小诗,本来不喜欢上学的小良开始讨厌周末,对学习也开始感兴趣,生怕小诗瞧不起他。

小诗是一个球鞋控,非常喜欢限量版球鞋。受她的影响,原本中规中矩的小良也开始关注球鞋,并花大价钱买了一双和小诗同款的球鞋。小良在服装穿着上也有了很多改变,他会在校服里穿一件时髦的卫衣,并将卫衣的帽子翻出来,还剪了一个时尚的二八分头,人一下子变得时尚许多。小诗还是个零食控,小良为小诗买了很多她喜欢吃的零食,巧克力、杧果干、辣条,有时候还给小诗买早餐、奶茶,帮小诗打水,只要小诗开心,他就觉得自己无论多辛苦都是值得的。

功夫不负有心人，在一次微信聊天中，小良壮着胆向小诗表白："你觉得我怎么样？""很好呀。""哪儿好？""你善良。""你喜欢善良的人吗？""当然，我最喜欢善良的人。"那一天，小良高兴得一晚上都没睡，他第一次尝到了恋爱的滋味。

小诗一直是班里的焦点人物，她到哪儿笑声就到哪儿。一次学校组织去西安游学，整个游学过程中，小诗和小良说的话不超过十句。小良看见有的男生帮她提行李，有的男生帮她买饮料，还有的男生和她追逐打闹，他看在眼里气在心中，明知道自己不应该吃醋，但又无法宣泄自己的情绪，每天郁郁寡欢。

回到学校，他们又回到了以前，小良对小诗百般照顾，偶尔放学后也会相约在快餐店一起写作业，当然所有的消费全部是小良买单。小良把所有的注意力都放在小诗身上——今天小诗和哪个男同学说话了？小诗吃哪个男同学买的零食了？小诗怎么不高兴了？她怎么不爱理我呀？她是不是特别烦我呀？小良每天被这些问题困扰着，诚惶诚恐，上课注意力无法集中，晚上也无心做作业，学习成绩急速下滑。

有一次小诗看上了一双运动鞋，但这双运动鞋是在夜里零点发售。小诗的家长对小诗要求比较严，她无法在夜里零点抢购，于是小良就自告奋勇地承担了抢鞋的任务。但是特别遗憾，这双鞋没抢到，小良不忍心看到小诗沮丧的样子，就四处借钱，在网上用高价买回这款鞋，又以平价转给了小诗。看到小诗高兴的样子，小良觉得一切都是值得的。

前天，小良得知小诗周末参加了隔壁班一个男同学的生日会，还和那个男生照了合影。这下小良可急了，晚上就约小诗见面。小诗不想去，在小良苦苦哀求下，才勉强同意。

一见面，小诗就不耐烦地说："有什么事呀？我忙着呢。"

小良就把微信的截图给她看，小诗说："这怎么了？有什么问题吗？"

小良说："你怎么能和这个男的照合影呢？"

小诗急了："你太不可思议了，就是一张照片也代表不了什么呀！人家要和我照相，我也不能不给人家面子呀！"

小良大声说："那我算什么？"小诗也大声说："你是我的同班同学呀！"

小良说："我们只是同班同学吗？如果只是同学，我会对你那么好吗？"

小诗说："你太搞笑了，我又没逼你对我好，都是你自愿的。"

小良看到小诗急了，马上就怂了，连忙道歉寻求小诗的原谅。小诗没理他，愤然离去。晚上小诗在微信上告诉他："你就是个小心眼，我们绝交吧！"而且还把他从通讯录好友中删除了。

小良一口气讲了这三个月的经历，郁闷地喘着粗气。

我问他："前天小诗和你绝交，但为什么今天你才不想上学呀？"

"我当时以为是小诗闹小脾气，第二天就买了早点去学校，没想到她还是不理我，并把早餐放回我的桌子上，让我特别没面子。今天我去上课，发现小诗已经调了座位，我的新同桌还调侃我'癞蛤蟆想吃天鹅肉'，我觉得同学们都在看我的笑话，我没法去上学了。"

我摇摇头说："你这事还真不好整。你妈妈知道原因吗？"

"不知道。他们每天都挺忙的。"他满不在乎地说。

"那你这又臭美又捯饬的，你妈妈就没有察觉吗？"

"我妈还挺高兴，说我变帅了，懂得时尚了。而且我这三个月体重还降了15斤呢。"

我说："你给这三个月和小诗的交往起个名字吧。"

他不好意思地说："应该叫恋爱吧。"

我继续问："这是你第一次恋爱吗？"

"是的，我以前特老实。"

我又问："三个月前，你想过在高中期间谈一场恋爱吗？"

"没有，没有，做梦都没想过。"

"如果让你必须谈一场恋爱，你估计你的另一半会是什么样子？"

他想了想说："我估计也就是特一般的女生。"

我问："如果把完美女生用10分来表示，你给你那个特一般的女生打多少分？"

他不假思索地说："也就5分。"

"那小诗是几分的女生？"

他想了想说："9.5 分。"

"0.5 扣在哪里？"

"她就是比较强势，和男生走得太近了。"

"你是几分男生？"

"我，我也就 4 分吧。"

我说："你闭上眼睛想一想，小诗想找几分的男生？"

小良紧闭着眼睛，喃喃地说："估计起码得 9 分。"

我迅速用黑色的笔在白板上画出了人物关系图。依次是 5 分女生、4 分男生、9.5 分女生、9 分男生，接着我用红色的笔把 4 分男生和 9.5 分女生圈在一起，我问他："这个圈能持续多长时间？"

他说："我不知道，估计没什么戏。"

连续的询问就像剥洋葱，我们在渐渐接近问题核心。

我笑了笑说："也许还有两种选择，第一种是 9.5 分的女生变成 5 分的女生，第二种是 4 分的男生变成 9 分的男生。"

"不不不，不可能让 9.5 分的小诗变成 5 分的女生，她学习好，有梦想，长得还漂亮。让 4 分的我变成 9 分也不太可能。"他越说声越小，沮丧也写满了脸庞。

停顿了片刻，我问他："你甘心做一个 4 分的男生吗？"

"绝对不甘心呀！"

"特别好，我带你走一段，让你保 7 争 9。"

"真的？那我一定听您的。"

我们换了一个话题，我问他："小良，你知道什么是恋爱吗？"

小良信心满满地说："恋爱就是两个人相互爱慕待在一起，特别幸福。"我说："是的，说得不错。真正的恋爱关系是信任、尊重、平等的关系。吸引彼此的不仅仅是外表容貌，还有对方的学业、能力、品行、理想。"

他说："在我和小诗的关系中，好像都是我在付出，我在围着她转。"

我指了指手机对他说："你打开微信，找到你表白的那段，读一读。"

"你觉得我怎么样?""很好呀。""哪儿好?""你善良。""你喜欢善良的人吗?""当然,我最喜欢善良的人。"

他恍然大悟地说:"我脑子是不是当时有坑呀!她这也不是喜欢我,只是喜欢我的善良,只是喜欢我对她好呀!"

我问他:"这三个月你损失了什么?"

他想了想说:"给她买鞋花了 600 多元,买早点、饮料、吃饭大概花了 2000 元。"

"你有什么收获?"

"我比以前幽默、开朗多了,穿着比以前时尚了,还会和女生聊天了。有一阵对学习还挺感兴趣,好像比以前自信了。"

我问他:"收获和损失哪个更多一些?"

他不好意思地说:"好像是收获多一点点。"

讨论到这,小良似乎轻松了许多,对我说:"老师,我还是不好意思进教室。"我笑着说:"你要是能昂首挺胸地进教室,那可离精神病不远了。你这事,本身就是个糗事,接受异样的目光,溜着墙边进去,很快你的同学就会把注意力放到新的八卦上了。"

王颖说:

随着青少年性生理的发育成熟,情窦初开的少男少女会不由自主地被异性吸引,满足好奇心理、寻求精神寄托、模仿同学,都可能成为青春期孩子恋爱的原因。

对待青春期谈恋爱的孩子,一定是疏胜于堵。首先,不给他们贴上恋爱的标签,不给他们心理暗示:"你们在早恋""你们不听话""你们令我们失望"。其次,不鼓励他们恋爱,由于他们心理发育尚不成熟,自我控制能力较弱,可以享受恋爱带来的快乐,但承受不了失恋带来的痛苦,很多心理问题的产生也都是由失恋引发的。最后,青春期谈恋爱对绝大多数青少年来说弊大于利,青春期是青少年积累知识、增长才干的阶段,把宝贵的光阴用来谈恋爱,成本未免太大了。

◎ | 谭秦说：

　　青春期的孩子，由于自己身体发育的变化，开始关注异性，加上激素的作用以及外界文化的影响，他们开始有懵懂的情愫出现。但青春期孩子的恋爱比成人的恋爱更复杂一些，因为他们的心理处在一种矛盾且不稳定的状态中。他们一方面渴望脱离成人，另一方面又不自觉地模仿成人。

　　作为心智成熟的成年人，走入一段恋爱关系，往往有着各种各样的现实原因。但是对情窦初开的少男少女，他们甚少受到现实的干扰，更多的是从自己内心的情感需求出发。比如，一个内向又渴望交流的男孩遇见了一个主动热情的女孩，或者一个长期缺少安全感的女生遇见了一个"英雄般"的男孩。这种情况下，两个人很容易擦出火花。而这个时候成人对孩子的所有基于现实的分析，他们根本听不进去，相反他们会觉得家长不理解、不尊重"爱情"；甚至觉得家长怎么这么庸俗，这么恶毒。

　　因此心理咨询师告诉大家"疏胜于堵"，而且绝不只是简单的"胜于"，而是"完胜"，因为"堵"的成功概率实在是太低了。对于青春期的孩子，没有哪一次叛逆是成人用"堵"的方法能解决的，最好的结果也不过就是掩盖，但是问题仍然存在。

　　那么，应该怎么"疏"呢？首先，让孩子明白什么是恋爱。良性的恋爱应该是两个人在确定的关系中，彼此带来积极正向的改变。同时，要告诉孩子凡事都在发展变化，帮助孩子做好心理建设。这样的变化不仅存在于恋爱关系中，友情也是一样，婚姻亦如此。如何在各种社会关系中实现进步，是每个人终身都要学习的课题。

　　关键词：恋爱，自卑，积极收获，消极影响，心理问题，信任，尊重，平等，社会交往。

03. 异性交往的另一种打开方式

　　小慧在妈妈的搀扶下走进咨询室，这是一个 15 岁的瘦瘦高高的初三女孩儿，苍白的脸上一双无神的眼睛恍恍惚惚地望着前方。看到这种情况，我先让助理陪同小慧在休息区等候，请愁眉苦脸的小慧妈妈先介绍一下小慧的基本状况。

　　在小慧妈妈的哭诉下，我了解了大致情况。上周五，小慧放学回家没有像往常一样写作业，而是躺在床上蒙头大睡。晚上八点多，妈妈叫小慧起床吃晚饭，然后赶紧把作业写完。小慧躺在床上，告诉妈妈自己头痛、胸闷，什么都不想干，只想睡觉。妈妈就摸了摸小慧的额头，发现她没有发烧，让她吃点饭再睡，小慧摇摇头说没有胃口。周六、周日的课外辅导班，小慧也因为难受没有去上。妈妈以为她是因为上周的期中考试太累太紧张造成的。周一早晨，闹铃儿响了好几遍，也没见小慧起床，妈妈就去叫她，可小慧还是说难受不想上学，妈妈这回可急了，说："你到底哪儿难受啊？也不咳嗽，也不发烧的，怎么能不上学呀？"小慧蒙着头一动不动，无论妈妈怎么苦口婆心地说，她都没有任何回应。

下午在妈妈的劝导下，小慧去了社区医院，医生查了查扁桃体、听了听前心后背，也没查出个所以然。看完病，妈妈的心放下了一半，叮嘱小慧："没病咱就踏实了，明天上学去哈！"周二、周三，小慧还是以同样的理由拒绝去上学，妈妈看着小慧的小脸瘦成了巴掌大，眼睛红肿、嘴唇惨白，既心疼又生气。周四，小慧妈妈领小慧去了三甲医院，给小慧做了全身疾病的排查。折腾了一天，也没查出任何疾病。周五，小慧妈妈又带小慧去看中医，老中医也摇摇头说"看小慧脉象应该没什么"，就给她开了点补气的中成药。爸爸妈妈真是急了，这都快一周了，病也看了，药也吃了，怎么没有任何起色呀？在朋友的建议下，他们又去专科医院看了心理科，诊断结果是中度抑郁。看着医生给开的一大堆抗抑郁的药，爸爸妈妈被吓坏了，赶紧寻求心理咨询师的帮助。

接着，我跟小慧开始单独沟通。

她浑身无力地坐在我面前，我问她："最近饮食情况怎么样？"

她小声说："不想吃东西。"

"最近瘦没瘦呀？"

"我也不知道，反正我今天早上戴表的时候，表带好像有点松了。"她说。

我又说："你肯定瘦了，这折腾一周，不瘦才怪呢！"

她低头笑了笑。

我问："听你妈妈说你去了三个医院开了五种药，你都吃了吗？"

她不假思索地说："没吃，吃了也没用。"

"嘿！你比医生还厉害，药还没吃，就知道没用。"

她撒娇地说："我就知道没用。"

"小慧，刚才你妈妈说你们都去三甲医院了，大专家都没有查出你得什么病，我感觉你好像是得了什么大病。有没有这种可能，你得的是一种用现代科学手段还无法检测到的疾病。你有没有害怕的感觉呀？"

"我不害怕，我自己的身体我知道，我不会得什么大病的。"

我看到她信心满满的样子就说："既然你不在乎得什么病，我们就不讨论病了，我们来看看上周五之前你的生活发生了什么事情。"

她点了点头表示同意。

我问："上周你们上体育课了吗？"

"上了。"

"周几？"

"周四。"

"你们做的什么体育项目？"

"我们练习 800 米跑步，为中考体育测试做准备。"

"你这么瘦肯定跑不了太快吧？"

"哪呀！我跑步快着呢，小学时我还是田径队的，还得过区运动会 400 米第一名呢！只是上了中学，我妈担心我参加田径队耽误学习就不让我参加了。"

"那你周四跑 800 米跑第几名呀？"

"我第一，超第二名 40 多米呢。"

我说："那也就是说在周四之前你身体还挺不错的。"

小慧点了点头。

我问："从你进咨询室到现在，有没有头痛、胸闷的感觉？"

小慧说："好像没有。"

我说："那应该不是什么大病。如果是大病，绝不会因为环境的变化症状就消失了。"

"老师，我不是装的，我是真难受呀！"

"老师没说你是装的，一会儿我们就会把病根儿挖出来。你把周五在学校的学习生活详细地讲一下。"

小慧沉思了片刻，慢慢地说："上午五节课，下午三节课，然后我就回家了。"

"中午呢？"

"中午吃完饭，就去操场待了一会儿。"

"和谁待在一起？谈了什么话题？"

小慧想了想，咬了咬嘴唇说："是这样的，我一直和我们班的张昊关系不错，他是班长，我是我们班团支部书记。中午吃饭的时候，他约我吃完饭到操场一起聊班里歌咏比赛的事，但我没想到他跟我说他喜欢我。"说着说着她眼圈一红，眼泪在眼睛里打起转来。

我递给她一张纸巾说："你不喜欢他？"

"我有一点喜欢他。"

我说："你喜欢他，你还哭什么呀？我还以为你讨厌他，他说他喜欢你，你觉得特丢人呢。"

"我不想让他喜欢我。"

"不喜欢他，那你就拒绝他。"

"我不是不喜欢他，我是不想让他喜欢我。"

"怎么那么乱呀？喜欢不喜欢，不喜欢喜欢的。那后来呢？"

"他跟我说完，我就心慌气短，没敢看他，转身就跑回了教室。下午上课时，我都不敢看黑板，我怕我的余光看到张昊，看到他我就喘不上来气。终于熬到放学，本来我约好和几个女同学一起去商场买文具，我都没去，直接就回家睡觉了。"

"那你这一周没去上学就是因为张昊，对吗？"

她点了点头。

"你给我描述一下，张昊是一个什么样的男生。"

"他是我们班的班长，学习好、人品好，长得像吴亦凡。"

我们都知道，吴亦凡是很多女孩子眼中的男神，看来小慧对张昊是有极大好感的。

我接着问："你在和张昊的友谊中有哪些收获？"

她认真地说："我爸爸妈妈对我要求比较严苛，对我总有很多的不满意，我就跟张昊吐槽，他就安慰我。我学习压力大，考试没考好的时候，张昊都会帮我查找原因，帮我从烦恼中解脱出来，有时候我和同学发生冲突，也是他帮我从中调和。他脾气特别好，有时候我心情不好向他发点小脾气，他都不会生气，非常包容我，像知心大哥哥似的。"

我又问："那爸爸妈妈领你到处看病，又拍片又抽血，你怎么不告诉他们呀？"

"我不敢，我怕我爸爸跟我急了，不要我了。"

"不要你？这是怎么回事？"

"有一次，我大伯来我家，发愁地告诉我爸说，我上高一的堂姐谈恋爱了。大伯让她分手，她怎么都不分，还和他吵架。大伯让我爸给他出出主意，我爸发狠地说：'这种孩子你就给她轰出去，只当没养过她得了。'还恶狠狠地看了我一眼说：'要是我家小慧上中学谈恋爱，我绝对打折她的腿，直接给她退学。'"

我终于明白小慧为什么面对一个有好感的男生的表白如临大敌了。如果小慧的爸爸面对堂姐的"早恋"问题能够提供正面管教的建议，不用杀鸡给猴看的方式，也许就不会堵住自己和女儿的亲子交流之路了。

我说："那很简单呀，你就婉拒张昊不就可以了。"

"我，我害怕，害怕他以后不理我了。张昊特爱面子，我担心我的拒绝让他不开心，也让他在同学面前没面子。"

"那你不上学，和这些有什么关系呀？"

"一是我没想好怎么回应张昊，二是我不去上学就没那么难受。"

我递给她一张纸一支笔，让她写出回应张昊有哪些选择，并会带来什么后果。她写道："接受张昊表白——张昊开心、小慧开心；爸爸妈妈愤怒失望，进而惩罚她不让她上学。不接受张昊表白——张昊沮丧、被同学笑话、中考不如意；小慧不开心，舍不得失去张昊这个朋友，郁郁寡欢；父母蒙在鼓里不知如何帮助小慧。"最后，小慧写了四个大字——"无路可走"。

看到这儿，我终于明白"我不想让他喜欢我"这句话的含义了。如果没有表白，他们会无忧无虑地享受单纯的同学之情；如果没有表白，小慧就不会陷入心理冲突带来的痛苦之中；如果没有表白，小慧也不会被担心拒绝带来的分离恐惧所困扰。

我笑着说："也许还有一种结果，张昊开心，你开心，你爸爸妈妈也开心。"

"啊！会有吗？"

"你爸爸妈妈会不会因为你的身体好了，笑容又回来了而高兴？"

"嗯，会的。"

"你和张昊还和以前一样是好朋友，你会不会高兴？"

"嗯！会的。"

"张昊也没有觉得你是因为讨厌他而拒绝他，依然和你是好朋友，他会不会高兴呀？"

"嗯，会的。"

"刚才我问你在和张昊的友谊中收获的是什么时，你说他像一个知心大哥哥。"

"嗯呐。"

"如果在现实生活中你真有一个像张昊一样的哥哥，你觉得怎么样呢？"

她拍着手说："那当然好了，但是……唉！"

"如果你邀约张昊当你的哥哥，你觉得他会不会同意？"

她犹豫了片刻说："应该会同意。"于是我就让小慧编辑了一个微信给张昊："你好！上周五你在操场和我的谈话，我思考了许久，我们在一个班共同学习了两年多，由于我们俩是班干部所以接触得比较多，你不但在学习上给了我很多帮助，而且在我心情不好的时候给了我很多安慰和指导。你喜欢我和我喜欢你是一样的，但这种喜欢并不是恋爱的情感。因为我们还小，不能理解爱情也不能承载爱情，我还不想过早地体会成人的生活，我还舍不得远离无忧无虑的少年时光。我回顾了一下我们相处时的感受，你更像一个温暖的大哥哥，所以我希望我们今后不但是好同学、好朋友，还是好兄妹。"

不一会儿，张昊就回复了微信："好！我们今后不但是好同学、好朋友，还是好兄妹。"看到张昊的微信，小慧的脸上露出了笑容，我知道孩子心里踏实了。

🔘 ┃ 王颖说：

随着年龄的增长和代沟的出现，孩子们更容易产生孤独感和无助感。有些孩子慢慢地就把解决这种不适感的希望转移并寄托到同龄的异性朋友身上，和异性通过建立友谊取得信任，从而形成稳定的依赖关系。然而随着时间的推移，孩子心理上会出现微妙的变化，一旦关系里的一方在内心产生不安全、不稳定感，他就会寻找更有标签意义、更有排他性的关系模式来巩固这种依赖关系。情侣关系在孩子们的认知中似乎是最稳定的关系，于是青春期的恋爱就从这里开始。但未成年人的恋爱不被支持，所以情侣关系的标签不能公开，于是焦虑就产生了。这时，如果以一个貌似亲戚关系的标签存在，既可以让他们的关系在小群体中公开，又能让他们良好的同学关系和依恋关系继续存在，何乐而不为呢？也许这是解决青春期孩子与异性同学关系的新思路。

🔘 ┃ 谭秦说：

人的心理问题会带来身体的外在变化，而人的生理变化也会带来情绪的波动，影响人的心理健康。当父母发现孩子有不明原因的身体不适时，不仅需要从常规的医学角度进行检查，而且还需要考虑是不是心理原因造成的。

孩子在面对一些"两难"选择的时候，他们的心理没有成熟到能够抽丝剥茧地分析和解决事情，因而会陷入迷茫，这时候身体敏锐的孩子就会自发地进入自我保护状态，呈现出各种各样的不舒服，试图去回避问题。

家长和孩子沟通，除了直接的语言交流外，还有情绪、肢体动作等等。对于大一点儿的孩子来说，更要警惕一些无意的"间接交流"。家长在评论一些书中的人物、影视剧的剧情、社会新闻，或是聊到别人的事情的时候，如果不经意间说出很多"狠绝"的话，这些话会让孩子当真并产生恐惧心理，从而关闭了跟父母沟通的渠道和意愿。有很多让人非常痛心的案例，起因都是父母曾经有意无意说过狠话，孩子特别怕父母知道。他们一方面长时间承受着巨大的心理压力，一方面刻意隐瞒、拒绝沟通，以至被父母知道时事情已经到了无法收拾的地步。如果在事情不严重时父母能够及时干预，那么就能避免发生严重的后果。

所以作为家长，平日里在孩子面前应当谨慎说话，尤其是对一些不认可行为的"处理办法"。有时候家长主观上是想"恐吓"一下孩子，让他们对结果有所恐惧就不去做类似的事情，但实际上没有人能在成长过程中一点儿"错误"都不犯。因此，家长"恐吓"的结果不是让孩子不敢违背父母的要求犯错误，而是让孩子在犯错之后不敢跟家长坦白，从而失去了与父母沟通和寻求帮助的机会。

亲子之间建立通畅的沟通渠道，是孩子在成长路上安全感的重要来源。因为他们相信无论发生了什么事情，父母都是他们爱的港湾，都是他们成长的加油站。

> 关键词：恋爱，表达好感，恐吓式教育，分离恐惧，焦虑，社会交往，学习观，价值观。

04. 孩子表白被粗暴拒绝的后遗症

17 岁的晓衡，面颊消瘦，脸色苍白。虽然之前我们有过电话交流，但是在面对面的交谈中他还是略显羞涩。听他描述完自己病程的发展过程之后，我才明白，原来持续一年的灾难，都源自一封情书。

晓衡出生在一个普通的工人家庭，虽然家庭条件不是很富裕，但是父母一直都非常重视对他的教育，尤其是在道德品质方面的培养，父亲一直教育他要做一个"知耻、有德"的人，道德观念在他的思想意识中根深蒂固，不可动摇。晓衡和其他同龄的孩子一样，在经历了天真烂漫的童年、丰富多彩的小学生活之后，上了初中。初一的时候，由于刚刚从小学升入中学，从走读转为住校，学习上的压力和生活上的不适应让晓衡应接不暇。经过一年的努力，他终于适应了初中的学习和生活，一切渐渐进入正轨，他也顺利完成了初一的学业，升入初二。

新学期开始，重新分班。这时候有一个新来的女生吸引了晓衡的注意，那就是他们的新班长，一个活泼外向、成绩优异而且热心的女生，在她的周围总是围着一大群人，无论是班上的工作还是学校的各种活动，这位女班长既是大家的主心骨又是带头人，只要是和表扬、嘉奖有关的事情，都可以见到她的身影。这位漂亮的女班长正好坐在晓衡的前一排，两个人之间自然也就多了一些说话的机会。不知道从什么时候开始，晓衡发现自己的注意力开始受到影响了，无论上课、自习还是走在路上，只要一看见班长，他就觉得自己变得六神无主，语无伦次，也不知道脑子里面在想什么。直到有一天，他看到一本书上对爱情的描述，他才意识到自己可能是爱上这位女班长了。那本书里面关于爱情的描述让他对自己的初恋产生了莫名的期待，于是，他采取了行动。

第二天，他把自己花了整整一晚上的时间，用尽他所见过的最优美的词语写成的人生中第一封情书，偷偷放在了班长的座位上。之后的整个上午他都忐忐忑忑的，头脑中全是书上描绘的美好画面，什么山盟海誓、什么浪漫约会等等，那种感觉既兴奋又紧张。而整个上午，坐在前排的班长就像没有事情发生一样，照常听课、做笔记，照常和别人聊天，这让晓衡感到十分不解，但是他很快又沉浸在自己想象的美好之中了。

终于到了午休时间。下课后，晓衡看班长没有什么反应，就和几个男生照常去吃饭，在吃饭的时候远远看见班长和几个女生朝自己吃饭的方向走来，晓衡压抑着内心的激动，装作没看见，低头吃饭。当他猛一抬头时，发现班长就站在他的面前，手里拿着他那封饱含赞美和深情的情书，没等他反应过来，班长就把情书扔在他面前的饭盆里，指着他说道："你真不要脸，臭流氓！"说完，扬长而去。当时晓衡正要把一勺饭送到嘴里，突如其来的一切像一张罪行宣判书一样，把他定在了那里：半张着的嘴、停在半空中的勺子和饭盆里面的情书。直到今天，他都无法回忆起当时自己是怎么从食堂逃回宿舍，又是怎么从宿舍逃回家中的。

回到家里，从未在父母面前撒过谎的晓衡告诉父母自己不舒服，已经向老师请过病假了，但是他心里想：自己是无法再回到学校了，说不定同学们正在议论他那封情书的事情呢。而且，晓衡耳边还不断响起"流氓""不要脸"等脏话，他不敢想象，这些一直以来离自己很遥远的词语竟然成了别人骂自己的话。他连续三天没有吃饭，因为他觉得只要一吃饭，特别是用勺子吃饭就一定会有不好的事情发生。每天什么都不想做，有时还偷偷地哭。父母带他去医院检查，因为害羞，他无法向大夫说明自己不愿意去学校的原因，只是看着窗外，大夫觉得他是抑郁症，就给他开了抗抑郁的药让他回家吃。尽管父母再三追问，他也不愿说出自己不能去学校的真正原因，只是说自己不能再上学，要让他去学校等于让他去死。学校的老师也不知道他为什么突然不想来上学了，父母只好无奈地给他办理了休学手续，从此他再也没有去过学校。

休学在家近一年的时间里，父母带着晓衡四处求医，他不断被诊断为强迫症、焦虑症或者抑郁症，服用了大量的精神科药物，但是他从未向任何医生吐露过他离开学校的真正原因。晓衡非常清楚那些药物对自己来说，只能缓解症状而不能解决根本问题，他也想到过求助心理咨询，但是一直没有机会。

我亲切地说："晓衡，非常感激你将长久以来的痛苦告诉我。你目前的生活怎样呢？"

他迟疑地问："怎么说呀？"

我说："你描述一下自己平常一天都在做什么？"

他说："我早上9点左右起床，10点我把我妈准备好的饭吃了，然后看电视、上网。下午2点睡午觉，4点再把我妈给我准备的饭吃了。然后看看电视，晚上12点左右睡觉。"

我问："从你的作息时间上看，你似乎每天只吃两顿饭，而且不和家人一起进餐。"

他回答："是呀！自从那事以后，我就不再和任何人一起吃饭了。"

我继续问："如果和别人一起吃饭，会有什么不好的感觉？"

晓衡喃喃地说："我吃饭很慢，我怕他们说我，看我。"

我说："可以仔细地将你吃饭的过程描述一下吗？"

晓衡迟疑地看着我，我用目光鼓励他说下去。

他说："我吃每一口饭都非常困难，我会将饭放到嘴里再吐出来再吃，有时还会反复多次，所以每次吃饭都要一个多小时。"

我问："你家人知道你这样吃饭吗？"

他回答："不，我绝不会让任何人知道我这样吃饭，太恶心了。"

我继续问："可以将你从那件事发生后的吃饭情况讲一讲吗？"

晓衡边回忆边说："刚开始的几天，我一吃饭就会回忆起那个场景，内心充满恐惧与不安，后来我就干脆不吃饭了。几天以后，我开始头晕眼花，妈妈哭着求我吃饭，我就吃了。但我每吃一口都感到恐惧，担心会有不好的事情发生，于是就又吐出来，转念一想吃饭有什么可怕，不可能会出现可怕的事情，就又吃，吃了又担心、害怕，又告诉自己吃饭没有关系，就这样渐渐地形成了这种吃饭方式。"

我问："可以讲一讲在什么情况下，你吃完吐、吐完吃，反复的次数比较多？"

晓衡思索了一下说："不高兴的时候会多一些。"

对晓衡的强迫行为有了初步了解后，我和他制订了一个处理创伤的咨询计划。晓衡的创伤是由被别人当众羞辱引起的，而这个时刻恰恰是晓衡进食的时刻。于是吃饭成了晓衡恐惧的扳机点，一到吃饭的状态，恐惧和不安就会席卷而至，使他陷入深深的痛苦之中。为了让自己心安，他偶然发现吐饭会使自己心安，于是就用上述的强迫行为处理痛苦。但新的强迫行为给自己带来的痛苦又让他陷入了另一种痛苦之中。眼动技术是当今处理创伤的一种较有效的方法，通过两个月的治疗，晓衡被羞辱的痛苦渐渐地远离扳机点——"吃饭"，那个羞辱的场景也不再那样清晰了，晓衡的强迫行为也随之得到了缓解。

然后，我们又开始了新一轮的咨询，进行行为调整。从独自照镜子吃饭——每天和家人吃一顿饭——全天和家人一起吃饭——到饭店吃饭我们采取这样循序渐进的方式帮助晓衡进行训练。晓衡是一个非常有毅力的人。心理治疗是非常痛苦的，每一步的前行他都承受着巨大的痛苦，但晓衡对身心自由的渴望给予了他战胜痛苦的极大勇气。

咨询的最后阶段，我们进入认知调整、情绪管理。通过讨论，晓衡渐渐明白，他遇到挫折时没有求助于家人，一味地逃避，放大了灾难，这才导致了自己后来的焦灼状态。通过合理情绪行为疗法的治疗，晓衡了解了这个事件中自已的认知、情绪、行为之间是如何互动的，并努力调整认知和情绪，在新的、更有效的、更积极的行动中将过去失去的时间补回来。目前，晓衡已经在办理转学、复读手续，相信在新的环境中他一定会努力进取的！

👤 ▎王颖说：

当我们提出一个申请之后，选择同意或者不同意的权利已在被申请者的手中，但很多时候，我们却认为权利还在自己的手里，这是我们在人际关系中容易受挫的原因之一。对一件事情，每个人都有表达自己感受的权利。在别人表达对自己的评价时，关键不在于别人如何表达，而在于自己是否认同这些评价。自己一旦认同了这些评价，又无法回击的时候，往往会用逃避的办法来减少"灾难"带来的焦虑，而不正确的逃避方式又将给我们带来更大的灾难。也就是说，痛苦不仅不会因逃避而消失，我们反而会因逃避陷入更大的痛苦中。

所以，当一个刺激和反应不匹配的时候，我们要关注的是"什么促使我们认同了这样的刺激""灾难无限放大的负性思维来自哪里"，当这些深层次的问题得到澄清和解决之后，我们才能更好地去面对外界刺激和人生的各种变化。

👤 ▎谭秦说：

当孩子成长到一定年龄的时候，就会开始在乎别人对自己的评价，尤其当这个人是他们喜欢或依赖的人的时候，这种评价对他们的影响就更大。从这个角度而言，我们就可以理解为什么最近几年来流行的教育理论中"正面管教"越发突显，因为鼓励式教育强调正面评价给孩子带来更积极且持久的影响。对孩子来说，确实没有人比父母更重要，越是年龄小的孩子越是依赖父母；越是亲子关系密切的家庭，父母对孩子的评价和支持会显得更有影响力。

我们会遇到这样一些案例，有的孩子因为一直被父母消极评价，在骂声和羞辱声中长大，无形中认同了父母的这个评价，以致这个孩子是自卑、敏感、消极的。虽然偶尔不认同，但是在父母的高压下，又不能用什么具体的言行或者"成就"证明自己，他们就会长期处于这种恶性循环当中：父母消极评价——孩子不认同这种评价——孩子无力证明或试图证明——招致父母新一轮打压——孩子趋向于认同父母的评价——孩子陷入深深的痛苦中，这不仅影响了孩子的成长，对孩子的价值观、社会交往模式都会产生不良影响。

随着孩子的成长，产生重要影响的人不仅仅是父母，朋友、同学、老师以及身边密切交往的人、他们喜欢的那个异性朋友等对他们有意或者无意的评价都会给他们带来重要影响。这种影响甚至大到"天会塌下来"，使他们的价值观颠覆。案例中的晓衡其实就是处于此种情形之中。

在这样的情况下，父母能做什么呢？父母在家庭教育中要注意什么呢？首先要随时关注孩子的情况，了解孩子与身边人的交往模式，孩子在遇见事情时候的处理方式……这种关注不是凡事干预，而是持续观察，对自己的孩子做到心中有数。一旦有合适的机会，家长要对孩子进行积极引导，让孩子积极看待，正确评估别人对自己的评价。父母要帮助和引导孩子厘清自己的立场和判断，多跟孩子讨论身边的事情，分析一些社会新闻、书籍和网络中的案例，跟孩子一起抽丝剥茧，了解这些事件当中不恰当的处理，让孩子掌握一些解决问题的技巧。正是通过生活中这些小事对孩子进行训练和引导，当"大事"来临时，孩子才不至于惊慌失措，丧失了前进的勇气和方向。

> 关键词：爱情想象，情书，当众羞辱，痛苦，恐惧，抑郁，社会交往，创伤医治。

05. 如何和孩子谈论性

　　鹏飞是一个腼腆、内向的孩子。一个月前的家长会上老师告诉鹏飞父母，最近他的注意力总是不集中，有好几次老师提问他的时候，他居然不知道老师问的问题，而且学习成绩也开始下滑。周围的同学也反映他最近一直闷闷不乐，上学、放学的路上都是一个人独来独往，好像有意躲着以前的朋友。这时候父母才意识到，好像有很长一段时间，鹏飞每天吃完晚饭都把自己关在屋子里面，说是不希望有人打扰他写作业，偶尔父母去敲门，他也表现得非常反感。鹏飞一直都是一个学习较好、各方面都让父母放心的孩子，所以，父母就没有太在意，没有想到事情会发展到成绩开始下滑的严重程度。回家之后，爸爸就和他谈话，问他到底遇到了什么问题，他始终不肯开口，被逼急了就掉眼泪。看着儿子一副委屈的样子，爸爸只好退了出来，让妈妈继续和他谈话，在妈妈的劝慰下，他才说出了自己内心的担心，他担心自己会变成流氓，让别人瞧不起，给父母丢人。问他为什么会有这样的担心，他就不再说了，最后妈妈只好带他来到我的工作室。

刚开始咨询的时候，鹏飞显得紧张不安。我对他说："鹏飞你好，我不知道你以前有没有接触过心理咨询？"

鹏飞抬头看了看我，一边说"没"，一边一个劲儿地摇头。

"那按照你的理解，你认为心理咨询是一个什么样的过程呢？"我接着问。

鹏飞想了想，慢吞吞地说："好像就是说心里话，然后开导。"

"对！"我说，"你理解得没错，我们每个人在成长过程中，都会遇到一些自己难以应对的困惑。心理咨询，就是通过两个人一对一的谈话方式，帮你把这些困惑加以分析和澄清，在这个过程中，去发现解决问题的方法，最终我们能够解开困惑，让生活变得自由一些。"

"哦，原来是这样！"鹏飞显然松了一口气。

"听你妈妈说你最近学习上遇到了一些困难，成绩出现了退步，我不知道这是什么困难，对你有这么大的影响？"我说道。

鹏飞说："就是我上课的时候，总是不能集中注意力听讲，课后很多题都不会做，学习成绩就下降了。"

"你注意力不能集中的时候，在想什么呢？"我接着问。

"我也不太清楚，反正很乱。"鹏飞说。

我又问："你感觉脑子里很乱的时候，在头脑中都会出现什么样的画面呢？"

"这个……画面……"鹏飞一边说着，一边不好意思地低下了头。

看到他这样，我说："没有关系，你想到什么说什么，我都可以理解。"

鹏飞还是低着头，只是脸变得更红了，我就问："你是从什么时候开始出现这样的情况呢？"

鹏飞说："大概有两三个月了吧。"

"两三个月之前发生了什么事情？"我问。

"就是我上网的时候，看到了一篇报道，从那以后我就经常害怕、担心。"

鹏飞说。

"那是一篇关于什么的报道呢?"

"是对一个杀人犯的采访报道,很多人分析了他成为杀人犯的原因。"鹏飞说。

我问:"是哪些信息给你留下了这么深的印象呢?"

"就是……就是……"挣扎了一会儿,鹏飞终于鼓起勇气说道,"那个人是个强奸杀人犯,报道里面说他之所以犯罪,是因为他很小的时候就经常看一些黄色的书和录像,受那些东西的影响,他才会去做那些事情。"

"那你的担心是什么呢?"我接着问。

鹏飞挠了挠头,说:"我怕我有一天会变成那样。"

"哦,你担心自己有一天会变成那样,那你告诉我,你和他有哪些类似的地方呢?"我问。

"就是……就是……我有时候也会看那些东西,我就怕有一天我也变成流氓或者强奸犯。"说完,鹏飞的脸已经红到了脖子根儿。

"那你是从什么时候开始接触这些东西的呢?"我又问。

"五年级的时候,有一次放假,我去姑姑家找表哥玩,正好表哥不在家,我就到他房间里看书,在书架后面发现了一本那样的书,里面写的全是黄色的东西,后来才知道那就是大人们经常说的黄色书刊。因为怕被发现,我看了一会儿就赶紧放回了原处。这件事情过去不久,在放学回家的路上,有一个抱小孩的女人问我要不要光盘,我看到那光盘的包装和书上描绘的差不多,当时就觉得脸红不敢要,可是每次放学,那个女的都会在学校附近追着问我要不要光盘。后来有一次实在忍不住了,我看了看周围没有同学和老师,就买了两张,在家里的电脑上偷偷看。看完怕被我妈发现,就拿出去扔了。但是过一段时间,我就又忍不住去买了看,看完又扔了。"鹏飞一边回忆一边说,渐渐变得不再那么拘束。

我说:"那初中以后呢?"

鹏飞答道:"初中的时候,家里能上网了,就不用去路边买光盘了,家里没有人的时候，我就偷偷上那些黄色网站去下载，看完后就马上删除。后来我开始手淫，我觉得事情挺严重的，但是我没有办法控制自己。"

"青春期，生理发育会不断成熟，加上现在人们的营养普遍提高，性成熟得都比较早，所以你手淫也是一种正常的行为。我不知道对于手淫，真正让你担心的是什么？"我接着说。

"因为我手淫的时候，总是想着那些电影里面的画面。"鹏飞说。

我说："一般手淫的时候都会伴随有性幻想的画面，我不知道你头脑中出现的都是哪些具体的画面？"

鹏飞再次鼓起勇气，说："一开始还是正常的男女画面，但是后来，嗯，就经常是那些强奸的或者恶心的画面。"

"哦！"我问道，"是那些你自己都觉得不太正常的画面，对吗？"

"是的，我不手淫的时候，也经常不自觉地想到那些画面。"

"如果是那样的话，你的担心是正常的。俗话说，做贼心虚。在你的认知中，你还是非常清楚什么可以做，什么不可以做。这些低俗的画面，尤其是一些暴力的、淫秽的色情画面，使你陷入了对自己性道德和性行为的质疑中。但由于习惯成瘾，你无法自拔，就陷入看完了后悔，后悔后又想看的恶性循环中。正是那篇报道成了你改变、抉择的扳机点，激发了你对自己的责任感。"我说。

我一边在纸上画图，一边解释："你来咨询是因为学习上遇到了困难，影响学习的是你的注意力无法集中，影响注意力无法集中的是你对自己可能成为罪犯的担心，你的担心又来源于你观看了暴力的、淫秽的色情画面，照这样看，是黄色淫秽的光盘使你学习遇到了困难。现在我们来看看，这个担心是不是有例外的时候？"

鹏飞一边点头，一边侧着脑袋思考。过了一会儿，他说："以前我无论是手淫还是看黄片都不太担心，但是自从看了那篇报道以后，我就经常想那些不好的画面，开始担心自己会成为罪犯。"

我说："也就是说当你接纳自己行为的时候，你还不太担心；当你不接纳自己行为的时候，你就开始担心了。"

"对！"鹏飞肯定地点了点头。

我跟他分析道："青春期的孩子对性行为好奇是正常的，但青春期的不成熟会使你没有能力分辨是与非。无论你看不看那篇报道，看淫秽光盘都会对你产生极大的负面影响。只是这篇报道让你觉醒了，使你对之前的不当行为将要产生的恶果感到了恐惧。如果不看这篇报道，你仍然沉浸在对淫秽光盘的痴迷中，虽然表面上它现在没有对你的学习产生影响，但它有可能会导致你走向犯罪。你是一个内向、不善交流的孩子，也是一个渴望走上正途的孩子，这篇报道虽然给你带来了一些心理负担，但更多的是给你敲响了警钟。"

咨询到这里，鹏飞紧皱的双眉才略有舒展。我告诉他："也许，那些不好的画面有时还会出现，使你有些紧张。但随着你远离色情视频，将注意力集中到学习上，你的神经会变得越来越松弛。"

王颖说：

性幻想、手淫是青春期生理发育的正常产物，受传统文化和性教育局限性的影响，很多青春期的孩子都会对这些正常的感受既恐惧又期待，还不知所措，于是就本能地去寻求帮助和解决。现代社会中，发达的媒体利用各种形式传递着形形色色的性信息，孩子无法分辨正确与否，只单纯地沉浸在感官的刺激中，进而影响到正常的学习和生活。帮助他们认识自我，理解自我，接纳自我，正是家长和全社会应负的责任。让孩子远离那些充满暴力、淫秽和变态画面的色情信息，不给滋生犯罪的土壤留有机会。同时我也深深地感受到，只有建立良好的沟通关系，我们才可能撬动孩子心理的最后一道防线。

谭秦说：

其实所有关于孩子的问题，最后回归到一个关键点上，都是"关系"问题。人活着，无论是孩子还是成人，其实都会遇到问题。但是当我们遇到问题时，会如何寻求帮助，向什么人寻求帮助，大人和孩子会有很大的差异。如何让孩子在遇到问题时，把父母当作寻求帮助的第一选择，是每一位父母要深思的问题。

性教育，一直以来都是社会在关注的重点话题。中国人千百年以来的含蓄、面对性教育的不恰当的传统，使很多父母在这种呼吁下即便认识到了性教育的重要性，也依旧不太知道要如何进行，什么时候进行。但幸运的是，大家都已经意识到，具有良好亲子关系的家庭，是性教育的第一课堂。

在孩子还小的时候，父母可以用讲绘本的方式告诉他们什么是性器官，有什么功能，如何护理，如何保持清洁，如何判断自己的身体是否健康，如何保证私密性。这些是孩子在性发育成熟之前，我们应该正式地教导孩子的问题。孩子再大一点儿，父母可以利用看动画片、纪录片等方式告诉他们生命的形成，胚胎发育和孩子的成长过程，同时告诉孩子如何远离不良环境和伤害。

青春期之后，他们的第二性征开始发育，父母需要不断地且智慧地通过他们愿意接受的方式——比如青少年沙龙、青少年营会、讲座等，跟他们讨论身体的变化，这些变化会带来怎样的结果，如何保证自己身体的健康。

关键词：色情书籍、录像，手淫，性幻想，成瘾，杀人犯，行为接纳，道德，生活习惯。

---

06. 不轻易给自己贴标签

17 岁的周桐是自己一个人走进咨询室的，这在我的咨询经历中还是很罕见的。他穿着得体，衣服都是一些知名品牌，这似乎和 17 岁的他有些不符。

我问他："有什么需要我帮助的吗？"

他停了一会儿说："我是一个同性恋，我很痛苦。"

我说："你愿不愿意跟我讲讲你遇到了什么痛苦的事？"

他迟疑地说："我不知从哪儿讲起。"

我说："就从你的经历和有关男性的关系讲起吧。"

他低着头慢慢地说："我出生在南方沿海的一座大城市里。爸爸妈妈都是生意人，他们很忙，但非常爱我。记得在四五岁的时候，有一天我和几个小伙伴在一起玩耍，一个稍大一些的男孩子说组织我们玩个好玩的游戏，让我们这些小男孩喝很多饮料，然后对着厕所的墙脱了裤子露出生殖器，看谁憋尿的时间长。在憋尿的过程中，由于尿液的刺激，有谁生殖器勃起，其他小孩就哈哈大笑。我看大多数的小孩都勃起，我又害怕、又期待，终于我的也勃起了。那是一个非常奇妙的感觉，我体验到一种从没有过的满足。游戏结束了，大男孩警告我们绝不可以和家人说，以后的日子，每当遇到那个大男孩我都有一种期待的感觉。"

他接着说："这个小时候的片段很快随着上学、搬家就被遗忘了。直到上初三的时候，有一次晚自习我和几个男生说话，被老师叫到楼道罚站，五六个人站了两节课，中间也没有让我们休息，当我告诉旁边的人我想上厕所的时候，边上的人开始和我开玩笑，不停地给我挠痒痒，用手指捅我的小肚子和身上的其他地方，并说我'憋不住了，憋不住了'。这些举动让我突然想起了小时候在厕所和小伙伴做游戏的场景，于是生殖器就有了反应，发生了勃起，并且重新体验到了当时的快乐。几个同学看出我的反应，更是对我摸来摸去。这件事情之后，我觉得自己不论是小时候还是这次，都是和男生在一起的时候生殖器有了反应，就觉得自己是一个同性恋。但是，我并不觉得这是不正常的，相反，我觉得这个很时髦。之后，我就开始上网浏览同性恋的论坛，找同性恋的人进行网络聊天，但是在现实生活中，我觉得周围的人暂时还不能接纳自己同性恋的身份，也不能理解自己，所以就没有暴露自己的性倾向。初中毕业后，父母将我送到出国留学的辅导班，去年我和十多个同学，一起去了北欧某国上高中。到那里之后，由于语言仍然是个问题，所以大部分的中国同学很难融入集体中。我从网络上了解到，在国外同性恋非常普遍，人们对同性恋没有歧视，同性恋不仅时尚还很美好。所以我很快就将自己是一个同性恋的事情告诉了周围的同学。那些当地的外国学生对我都非常感兴趣，各个年级的同性恋同学，都主动来找我，带我参加各种各样的同性恋聚会。我觉得自己很快就融入了这个国家，比起别的中国学生我活得更快乐、自由。慢慢地，开始有同性恋的人和我单独约会，但是当对方提出要发生性关系的时候，都被我拒绝了，我感觉最好的就是两个人之间的拥抱和抚摸，其他的我并不渴望。所以，虽然一年来我和很多人约会，但是我依然是'处男'。直到有一天，我和同学聊天，说自己还是'处男'的时候，却被他们嘲笑了一番。所以，一个学期结束后，在回国的飞机上，我就暗下决心，一定要在这个假期告别'处男'的身份。"

　　周桐一口气将自己的一些经历讲完，才把头抬起。我望着他鼓励道："回国以后呢？"

　　周桐沮丧着说："回到北京后，我每天晚上都去同性恋的酒吧玩，在酒吧里认识了一个人，那是一个三十几岁的男人，长得很斯文，像个白领。我们聊了聊我的学习，他就说'我们换个地方聊聊吧'。我鬼使神差地就跟他回到了他的住处。那是一个破旧的居民楼，屋里很肮脏，应该是一个出租屋。我很想马上离开，但又有些期待。正在犹豫的时候，他迅速地把我和自己的衣服扒掉，压到我的身上。他的行为很粗暴，我感到了剧烈的疼痛，这一下子打破了我内心一直以来的美好幻想。我难受极了，一边是身体的疼痛，一边是心里的失落。"

　　望着这个身心受伤的孩子，我轻轻地问："这几天你是怎样度过的？"

　　他挪动了一下身体，痛苦地说："晚上睡不着觉，后悔、自责。不愿意出门，也不想吃饭，不想说话。"

　　我说："嗯，你目前是处于一个创伤引起的抑郁状态。我能感受到你内心的美好憧憬在瞬间消失给你带来的痛苦。但你没有停留在痛苦之中，而是积极地寻求帮助，这正是你有力量面对现实的体现。"

　　周桐不解地说："我还有力量？我都抑郁了。"

　　我笑了笑说："你遇到的事情是一件值得痛苦的事情，无论谁遇到这样的事情都会感到痛苦，所以说你目前的抑郁状态还是很正常的。假如你不痛苦，还欢天喜地，那要考虑到你精神有问题了。"

　　他听了以后，也不好意思地笑了一笑，紧张的情绪似乎松弛了许多。我开始和他讨论什么是同性恋。同性恋是异性恋的反义词，只是我们并不把男女之间的爱说成是异性恋。同性恋实际表达的是一种同性之间带有性色彩的亲密的关系。

　　他一边点头一边说："我算不算同性恋？"

　　我坚定地说："你的行为是一个同性恋的行为。你和同性可以在相互抚摸中得到性的快乐。你自己沉浸其中，别人也在你的爱抚下得到性的满足。"

周桐问："那为什么我和那个男人性交时感觉不好呢？"

我说："这正是我们要分析的问题。"

周桐急切地说："王老师，你快帮我分析一下吧！"

我给他画了一幅图：在一个孤岛中，一个四五岁的孩子找到了一个宝贝，开心地笑了，一个15岁的少年得到了一个相同的宝贝，也开心地笑了。于是他们认定，他们的欢乐来源于这个宝贝。于是，他们就不断地思念、寻找这个宝贝。

周桐看了看画，又望了望我说："王老师，你快帮我解释一下吧！"

我给他分析这幅画：这个孤岛就是一个不与别人交流的心，他把这个宝贝和自己的快乐紧紧地绑在一起，坚信只有它才可以给自己带来快乐。

他听完拍了一下自己的脑门："你是在说我的经历。"

我继续给他分析道："你童年的游戏、青春期的玩笑，在不经意间给你带来性兴奋的体验。由于青春期的不成熟，和对时尚片面的理解，便认定自己的性兴奋来源于同性，自己就是一个同性恋。在北欧，这个号称是同性恋天堂的地方，你的同性恋身份使你快速融入新的集体，并得到了很多人的喜爱。同性恋的身份使你极大地获益，让你更坚定了自己的性取向。"

他沮丧地说："那为什么，我和那个人在一起那么痛苦？"

我说："你对同性恋大部分的了解多源自于网络，而网络上更多的描绘是美妙和刺激。所以在你的内心，就认定它就是现实的同性恋。而在现实的体验中，你并没有体会到内心认定的那种美妙和刺激，理想和现实产生了极大的冲突，于是，抑郁、自责等不良情绪就接踵而至。"

周桐接纳了我的分析，说现在的感觉没有刚来时那样不舒服了。

我告诉他："我们之所以遭受到身心的伤害，一定和我们的成长经历、不良认知有极大的关系。我希望你能够利用假期将自己好好整理一下。"

他非常高兴地接受了我的建议。临走时，他不好意思地问我："王老师，我到底是不是同性恋呀？"

我说："走出你的孤岛，到多彩的世界看一看，体验体验，你才知道什么是你要的宝贝。"

🄰 ┃ 王颖说：

早年的记忆和体验有千千万万，其中有一些美好的感觉被深深地印刻在记忆中，并且会在遇到刺激源时不断得到升级、扩大，我们从中也会有获益的感觉。当这些记忆被不断加工并产生错误的认知观念时，就会影响我们正常的成长和发展。青春期的孩子正处在从不成熟逐渐走向成熟的阶段，一些记忆中的画面在这一时期会被重新"提取"，一些自身的感受会被重新"唤醒"。孩子在尝试自我整合的过程中，往往容易受到错误认知观念的影响，对自己的行为和感受进行错误的解释，并做出错误的行动，而这些往往是偏离现实的。所以，孩子只有正确看待自己过去的感受和体验，才能实现真正的自我整合。在这一点上，父母对其进行正确的引导，也是必要的。

当孩子对自己的行为和思维有一些困顿的时候，如果有一两个知己，以旁观者的视角给一些建议，也许孩子就不会经历创伤体验。

🄰 ┃ 谭秦说：

人在成长的过程中，有些事情会给我们带来非常清晰的记忆，其中有开心的，也有伤心的，这种刻骨铭心的记忆会在日后的生活中继续发挥影响，或深或浅。实际上这种记忆带有偶然性和主观性，可能因为那天发生了开心的事情，在日后遇见类似的天气、场景、人物，都会不知不觉地忆起当时的感觉，好像所有的快乐开心都是来自于这些东西。反之，可能那是一个悲伤的日子，日后再出现任何与当天相似情节时，都会引发情绪的变化。

近些年，描述同性恋的唯美、浪漫的影视作品、文学作品越来越多，对未成年人以及性观念薄弱的成人来说都是巨大的诱惑。同性恋情的新奇感，就像当年某人染了个黄头发，某人文身了一样，很多人只是因为好奇，觉得很好玩儿、很酷、很时尚，还没来得及仔细思考就进入一个看起来很"神秘"的群体。

如果让孩子独立面对性别设定和性角色定位，他会放大生活中的每一个细节，因为孩子在青少年阶段心理和社会认知还不成熟。任何一个日常的行为都有可能会被主观放大，作为强化设定的论据，可能今天跟某个女生吵了一架——看吧，我就是不喜欢女生；可能明天跟某个男生相谈甚欢——看吧，我就是更喜欢男生；某天看了一些同性恋题材的影视，跟着剧情悲欢，强化共鸣……如同陷入恋爱的人会放大与对方的巧合，并且以此作为宿命，孩子也会在这样的时候，更努力地寻找各种各样的细节并放大，再把放大夸张了的细节点当成定义自己的佐证，证明自己的判断是对的。所以，父母应该引导孩子进行正确的性角色定位。

关键词：生理本能，同性恋，性侵，抑郁、自责，流行文化，父母角色，家庭教育，恋爱观。

07. 孩子深度依恋妈妈
背后的孤独感

　　小鱼第一次来到咨询室的时候刚过完 10 岁生日，脸上还带着稚气。他妈妈很严肃地告诉我，最近发现小鱼变得非常"流氓"，自己作为家长已经不会管教了。我发现小鱼的手臂和小腿上都是青一块紫一块的，他妈妈说这是她打的，因为觉得自己孩子实在太不像话。小鱼委屈地嘟起小嘴，低着头一声不吭。

　　在预约电话中，小鱼妈妈说道："前几天，我提早下班回家，一进门就看见他慌慌张张地在家里藏东西。我问他藏什么了，他不回答，我就在他的房间到处翻找，看他到底藏的是什么东西。结果发现他竟然拿了我的内衣，还在内衣里面放了团棉花！我还在他床底下找到了我的另外几件内衣。当时我就火了，这不是流氓是什么？！这么小的孩子就能干出这种事，现在不教育，长大了岂不要出大事。我问他为什么拿我的内衣，他死活不吱声。我读书不多，这事我不会教，只能由老师您来帮我教育他了。"

面对这样的突发事件，小鱼显得无助，沉默对于他来说是最安全的选择。他告诉我，就算妈妈把自己打死，自己也不知道为什么喜欢这种感觉。近两个月来，他喜欢在妈妈内衣里装两团棉花，然后穿上内衣照镜子。平时放学回家，他都会趁父母没回来，换上妈妈的内衣在镜子前面自我欣赏。"我觉得穿上很舒服。老师请您相信我，我真的不是流氓，我真的不是。"小鱼激动得声音发抖。

"王老师知道小鱼不是坏孩子，老师相信你。你说穿着妈妈衣服的时候，感觉很舒服，那么这种舒服的感觉，你还记得在其他什么时候有过吗？"

"我也说不清楚。"

"没关系，慢慢想，不着急。"

小鱼思索了很长一段时间，突然说了一句："像小时候吃奶的时候。"

在第一次咨询中，我发现小鱼对妈妈有着非常强烈的眷恋，虽然妈妈一直在很厌恶地数落着他，但他一直依偎在妈妈的身边。听妈妈说，小鱼一直到5岁，还总要吸吮妈妈的奶头，尤其是哭闹、烦躁、生病的时候更想吸吮。而妈妈也接受他的这种行为，因为这样做他能很快平静下来。而现在的小鱼在抚摸和穿戴妈妈内衣的时候，心里同样觉得踏实、平静。

在第二次谈话中我了解到，小鱼一家原来住在市区的平房，同学大多数是周围的伙伴。放学以后大家就会在附近的空地上踢球，或者一起去游戏厅打游戏，平时互相串门，邻里关系相处得特别好。妈妈在附近的街道上班，经常可以在家和小鱼相伴。一年前由于拆迁原因，他们搬往郊区居住，小鱼随之转到了新的学校。自从小鱼转到新的学校后，小鱼就没有以前活泼了。

"你觉得现在的生活和以前的生活比较，都发生了什么变化？"

"以前周围有很多好朋友，我们会经常踢球和玩游戏。现在没有了。"小鱼显得有点沮丧。

我问："还有什么不一样的？"

"爸爸妈妈很早就要出门去城里上班，晚上很晚才能回来。"

"现在的同学喜欢踢球和玩游戏吗？"

"因为操场还没盖好，附近也没有网吧，好像一放学，同学们都不见了。"

在新的学校里，小鱼和同学一直没有建立起良好的伙伴关系，这使得他感到前所未有的焦虑和孤独，在他的交往模式里，自己一直处在被动的位置。

"我原来的好朋友会经常叫我出去玩，他们对我都特别好。"

"那你也会经常发起一些活动，领着大家去附近玩吗？"

"没有，都是他们叫我去的。"

"那可以这么说吗，如果他们不叫上你去，你就不会出去了？"

"对。"

咨询中小鱼谈及以前，全家人都生活在同一个狭小的空间里面，由于没有晾晒衣物的地方，小鱼妈妈的内衣内裤一直都晾在客厅里，小鱼每天会看到妈妈的内衣在客厅里挂着，小鱼说这种看着的感觉很好，很舒服。有时看着妈妈的内衣，会想起妈妈的乳房，想起吃奶时的满足感，但这种想法他从来都不会告诉妈妈。后来因为拆迁，家里搬到了郊外，父母每天早出晚归，很少有时间陪小鱼，小鱼每天自己回家，当他感到寂寞和孤独的时候，就会想起妈妈的内衣。自从搬家以后，妈妈的内衣都晾在卧室的卫生间里，小鱼平时很少看见。有一天下大雨，下午4点多的时候天已经漆黑一片，一个人在家的小鱼非常害怕，六神无主地在房间里走来走去，当看到妈妈晾在卫生间的内衣时，小鱼不由自主地把它拿下，捧在手里，那种温暖的感觉又重现了，小鱼不再感到孤独和寂寞了。渐渐地，小鱼觉得单单拿了妈妈的内衣已经不能满足他内心的渴求，小鱼开始把内衣穿在自己身上，学习电视里模特走T台的样子在家里走来走去，最后慢慢发展到把棉花团放在罩杯里，摸着丰满的罩杯，妈妈的乳房又在脑海里重现。经过澄清，我意识到小鱼对妈妈内衣的特殊情感，其实是对妈妈乳房的难以割舍和对母亲的依恋。

我告诉小鱼的妈妈，小鱼的行为并不是成人眼中的"流氓"。10岁的小鱼处在性心理阶段的潜伏期，这个时候个体的兴趣通常被转移到学校、伙伴、运动和一个新的活动范围中。但是由于家庭环境的巨大变化，使一直处于被动交往中的小鱼成了一个孤独的孩子。这时候与家庭之外的交往得不到满足，就会转而产生对家庭成员的依恋，而小鱼滋生的是对母亲的依恋，内衣不过是母亲的一个替代品，通过抚摸内衣和自我游戏满足内心安全的需要。

当小鱼和他妈妈从我的口中得到孩子不是流氓的确认时，他们都松了一口气。在以后的咨询中，我将重点放在引导小鱼主动创建伙伴关系的行为训练上，小鱼开始变得积极了。妈妈也将自己的照片放到小鱼的房间里，小鱼感到妈妈虽然很晚才回来，可是妈妈还陪在他身边。小鱼开始学习吹黑管，他的课余生活变得丰富多彩了。

⊛ | 王颖说：

幼儿成长的初期依附于乳房才能获得生命和成长。到了 1 岁左右就要断乳，用其他食物来代替乳汁，从而孩子和乳房就渐渐分离。而小鱼一直到 5 岁都没有和乳房分离，几年的时间面对一个没有乳汁的乳房，他依然在吸吮，必定是因为他对乳房充满幻想与期待，虽然每一次都以失败告终，但依然在幻想、失败中循环。

安全是人类一生都要面对的问题，应对方法需要我们在成长中不断摸索。孩子往往会用以往的经验来解决今天的问题。通过和内衣的亲密接触，小鱼的焦虑得以缓解，安全需要得以满足。适时的分离是孩子成长必须经历的，就是由于一次又一次的分离，他们才成为独立的个体，完整的社会人。

⊛ | 谭秦说：

案例中的小鱼对母亲内衣的依恋，像极了婴儿对安抚奶嘴的依恋，幼儿对"寄托物"的依赖。只不过因为"内衣"这个物品特殊的敏感性，使得家长对此如临大敌。作为日常生活中是一种私密物品，孩子的行为与此建立了联系，总是让人有不好的联想，实际上这种联想不应该成为唯一的推断。

一个不到 10 岁的孩子，随着搬家这个巨大的环境变迁，不仅失掉了原有的伙伴关系，和父母原本亲密的家庭关系也完全改变，他要面对不适，还要忍受孤独和恐惧。他需要一个能让他感到安全的人或物，很明显在新的安全感建立之前，老师和家长都没有察觉到他内心真正的需要，没有采取措施帮助他尽快适应这种变化，缓解这种焦虑不安。

第四章　情感

　　于是他凭着本能，去回忆那些给自己带来过安抚的东西，妈妈是他的第一选择，但是因为工作的原因，妈妈没有成为他的陪伴。一个偶然的机会他看到了代表妈妈的"寄托物"。青春期的小鱼感到恐惧和不安的时候希望得到妈妈的安抚和陪伴，他这时对妈妈的依恋比当初妈妈在身边时更甚。但他表达的方式却引起了歧义，而妈妈的误解又带来新一轮的恐慌和不安，幸好妈妈及时寻求了专业的心理帮助。

　　对"安全感"的训练，每个孩子都不一样，人们通常认为在婴幼儿时期给孩子足够的爱和安全感是非常重要的。有很多过度依恋，是因为错误训练造成的。比如最近几年常见的哭声训练——当婴儿哭的时候不要给他吃，不哭的时候再抱他给他吃，这里的逻辑一度让人非常费解；再如幼儿阶段的小朋友有"寄托物"依恋，想抱着自己的宝贝去上课，班级的纪律却不允许，所以家长和老师就采取强制分离，任由孩子哭泣。虽然类似的训练让家长省事了，但值得提醒的是这一时的省事可能带来后续的隐患。

　　教育心理学中的"安全需要"非常基础，孩子首先要觉得自己是安全的，才会逐渐走向独立。如果依恋家长的时候被一把推开，可能一生都会惧怕分离。同时，在孩子应该"离开"的时候，家长应该放手让孩子去探索，使其在"离开"父母的经历中获得成就感，相信长大的力量，建立自己的安全感。

　　关键词：母亲依恋，特殊经历，孤独，焦虑，环境变化，伙伴关系，积极生活，沟通。

青少年正处在世界观、人生观、价值观形成的关键时期，需要家庭、学校、社会各方共同努力。而家庭教育的点滴渗透尤为重要。家长的处事行为与处事方法，是孩子效仿的模板。你想让孩子成为什么样的人，你就要表现成什么样的人。

学龄前要培养孩子对善恶、是非、美丑、好坏有基本的判断。小学阶段要培养孩子良好的学习、生活习惯，通过传统文化的学习，培育爱心、孝心、善心、恒心，在潜移默化中让他们学习正确的做人做事的道理。中学阶段要培养孩子树立积极乐观的人生观，通过对榜样的学习，引领孩子热爱祖国、热爱人民，树立理想、刻苦学习，把实现伟大的中国梦作为人生目标；树立正确的金钱观，让孩子明白君子爱财，取之有道的道理，明白金钱不是万能的，即使拥有再多金钱，如果精神世界是空虚的也没有幸福可言；加强法律法规的教育，管束孩子的不当行为，限制孩子不切实际的欲望；懂得"人无俭不立，家无俭不旺"的道理；让孩子学会大公无私、光明磊落、助人为乐、敬老爱幼的处事方式，使其成为品格高尚的人。一旦我们的孩子拥有正确的世界观、人生观、价值观，他的人生必将有意义、有价值。

第五章

三观

孩子不走偏的基础

01. 孩子过度减肥求接纳

不知从何时起，减肥成了广大女性永远的目标。到底多瘦才够标准，没有谁可以说得出来。由于减肥过度，患上神经性厌食症的女性越来越多。神经性厌食症是指个体有意地严格限制饮食，使体重下降至明显低于正常标准或造成严重的营养不良，此时仍恐惧发胖而拒绝正常饮食的进食障碍。神经性厌食症临床表现的核心是对"肥胖"的强烈恐惧和对体形体重的过度关注。有些体像障碍患者已经骨瘦如柴仍认为自己胖，这些患者有的最初刻意限制进食，逐渐发展为不进食，或进食后诱吐；有的患者采取过度运动的方法；还有的患者用服泻药或减肥药的方式使体重下降。体重过低会导致各种生理功能的改变，如皮肤干燥，大量脱发，严重的会造成营养不良，甚至死亡。

婷婷也是减肥大军中的一员。在我看来，她的身材虽然算不上苗条，但也属于健康的体形。18岁的她，身高1.65米，体重120斤，属于正常的体重范围。

但是自从她读大学以来，宿舍的同学都在减肥，这个体重对婷婷来说，实在是无法接受。

"她们都在减肥，每天吃得很少。虽然我原来不觉得自己胖，但她们都瘦了下去，对比之下我就比她们胖多了。一起出去的时候她们都特别自信地穿着各种漂亮的衣服，显得我跟一个土包子似的。"我发现婷婷的骨架比较大，所以即使她的体重在正常范围，仍然看起来比别人胖。

在咨询中，我发现婷婷的精神状态不好，便问她最近休息得怎么样。她叹了一口气告诉我，由于减肥药的副作用，自己已经一个多月没睡过好觉了。虽然每天都感到很累很疲乏，但躺到床上就是睡不着，好不容易睡着，也是一两个小时就醒一次，整个晚上都睡不踏实。有时候头痛得受不了，心跳也会比平时快很多。自己也知道这些减肥药会伤害身体，但是只靠节食和运动很难保证体重不反弹。她曾经尝试过每天只吃三个苹果，喝少许酸奶，跑步五公里的方法，那时确实瘦了不少，体重从 120 斤降到了 110 斤。不过她坚持了几天，身体就支持不住了，最后晕倒在宿舍里。自那次以后，婷婷开始尝试不同的减肥药，市场上有名的减肥药她都亲身体验过，体重是降了下去，不过嗜睡、头痛、心悸、口干等副作用也接踵而来。她担心不吃减肥药体重会反弹，自己之前遭的罪会前功尽弃。第一次咨询结束时，我给婷婷留了作业，分析自己是怎样的女孩，下次咨询时讨论。

在第二次咨询中，我通过对婷婷自我描述的分析发现，她自我评价很低，是一个非常自卑的人。"我是一个从小不招人喜欢的人。"婷婷这样评价自己，"我成绩不算好，老师经常记不住我的名字。同学对我也不热情，可能是他们也觉得我太平庸了吧。以前上学的时候总是胖胖的，谁会喜欢胖的女孩呢？只有体形好的女孩子才会招人喜欢。"

在逐渐深入的谈话中，婷婷的错误认知模式慢慢显现出来。婷婷觉得自己体形不好，才会失去很多机会、得不到异性的喜欢，所以她认为只有不断减肥，改变自己的体形拥有优美的身材，才能得到大家的喜爱。而这种错误认知模式的产生很可能源于婷婷早期的童年经历。

婷婷在回忆童年的生活时，总是提起她学跳舞的表姐。"妈妈说只有跳舞才能练成表姐那样优美的体形。凡是有表姐的演出妈妈都会带我去看，我记得表姐在跳孔雀舞的时候，就像一朵盛开的花，好美好美！她的腰好细啊，好像只有碗口那么粗。妈妈说，如果我也能像表姐那样跳舞，她就满足了。上幼儿园的时候，妈妈就要求我学习跳舞，但是不知道为什么，我总比其他小朋友胖。老师说我天生不是跳舞的料，即使学也学不好。我妈妈很失望，每次表姐来我家玩的时候，她总会让表姐在家里表演舞蹈，那个时候的妈妈最高兴。有时我考了100分，妈妈也只会笑一笑，但是表姐一跳舞时，妈妈就会显得特别高兴。妈妈从来没有像喜欢表姐那样喜欢我，可能就是因为我太胖，不能跳舞的原因吧。听姨妈说，我妈妈本来是专业跳舞的，因为生了我以后身材走样了，就再也不能跳舞了。我知道妈妈很想我能像她一样在舞台上表演，但是我却不能完成她的心愿。"说到这里，婷婷的脸上流露出沮丧的神情，泪水顺着脸颊流了下来。"妈妈只喜欢表姐，因为表姐身材好，而我却是个胖小孩。妈妈说过如果我能像表姐那样就好了，但是我做不到。"

在整理了婷婷的成长经历后，我终于分析出她对自己体形的过分关注是源于童年时期就产生的不安全感。婷婷的妈妈对表姐的喜欢不仅让她感觉到母爱被剥夺，而且让她觉得母爱是有条件的，要像表姐那样身材好，能跳舞。可惜婷婷天生长着一副大骨架，离妈妈心里美的标准很遥远，因此她总是得不到妈妈的关注，得不到妈妈的赞美。当婷婷慢慢长大后，就会把妈妈的这种审美标准纳入到自己的评判体系。在父母那里得不到安全感的人，在人际关系上也很难有安全感。父母对孩子的爱和关注本应是无条件的，但当父母对孩子的爱变得有条件的时候，这个条件会被孩子误认为是最重要的，是评判个人价值的最重要的标准，像喜欢漂亮孩子的家长会嘲笑长相平平的孩子，孩子长大后就会对自己的外表不接纳，甚至会极度自卑，因此他们会觉得只有长得好看的人才会得到别人的喜欢。有情绪困扰的人常常犯一种特有的"逻辑错误"，即将客观现实向自我贬低的方向歪曲。婷婷就是一个典型，她把发生在自己身上不如意、不幸事情的原因归结为自己身材不好这个错误认知上。

当婷婷听到我的分析后，她哭了很久。我感觉到她内心一直被得不到妈妈喜欢的痛苦和无奈深深地压抑着，才拼命减肥以获得妈妈的爱和肯定。这种没有自我的状态一直困扰着她，看到周围的人减肥，她就产生了极大的焦虑和恐惧，进而用强制减肥的方法缓解自己的焦虑和恐惧。当减到自己认为理想的状态时，她就放弃那种残忍的减肥方式，但是体重反弹了，焦虑和恐惧又随之而来，她不得不开始下一轮更残忍的减肥。在咨询的中期我们开始讨论一个积极的、健康的、漂亮的女孩标准是什么，通过讨论，婷婷调整了她过去错误的认知。

当婷婷认识到自己错误的认知与她焦虑、恐惧的情绪和恶性减肥行为之间的不良关联时，她发现过度减肥的根源不是自己对外形的不接纳，而是童年时妈妈的错误评价的继续。婷婷开始在自己身上寻找优点，通过健康和积极的生活方式使自己成为一个健康、充满活力的女孩。

王颖说：

从众心理是人类的一种本能反应，因为这样可以得到很大的归属感和安全感。很多青少年将外表靓丽的演艺明星作为偶像，盲目地认为对他们外形的模仿会使自己在同龄人中得到极大的认同，可以找到好工作，可以拥有美好的爱情，否则，世界就会一片黑暗。在这个过程中，一部分青少年因为自身的条件好，很容易就可以达到自己追求的外形，而有些青少年很难达到自己认定的标准，就会进行恶性减肥。恶性减肥一直存在于青少年群体中，他们对外形过度追求的错误观念不断强化，使自己长期处于焦虑中，身心都受到严重损伤。无论何时都要引导孩子对美有一个正确的认识，这是家长和社会的重要责任。让青少年从小明白，美不仅仅是外表，美更是身心的健康。

谭秦说：

"减肥"已经成为社会热点话题。青春期的少男少女对"减肥"更是热衷，甚至将其看作对时尚的追求。

这种对人体的美学认知首先忽视了个人体质的差异，因为不同个体的身材结构和比例是不尽相同的。如人的脸型分为方脸、圆脸、尖脸等，如果不论自己是什么脸型都要追求大眼睛尖下颌，那么所呈现出来的美并不"和谐"，甚至没有美感可言。同时，不同的基因、后天的饮食结构、生活方式、文化取向，都会影响到人的骨骼形成、身体发育，从而影响到体态、美感和审美标准。

在孩子的价值观念没有形成的时候，判断的标准就像水一样，父母如何引导，这种价值观念就如何传递。所以，在孩子处于幼儿、少儿阶段时，父母就要注意自己的言行，带有负面性的价值判断要格外谨慎；青春期阶段，随着孩子的社会交往和朋伴关系影响的加大，家长在"价值期待"中更要表现出对孩子的尊重、理解，进行适当的引导。

无论是家长自身的"无知"，还是不自觉的错误期待，对孩子的影响都非同小可。案例中的母亲，就是把自己曾经的舞蹈梦和对身材以及美的标准直接投射到女儿的身上，不仅影响了孩子的价值观，而且还造成孩子的身心受到伤害。实际上家长要对既成事实的现状，比如说孩子的身高、体形（哪怕是残疾）都要有策略地表达期待并给予鼓励，帮孩子塑造出积极的审美立场和价值观。

我们鼓励青少年在成长的过程中，通过对"美"的追求让自己的身心、习惯和审美都得到提高；但是如果对长相标准、成功标准形成了刻板印象，甚至在自我追求和社会交往中形成了对自己或别人的伤害，那么家长就需要帮助孩子改变已有的认知和行为模式了。只有发扬自身的特点和优点才是个人和社会进步的基石。

> 关键词：减肥，厌食症，错误期待，自我评价，认知模式，过分关注，不安全感，审美标准。

02. 谁导致了孩子对身材的自卑

菲菲是北京一所艺术类大学的大一学生，在预约电话里她向我表达了她在人际关系方面的痛苦。在约定咨询的当天，她穿着一身洁白的连衣裙走进了咨询室。和其他初次来访的咨询者一样，菲菲也表现得有些拘谨，手一直握成拳头放在大腿上。而当助理把水杯放到她面前时，菲菲的身子立刻向后退了一点，脸上露出了紧张的神情。

菲菲说："现在开学已经三个月了，她们无论上课还是放学，都是成群结队地，而我却还是孤零零一个人。我也很想和其他同学一样，大家在一起亲密无间的，无所不谈。老师，你能帮助我吗？"

我引导菲菲把她入学以来的情况简单地向我描述一下，她思考了一会儿，把最近三个月发生的事情告诉了我。

　　菲菲以优异的成绩考上了现在的学校，开学以后她才知道学校只有公共澡堂。她说自己很不适应这种和大家一起洗澡的方式，就自己一个人在学校附近租了个小房子住。她认为自己没有和大家一起住，所以错过了在一起相处的机会。但自己又不可能搬回宿舍住，跟大家一起去澡堂洗澡，现在不知该怎么办才好。

　　在和菲菲对话时，我感觉她的内心离我很远。但是我并没有把自己的感觉说出来，因为咨询关系建立得还不牢固，不适合谈论这些。我就问菲菲是否上过澡堂和大家一起洗澡。她说去过，但看见大家脱了衣服，身材都特别好，心里觉得很害怕，就穿上衣服逃了出去。打那以后，她就再也没有进过澡堂，都是打盆水在厕所里随便洗洗。她因为没办法在学校里面洗澡，只好到外面租房。

　　不敢去澡堂洗澡是一个极大的异常，我分析菲菲的人际关系问题一定跟这个异常有很大关系。所以在第二次咨询的时候，我们开始处理她在人际关系上的困惑。在菲菲对自己室友的描述中，我发现"好身材"的字眼不断地出现。菲菲说："她们经常在宿舍里面不穿衣服走来走去，展现她们的好身材。"

　　我问："看到她们那样走来走去，你当时感受到了什么？"

　　沉默了很久以后，菲菲说："我觉得自己比不上她们，我的身材太差了，不能像她们那样。"

　　为了弄明白她对好身材的定义，我问道："每个人对好身材的定义都是不一样的，我不太清楚你对身材好的理解是怎么样的，能具体说说吗？"

　　菲菲说："她们的胸部都很丰满。和她们比我的实在是太小了，小到跟没有一样。我如果不穿大号加厚的内衣，根本看不出来是个女人。"

　　在进一步深入的谈话中，菲菲向我诉说了她的难言之苦：菲菲的妈妈身材很好，尤其胸部比一般人要丰满。从小菲菲的妈妈就告诉她，女人就应该是丰满的，只有丰满的女人才会得到男人的喜欢。但是菲菲从小就很瘦弱，她妈妈一直批评菲菲的身材，说她不像个女孩。而菲菲的爸爸在菲菲受到妈妈嘲笑的时候，非但没有阻止妈妈，还说妈妈说得有道理。到了该发育的时候，不知为何，菲菲的胸部就一直没有发育起来，还是和小孩子一样。菲菲不得不买了加厚加大的内衣，使自己穿上去会显得胸部比较明显。在中学的时候，大家都是走读，所以同学之间从没有相互看见过真实的身材。但是大学住校，同学们都一起上澡堂洗澡，一起在宿舍里换衣服，大家的身材都比较好，菲菲见了更加焦虑了。为了不让同学发现自己的真实身材，菲菲只好在校外租房。

可以看出，菲菲在成长过程中还是出现了一些问题的。精神分析理论认为，儿童4～6岁的时候处于一个"恋母"或"恋父"情结阶段。对于一个女孩子来说，会对父亲产生特别的感情，甚至想代替母亲的角色去照顾父亲。这个时候，如果母亲给孩子一个很好的印象，那么女孩子会主动认同母亲的形象，并向母亲的方向去发展自己。但如果母亲的形象是孩子很难接纳的，或者像菲菲妈妈那样在孩子面前对自己的身材肆无忌惮地赞美，使孩子感到难以达到的，孩子就会产生自卑、无助的情绪。

我给菲菲留了一个作业，分别用十个褒义的和十个贬义的两字形容词来描绘自己是一个怎样的女孩。菲菲给我的答案是，褒义词：善良、优雅、美丽、苗条、单纯、可爱、秀气、孝顺、听话、时尚。贬义词：爱哭、内向、自卑、消极、虚荣、胆小、依赖、软弱、瘦弱、干瘪。她的自我褒义评价分为两个部分，一部分是外表（美丽，苗条，秀气，可爱，优雅，时尚），一部分是顺从（善良，孝顺，听话）。自我贬义评价大部分是怯懦（爱哭，内向，自卑，消极，虚荣，胆小，依赖，软弱）。我们首先从她对自己的外部评价开始讨论。在讨论中，菲菲对自己无论从五官、皮肤，还是身材的比例都给了一个高度的评价。只是感觉到美中不足的是自己的胸部不够丰满，如果能够丰满起来，即便不像妈妈那样，自己也能比现在快乐。最后，她还喃喃地说："我宁可长得难看点，胖点，也会比现在强。"接着，我们又讨论了顺从，她说自己从小有哮喘病，很少和小伙伴玩，一般都和妈妈在一起。妈妈很厉害，自己很怕她。"3岁半的时候我开始学小提琴，每天妈妈都要看着我练琴2个小时，稍有瑕疵，妈妈就会数落我，或者要我面壁思过。爸爸一般不敢帮我，他怕和妈妈产生冲突。所以我从小就特别特别听话，在家听家长的话，出外听老师的话，很怕他们不喜欢我。我一直考到小提琴最高级，虽然我不喜欢小提琴，但是妈妈喜欢，我就只好拉。"

我感到菲菲把胸部不够丰满当作她内心最大的痛苦。我告诉菲菲，由于她的评价系统一直停留在家庭内部，尤其是母亲的标准成为她唯一的一个自我评价的标准。在她成长历程中，她不断通过自己的努力去实现母亲的目标。但胸部是否丰满不是她的努力所能改变的，于是形成了自己对自己的谴责和不安。菲菲说："好像是这样的。那我该怎么办？"

我说："我们先来讨论一下你对自己的贬义评价。或许更能理解你现在的状态。你对自己的缺点描述是消极的、自卑的，但这好像和你的优点——美丽、优雅等描述相互冲突。"

菲菲说："我每天都要装过得很好，在人前把自己包裹得很完美。但是我的内心总会为我的胸部不够丰满而担心、焦虑。其实，我一直在试图掩饰自己的这种自卑，但是我越是这样做，就越觉得累。"

我告诉菲菲，她一直都在不断地放大自己的灾难，把所有的注意力都只放在这一点上，将这一点当作她评判自己的唯一标准，视觉就变得狭窄，而忽略了自己还有很多其他优秀的地方。在我的引导下，菲菲开始关注那些成功的女性，并且发现很多胸部不丰满的女性也能拥有美好的家庭和成功的事业。通过治疗，菲菲明白了胸部丰满与否和能否被人接纳没有必然联系，是自己过去那种以偏概全的错误思维束缚了自己。

⚇ | 王颖说：

认知系统中的认知观念很多都直接来自于成长环境。菲菲这种典型的以偏概全的错误认知，是仅仅根据对一个事物某一方面细节的了解就下结论，很多时候都是片面的、武断的。而在这一过程中其他信息被忽略掉，整体的重要性也被忽略，她认为那些与消极思维模式相关的事件才是最重要的。这是以偏概全的错误认知的典型特点。而且在青春期孩子的认知系统没有发展成熟，主观思维占据头脑的阶段，这种错误认知很容易影响一个人的情绪和行为。妈妈认为只有身材好才会得到别人喜欢的这种观念，每次都会被菲菲认同。久而久之，这种片面的观念就被她纳入了自己的认知系统。其实美是没有标准的，仁者见仁，智者见智。真正的标准在自己的心中。

👤 | 谭秦说：

　　正在艺术院校读大学一年级的菲菲，不仅长相美丽、身材苗条、气质优雅、衣着时尚、而且学习成绩优异，小提琴也考取了最高等级。但她却被"妈妈眼中""自己怕被发现"的胸部发育不丰满问题打击得完全丧失了自信，待人接物充满焦虑，到了需要看心理医生的程度。可想而知，她在成长的过程中有多挣扎，目前的处境有多痛苦，对未来的预期有多迷茫。

　　菲菲的社会交往能力具有局限性，这可能源于她小时候的"哮喘病"，需要更多的保护。由此，我联想到很多格外注意消毒的家庭，孩子反而更容易过敏；呵护过度的家庭，孩子会变得非常胆小……这种"过度养育"会对孩子的体质、性格、创造力、探索性、理解和表达能力、社会沟通和交往能力都产生不好的影响，到了青春期发育和社会交往拓展的阶段，孩子的独立社交能力更为重要，青少年更加需要认识到人与人之间的差异，不仅对自身缺点要有理性认知，而且对生活中的意外事件还要有独立应对能力，这样才能更积极地学习，愉快地成长。

　　孩子对事情的评价机制首先来自父母，青春期的孩子特别需要家长的引导。这种良性的引导会产生持续的动力，甚至影响到他们组建家庭，养育后代。如果个人的评价机制比较客观和均衡，那么他在学习、工作和社会交往中就不会过分焦虑，而会多几分从容和坚持。每个人都是不同的个体，即便父母具备一个"接近完美"的特点，也不会完全遗传给孩子，更不可能靠"羞辱"教育就可以激励孩子改变。菲菲妈妈的身材好，但她并没有意识到女儿没有遗传到这一特征，反而加以取笑；对孩子的身材进行数落的时候，父亲却在一旁帮腔。客观上讲，妈妈是完美型人格，对细节的追求造成了孩子的压力；主观的层面上讲，妈妈没有准确地认识自己的孩子。而爸爸在这个过程中没有纠正妻子的"价值观"，反而在女儿需要"父亲"支持时成了妈妈的"同盟"。在这种状况下，孩子感受不到爱和接纳，会严重影响他自信心的树立，还会阻碍孩子形成正确的价值观和思维模式，更有甚者，孩子未来的婚姻和家庭观念也会受到影响。

　　关键词：艺术特长生，焦虑，好身材，爱好，完美型人格，父母角色，社会交往，评价机制。

03. 想毁容背后错误的外貌认知

萍萍是转诊到我这里来的。家人说她最近一年精神状态越来越差，整日恍恍惚惚的，学习成绩也有所退步，而且越来越不爱出门，每天待在房间里不愿见人，有时还能听到她在房间里哭泣的声音。家人担心孩子患上抑郁症，所以带她进行了心理咨询。但萍萍的情况并没有得到改善，最终在别的咨询师推荐下找到了我。

萍萍给我的第一印象就是刻板的衣着和呆滞的表情，在这个 15 岁的女孩脸上看不出喜怒哀乐，咨询中，她的言语表达也不是很流畅。

萍萍的第一句话就让我有些意外："王老师，我想毁容。"

我问道："毁哪？想好了吗？"

萍萍指了指自己的左脸说："就毁脸。"

我又问她："你觉得自己脸上哪个地方长得最好看？"

萍萍说："眼睛吧。"

我说："那就先毁眼睛吧！哪儿长得最好看就先毁哪儿，这样才能达到毁容的目的。"

"啊？！"萍萍不太相信自己的耳朵，咨询师居然说出这样的话。就这样，我们的咨询开始了。

萍萍双手紧握，舔了舔干裂的嘴唇低声地说："我不知道学习为了什么？为什么要去学校？在学校，同学们都在看我，尤其是我们班里有3个男生总是找机会和我说话，上课也总是在偷看我。我觉得他们对我有好感，他们喜欢上我了。走在路上也有人在看我，我觉得是因为我长得太漂亮了。当他们看着我的时候，我心里难受极了，我讨厌这种感觉。如果我毁容了，他们就不会再盯着我看了，班里的那三个男生也就不会再找我说话了，路上的人也不会再注意我了，那样我就不那么紧张了。其实，如果我妈能别老挑我的刺儿，命令我干这个干那个的，我在家里也是挺自在的，不用担心被外面的人盯着看了。

我首先围绕她毁容的想法进行咨询。萍萍告诉我，当她感受到被异性关注时，就会感到浑身不自在，可每天又不得不面对男同学。

我问她："毁容的想法是怎么来的？"

她不好意思地小声说："我跟表姐说了有男同学老看我的事，她说：'那没办法，谁让你长得漂亮呢！'我想，如果我不好看别人就不会再看了，我活得也就不那么累了。"

看来异性的关注给萍萍带来了巨大的压力，我又问她："那三个男生是如何跟你交往的呢？"

"那三个男生总爱跟我搭话，女同学就背地里取笑我，说他们看上我了，爱上我了。我心里觉得这样不好，那我成了什么人了。"我就这三个异性同学和她交往的程度与她进行了沟通。经过了解，这三个男生是班里特活跃、爱开玩笑的同学，萍萍特别地腼腆，让他们感到好奇，于是就主动搭讪。除此以外，并没有特殊的意思，而在萍萍的同学中只有他们三个异性与她有交流，因此她误以为这几个同学对她有爱慕的想法。

在萍萍对我的分析表示认同以后，我问她："当别人注视你的时候，除了紧张、不自在，你还有什么特殊的感觉？"

她不假思索地回答道："羞耻！"

我问："这种感觉是从什么时候开始有的？"

萍萍思考了一会儿，说出了一件一年前发生的事情：那年暑假的一天，萍萍和班里的女同学一起逛街买衣服。在同学的大力游说下，她看中了一条吊带连衣裙，觉得挺好看，买完就立即换上了。在回家的路上，她碰到下班回家的妈妈，当时妈妈说了一句："穿得那么妖艳，街上的男人都盯着你呢，也不知道害臊，真是丢人现眼！"

我问萍萍在发生这件事之前，还有没有过类似的经历。她说，"好像在上幼儿园的时候，妈妈就经常评论幼儿园老师的外貌和服装。记得妈妈总爱骂那些长得漂亮的老师是'贱女人''狐狸精'，也不愿意爸爸一个人去幼儿园接我。我当时不知道这些词是什么意思，只是凭感觉知道都是一些很不好的词，这些漂亮的老师让妈妈讨厌，她们肯定不是什么好人。妈妈总是说女人长得漂亮是造孽，以前我也不知道什么是造孽，但是觉得这肯定是件坏事情。"

在谈话中，我慢慢发现萍萍的认知模型：被关注——好看的——坏女人。在她眼中，被人关注的人肯定是长得漂亮的人，而这些人都不会得到他人的正面评价，都会被人视为"贱女人"和"狐狸精"；只有长得难看的人，才不会被别人关注，这种人才不会是"贱女人"和"狐狸精"。自己长得好看，肯定会被人关注，肯定会被别人说是"贱女人"和"狐狸精"。因此，只有自己毁容变难看，才不会遭受这样的评价。而这种错误的认知方式，源于萍萍童年时期妈妈对女性的错误评价对她产生了潜移默化的影响。妈妈的这种评价方式慢慢地内化为萍萍的价值判断体系，成为她评价世界的标准。

知道了萍萍的问题所在，我们先从对她的外貌进行客观评价开始分析。萍萍的五官长得一般，只是皮肤比较白皙，在她成长过程中从来没有人称赞过她漂亮。只是到了青春期，同学们的脸上都长了痘痘，而她没有长，就显得比她们漂亮了，同学们非常羡慕。对于萍萍这个一直在外貌上被忽略的女孩突然被关注后，喜悦和错误的认知交织在一起，形成了内部冲突。萍萍知道自己的不良感受是这样引起的，人变得轻松许多。

通过对萍萍的被关注——好看——坏女人认知模型进行调整后。她表达了这样的想法："我现在明白了这是一种错误的关联，那些话其实是妈妈对她自己的情感世界感到不安全的表达方式。但是我一遇到那几个男生的目光依然不自在、心慌。"

　　我问她："你对那几个男生的印象如何？"

　　她羞涩地小声说："他们挺有趣的，长得挺帅的。"

　　我问："你渴望和他们结识并成为好朋友吗？"

　　她说："说心里话，我对他们也有好感，正是因为对他们有这种不好的想法，才让我认为自己不正派，更恐惧他们会看出我的想法。"

　　就这样，真正的核心问题浮出了水面，这是一个青春期面对异性吸引时不知所措，并伴随着罪恶感的女孩的真实感受。由于萍萍对青春期的现实感不强，不能判断这是来自她内心的幻想还是现实中发生的，所以想用毁容这种逃避的方式来阻止内心的恐惧和不安。

　　我们共同讨论了青春期女孩的生理特点和相关知识。萍萍明白了对异性感兴趣是每一个身心健康的青少年都会有的感受，这种惶恐不安的感觉就消失了。

⚇ ｜ 王颖说：

　　随着生理的发育，青少年的心理也随之发展。一旦这两个部分发展失衡，就会出现内心冲突无法自拔的瓶颈。孩子在人生的早期阶段对异性关系一无所知，如果成长中重要的引导者用带有偏颇的成人视角，对异性关系做了错误的解读，必将会对孩子将来的认知产生潜移默化的负面影响。到了青春期，这种影响会浮出水面，左右他对两性的认知。当自身的体验与这些固定观念发生冲突，弱小的自我没有办法调节的时候，就会想到用一些极端的方法来帮助自己逃避内心的恐惧和不安。所以，在孩子成长的过程中，引导者一些不经意、不负责的言行，往往会在孩子的内心埋下隐患。

　　父母在孩子面前不能信口开河，在孩子的成长路上，添加太多的负面概念。

⚇ ｜ 谭秦说：

　　萍萍的精神状态越来越差，起因竟然是觉得自己漂亮的长相吸引了很多男同学的关注。萍萍的这种错误认知起源于妈妈自她小时候以来对女性外貌和气质的错误表达。妈妈的这种错误表达给萍萍带来了巨大的影响，一方面形塑了她的衣着风格——保守、过时、封闭，使她丧失了应有的年龄特征和社会性；另一方面也使她对异性正常的"异性"社交反应产生了错误的判断，以为任何先天的美丽和后天的装扮都有"不良企图（勾引异性）"。妈妈的影响促使萍萍产生了根深蒂固的错误认知，甚至上升到"羞耻"的价值判断，产生了"自我毁容"的想法。此外，萍萍妈妈还限制丈夫和任何异性的接触，连去幼儿园接孩子都被当作"不道德"的社会交往，使萍萍从小失去了观摩和参与成人正常异性交往的机会。

通过这个案例，我们也看到了家庭教育对孩子"美的认知"有巨大影响。如何让孩子判定"美"并且正确地认知"美"，是家庭教育中很重要的课题，同时也是一个不外显的教育内容——毕竟很少有人系统地把"美"，尤其是人的"外在美"当作结构性的教育内容教给孩子。但这种隐性的审美教育、礼仪教育和社会交往教育，不仅影响孩子的穿衣打扮，更重要的是影响孩子的价值观，值得家长敏锐且审慎地对待。

我们在生活中可以按照一定的时尚潮流和社会圈层，给孩子选择适合该年龄的衣服，并且在这个过程中告诉她什么样是美的，什么样是得体的，什么样的服饰适合什么场合，什么样的妆容表达端庄，什么样的举止展现个性……凡此种种，不仅能让孩子在成长过程中潜移默化地学会根据不同的场合、身份选择合适的装扮，同时也帮助孩子建立和家长、和朋友间的美感主张。此外，家长也应该尽早告诉孩子和衣着直接相关的隐私保护、性别角色的表达、社会交往距离的守护以及风俗习惯、文化差异等等常识，使孩子在个人成长中适应正常的社会交往，不至于出现像萍萍那样严重的心理问题。

一个孩子如果有很好的美感，不仅能欣赏别人的美，也能更客观并且积极地看待自己。如果有这个基础，那么当他进入青春期时，也会更加自然地面对异性的吸引，甚至在成年之后的两性关系和情感建立中，也能帮助他对自己和对方形成清晰的认知，并建立交往的界限。

关键词：美丽，认知模型，原生家庭，社会交往，羞耻感，不安全感，婚姻关系，家庭教育。

04. 悦纳自己才能愉快交际

读高一的小欣已经一个月没上学了，她妈妈说她在学校的成绩一直很好，最近的考试成绩没有明显下降；在班里和同学的关系也不错，从来没有听老师反映过小欣存在人际关系问题。突然有一天，小欣说头痛就不上学了。这么一个好孩子怎么突然不上学了呢？小欣妈妈很费解，但无论她怎么问，小欣都只是说身体不舒服，到医院检查，大夫说她的身体没有问题。从那以后，小欣就只是说不想上学，家人再追问，她就骂父母，对父母大吼大叫，把父母吓坏了。面对这种突如其来的转变，父母不知所措，抱着疑惑的心情给我打了预约咨询电话。

为促使小欣向我敞开心扉、吐露她的心事，在开始咨询时，我便告诉小欣咨询的性质。于是我们在轻松的气氛下，开始了咨询。我问小欣为什么不去上学，是不是发生了什么事情。

小欣犹豫了一会儿，说："其实我不去上学是有原因的，但是我不知道该怎么和父母说，而且也担心说出来父母会不理解我，怕他们责怪我。"

"哦，那能不能跟老师说说，究竟发生了什么事？"

"我怕见到我们班主任。经过那件事以后，我已经没有办法面对他了。现在看不见他，我觉得舒服点。"

我问："能告诉我那是怎样的一件事情吗？"

小欣说："那天学校大扫除，我和另外一个同学负责扫楼道。别人都是一边玩儿一边干活儿，我俩想快点儿把卫生做完早点休息，所以我俩就很快把楼道扫干净了，然后到学校小超市里买冰棍吃。过了一会儿，我看见班主任也到超市买水喝，便向他问好，但是他却板着脸，说我偷懒不去完成卫生工作。他怎么能这么冤枉我呢？我已经把卫生都做好了才出来休息的，我比其他同学做得都好，他不仅没有表扬我，还批评我。我身边的同学告诉他，我们是打扫好了，班长检查过了才出来买东西的，我们没有偷懒。他听了以后向我道歉，说是他粗心，叫我别介意。我觉得很委屈，当时就哭了，他竟然冤枉我，让我怎能原谅他？而且是当着其他同学的面这样斥责我，班里的同学都以为这个老师和我的关系很好，现在被别人看见他这样对待我，我怎么去跟别的同学解释呀！我就没有理班主任，自己跑掉了。回去以后我想了一个晚上，又觉得自己这样做实在太让班主任丢面子了，如果这件事传到其他同学那里，他的威信肯定会受到影响。于是第二天早上，我就去了班主任的办公室向他道歉。但是他不肯接受我的道歉，还说他没有把这件事放在心上。其他老师在我背后偷偷地笑，说'这点小事儿至于吗？'我没想到老师们对这么严肃的事居然还偷笑。班主任说要我放心，他并没有生我的气。但是我觉得他说的并不是真心话。从那以后，我上他的课都会小心翼翼，觉得心里挺别扭的，不知道怎么面对他，不知道他会怎么想我。"

"是从此之后就没有去学校吗？"我问小欣。

"还不是。有一次上他的课，他问了我一个问题。那个问题很难，我不会。其他同学都在等着看我的笑话，他肯定是故意让我在大家面前出丑的，我很伤心，不知怎么就哭了。他走过来把我带到教室外，问我为什么哭了，他是明知故问嘛。我觉得如果他当时叫我，我不理他，他肯定会没面子，同学们都会笑他的。但是现在他让我当众出了丑，我怎么能原谅他呢？我不知道以后要怎么面对他，所以就没有再去上学了。"

"那你在这些事发生以前和班主任的关系怎么样？"

"挺好的，之前也没有发生过不愉快的事。"小欣幽幽地说。

我又问了小欣和同学的相处情况。在她的描述下，我发现她在处理和老师的关系时所用的方式与处理同学关系时的方式很相似，她要求自己对人要热情、大度、包容，不能斤斤计较。所以她在与老师和同学的日常交往中都尽量表现得大度又热情。有时候同学向她借几块钱，她会说没关系，几块钱不用还了。因为她怕别人觉得自己斤斤计较，觉得她不够大度，不够朋友。

通过小欣的描述，给我呈现的是一个大大咧咧、什么事都不放在心上、对人特别热情、从不斤斤计较的女孩。这也是小欣呈现给她的老师和同学的印象，因此大家对她也是大大咧咧的，很随意，不会特别谨慎地和她交往。但在不断的澄清和分析以后，我却发现小欣非常敏感，而且多愁善感。她对别人的评价一直放在心里，不断地检讨自己，不断地要求自己做到宽容和大度。别人不知道小欣的敏感，就会以小欣表现出来的随意方式去对待她，但这和小欣内心的期望不符，所以她经常感觉到委屈，甚至愤怒。

我问小欣："你们班上有没有你认为特别热情、心胸特别宽广、特别大度的人呢？"

小欣思考了一下回答："有这样的人。"

我问："你是怎么知道他是这样的人？是别人说的，还是你自己和他接触后发现的？"

"大家都是这么说的，有一次我向他借了10块钱，本来说好第二天还，但第二天我有急事，没有把钱还给他，过了两天我才把钱还他。当时我心里挺不好意思的，但是那个同学跟没事儿似的，还说他差点把这件事忘了。"

"那你当时有没有赔礼道歉？"我问她。

"没有，因为我知道他肯定不会放在心上的，大家都知道这个同学人很好。"小欣不假思索地说。

"那我们假设一下，如果有人向你借了钱但没有立即还，你会怎么想呢？"

小欣说："我肯定会觉得这个人不好，借人钱不还，猜想他是不是存心的。"

"嗯，但是你一直在班里表现得很大度，和那个同学差不多吧。别人觉得你不会在意，不会生气，就像你觉得自己拖延了还钱时间，他不会生气一样。是不是呢?"我问小欣。

小欣突然不说话了，低下了头。

在小欣沉默时我思考，她强烈的内心冲突可能和她的成长经历有关。之后的咨询验证了我的这个假设：小欣的父母关系不和，虽然两人没有分开，但小欣从小就感到父亲在她的心目中没有地位，她甚至非常恐惧成为父亲这样的人。从小欣有记忆开始，妈妈对爸爸的批评就没有停止过。她妈妈常常对小欣说，你爸爸不像个男人、小心眼、斤斤计较、像个闷葫芦等等，还不断地告诫小欣千万别像爸爸。而小欣的性格比较内向，有时真有点像爸爸，妈妈就不断地改变她，有时甚至是恐吓她。直到现在，她一直都不想让爸爸在家里住，想让他搬出去。小欣害怕妈妈对爸爸进行尖酸刻薄的攻击，也害怕自己变得像爸爸。在妈妈对爸爸不断的否定和攻击之下，小欣没有和爸爸建立起良好的父女关系。爸爸成了小欣反面的靶子，她和爸爸在一起时会感到极度不安全。

我告诉小欣，她内心的感受总是和她外在的表现不一样：自己内心非常敏感，但在别人面前总要表现出大度来。而一般人在人际交往的时候内心感受和外在表现是一致的，所以我们和大大咧咧的人交往的时候也不会太计较，和敏感多疑的人交往的时候才会小心和留神一些，不合适的话尽量不说，免得对方回去瞎琢磨会产生误会，破坏大家的感情。打个比方说，我们见到金发碧眼的人都会对他说外语，但谁会想到这个人竟是不会说外语的土生土长的北京人?而正是小欣的这种不为外人所知的内心感受和外部表现的不一致，让班主任以为她不会把事情放在心上，对待她的时候也就表现出了无所谓的态度，但是小欣感受到的却是班主任在让她难堪。

通过咨询，小欣更加了解了自己，她明白了自己的痛苦不是来自外界，而是来自自己，表示愿意重新回到学校学习。当我把小欣不上学的缘由告诉她父母时，父母感到非常内疚，他们没有想到夫妻关系的不和谐会对孩子产生这么大的影响。尤其是母亲一直在流泪，她感到自己对不起孩子，也对不起丈夫。

🌀 ┃ 王颖说：

人际关系在当今社会越来越成为人生成功的重要因素，因此对学生进行人际关系的训练也成为素质教育的一个重要部分。性格和人际关系并没有明确的因果关系：内向的人好静，富于内省，不喜欢刺激，喜欢有序的生活，情绪比较稳定；外向的人好交际，渴望刺激和冒险，感情易于冲动。两种性格各有千秋，没有绝对的好与坏。人际关系的外力训练如果偏离了自我个性本身，就会让人形成扭曲的心理状态，这时一旦遇到不理想的人际关系就会陷入自我的内部冲突之中。了解自己、接纳自己，才是自我完善的第一步。

谭秦说：

小欣的学习成绩一直很好，忽然说自己头疼以至一个月没去上学。父母没有询问老师孩子在学校发生了什么事情，询问孩子的时候却遭到了孩子的激烈反抗，这首先是家长平时对孩子的情况不够了解，不清楚孩子内心的变化、在学校的经历和她一直以来的内心冲突。而在这种"不知情"的情况下，帮助孩子面对和解决问题也就无从谈起。所以，这个案例表面上看，是孩子不知道如何表达和处理，深层次的症结却是她"长久以来"的压力不知如何调解，从而形成了容易引爆的情绪。

从教育学的范式来说，我们对孩子所说的话，总是有很神奇的效果。各种各样的故事告诉我们鼓励带来的力量，殊不知在教育的现场中还有一种语言极有力量，那就是恐吓。小欣的母亲对父亲的长期"奚落"、对女儿的"警告"，都成了她社会交往模式中的判断依据。恰恰她又是一位心思极为敏感的女孩，因为一两件偶发事件，班主任作为男性的公信力和主观倾向都引起了她的怀疑，办公室其他老师和班级同学的常规反应对她来说也都充满了"恶意"。因此，父母要帮助小欣对生活中的真实细节与脑海中的主观判断之间进行关系重构的训练，才能使她本人更释怀，进入和大家的从容交往。

关键词：讨好型人格，完美型人格，内心冲突，敏感，大度，安全感，父亲角色，家庭模型。

05. 迷恋品牌 VS 树立正确的价值观

回想起和韩涛的第一次见面，我的脑海里始终跳跃着两个词语：干净、精致。韩涛自从上初二后，就觉得父母总是不理解他的想法，看不惯他的行为，尤其是在他穿衣服和兴趣爱好方面，父母总是批评、否定他。父母又觉得韩涛的各方面表现与他们的要求相差甚远，简直是"格格不入"，所以家里总是空气紧张、硝烟不断。因此，他们一同来到我的咨询室。

在与韩涛单独沟通中，他给我讲道："我从来不穿那些大众的品牌，两三百块钱的衣服和鞋子，满大街的孩子都穿，多俗啊，我只穿商场专柜里的品牌，这样才有个性嘛。国产的电影、电视剧有什么好看的，真想不通我们班竟然有那么多人去看，要看就看原版作品，多有品位啊。为什么要穿校服？都什么年代了，还让那么多人穿成一样，多傻啊！我从来就没有穿过校服。这有什么啊？可是我爸妈就是不能理解，你刚才也看见他们了，一个高管，一个处长，你看看他们都穿的什么？真是没有办法，自己没有品味也就算了，还非要让我也像他们那样，以前我小的时候没有办法，现在别想再管我，我喜欢穿什么是我的自由，又不犯法，凭什么管我？"

我这才注意到，韩涛浑身上下穿得都是一些很多成年人都不敢问津的国际品牌，更别说和他年龄相仿的孩子了。而且他的装扮确实有些别出心裁，无论是脖子上的方巾、别具一格的发型，还是叮当作响的腰链，无不流露着他内心的张扬与奔放。

咨询开始时，我给了他一个强大的支持，请他谈谈最近买的新衣服，和他一起研究他身上的新潮饰物，并让他给我讲最近看过的外国电影，韩涛表现出极大的兴趣，讲得津津有味。当他讲到一些电影的精彩镜头时还禁不住手舞足蹈、开怀大笑，让我体会到他在这些过程中的真实感受，同时也让我感受到这是一个多么需要和别人分享的孩子。因为他的衣服、装饰、用品，同龄人大多没有接触过，父母又从内心排斥，所以在生活中他很难体会到与人分享的快乐。而在这个年龄段的孩子又渴望得到别人的关注和肯定，尤其是自己的同学、老师和父母。当这种渴望都无法得到满足的时候，他本能地把这些不满发泄到父母身上。当父母对他评头论足、表示看不惯的时候，他便不由自主地和父母大吵大闹，甚至采取离家出走、长时间冷战的方式来对抗。

当又一次"分享"结束后，我们进行了下面的对话：

"韩涛，你觉得在我这里你得到最多的是什么？"

"我觉得，我的想法和感受能被您理解，我感到很快乐！"

"当我们感到被别人理解和尊重的时候就会感到很快乐。那么你有没有想过你的父母为什么不能像我这样？"

"他们太俗了，不懂生活。"

"其实，真正的原因在于我是一名专业的治疗师，接受过专门的训练，所以我能接纳很多和自己不一致的价值观，而你的父母和你周围的人一样，都是普通人，所以你的价值观必然和他们的要求发生碰撞，而你们又不能彼此接纳，这便是引发冲突的根源。"

"哦！"

沉思了一会儿之后，韩涛又说道："那他们也不能那样啊，太不可接受了。"

我说："客观地来讲，你父母的衣着和他们的身份、社会地位是一致的。试想一下，如果今天他们被你改变了，也像你一样，扎个小方巾、烫个夸张的发型、裤子上挂两条大链子，再给你爸爸戴上耳环，给你妈妈化上彩妆去参加你的期末家长会，你想象一下会是什么样的情景？"

"哈哈哈！"韩涛忍不住大笑，同时又表现出不好意思的样子："要真是那样的话，够现眼的……"

"无论是价值观还是生活方式，每个人都有选择的自由，这是一个多姿多彩、个性张扬的时代，只要不对社会和他人构成危害，只要不妨碍自己的学习和工作，我们还是能够做到和平相处的。"

结束了这次访谈，我征得韩涛的同意，邀请他的父母一同走进工作室，达成了"相互尊重，不要求完全融入对方的价值系统，也不要求对方完全接受自己的生活方式，时刻注意做到接纳、和平共处"的协议。

接下来的几次访谈中，我和韩涛都在探讨如何和持有不同价值观的人和平共处，如何在坚持自己的价值观的同时又能去尊重别人的价值观，以及如何解决在这些新的尝试和改变过程中遇到的困惑和问题。直到有一天，韩涛对我说："王老师，我最近突然意识到，我自己其实也是一个俗人，您还记得我们第一次见面的时候我那身打扮吗？现在我怎么越来越觉得当时怎么那么俗气。"

"你有这种感觉说明你在不断思索和成长，从某些方面来讲，人就是在一个自我否定接着一个自我否定的过程中不断实现自我成长的。就像今天的我们觉得过去某个时间的我们是那么俗气和幼稚，而在不久的将来，我们同样会感受到自己今天的幼稚和可笑，每个人都会经历这样的发展过程。"

渐渐地，韩涛开始尝试着和别人分享快乐，尝试着理解和接纳更多的人，尝试着和父母进行真诚的沟通。在这些过程中，韩涛真正感受到正确应对"与别人的不一致"给大家带来的融洽与和谐。他在不断的努力中得到进步，感受到自己的成长和快乐。同时，韩涛顺利通过了中考，为自己的初中生活画上了一个圆满的句号。

⬤ | 王颖说：

青春期是个体价值观念建立的关键时期，因为生活的时代、接触的信息、面临的问题等方面的差异，孩子的一些价值观念、行为方式在很多时候都会表现出和父母不一致。这时候，如果双方都希望把对方完全融入自己的价值体系中，必然会引发冲突和矛盾，造成亲子关系紧张。这时，父母不妨静下来客观分析一下：这样的价值观是否被社会大环境允许？是否和个体的成长背景相一致？如果得到的答案是肯定的，而且并没有对个体的社会功能即学业的完成形成障碍，那么父母完全可以做到接纳和平等对待。

父母往往希望按照自己的要求去塑造孩子，这在青春期之前还是可以实现的。但是，青春期孩子开始萌生强烈的自我意识，他们开始有自己的想法和打算，甚至开始对父母评头论足、指手画脚。家长就要有新的应对方式。首先接受孩子长大的事实。其次是面对孩子身上的缺点，不要大惊小怪，这些都是成长中的必然。正确理解孩子的行为，不对孩子的不良行为做出负面评价或惩罚。用正能量鼓舞孩子改正不良行为。最后，我们要更多地关注孩子的内心世界是否充满欢乐，他们的本质是否偏离了正轨，他们的身心是否健康。

⬤ | 谭秦说：

不知从什么时候开始，我们的生活标准变得单一化。什么是美？小脸大眼是美，瘦是美，高是美，白是美，与此不一致的，通通不是美。什么是好孩子？听妈妈的话，成绩优异，会讲英语，没有做到这些，别的方面再好也算不上好孩子。什么是好的生活？住大房子，开豪车，没有这些标配，根本谈不上好的生活……

我们常说要带孩子"见世面"。什么叫"世面"，那些奇山大川是世面，那些市井的烟火气也是世面。在孩子成长的道路上，父母应该带他去了解世上不同人的生活，去看不同人的生活经历，从而去理解别人与自己不同的思维方式和价值追求，看到自己认知的局限，看到人生命中有意义的坚持，对未知抱有谦卑。这是在丰富孩子的生命，是在积淀他们生命的厚度。多见多看多接纳多欣赏的孩子更有理解力和包容性，也能生出更多的坚持和创造性。

古人说"读万卷书，行万里路"，愿我们带着孩子见千人识千面，归来依然是少年。

> 关键词：时尚名牌，风格，社会性，代际沟通，父母角色，礼仪，美育。

06. 无度攀比 VS 树立正确的目标"感"

一天下午，我接到一位女士打来的电话，电话里她一直在哭泣，直到她的情绪稍微稳定一点儿后，我才从这位既委屈又着急的母亲口中了解到一些情况。她告诉我，她有个 16 岁的儿子现在已经有很长时间不和父母说话了。以前他隔两天还会说几句话，自从她给孩子找了一个心理咨询的教授咨询后，孩子和父母的关系反而更差了。我问这位母亲，孩子以前和父母的关系怎么样？咨询以后关系越来越差都表现在什么地方？她说孩子自从上高中以后就不和父母在同一桌吃饭，每到吃饭的时候他都是把自己的饭菜夹好，然后端进房间里自己吃；每次出门都不和父母走在一块儿，不是赶紧走到前头，就是磨磨蹭蹭地跟在父母身后相距十几米远的地方；在每学期召开家长会前都一定要父母去高级百货公司买一套新衣服，如果父母不穿新衣服去学校，他就会一直在家里大喊大叫，有时甚至踢门、摔东西。在他接受那位教授的心理咨询前，回家后偶尔还会跟父母打声招呼，自从他拒绝再去教授那里进行心理咨询以后，回家就再也不和父母说话了。

　　隔天，这位家长就把他的孩子带到了我的咨询室。这个名叫小伟的男孩，身高 1.80 米，有点儿偏瘦，头发烫得很时髦，脸上是这个年龄段的男孩子少有的干净和白皙，似乎还有一点化了妆的痕迹。身上穿的是耐克运动服，脚上穿的是阿迪达斯的运动鞋，整体打扮得很时尚。他身边的妈妈就显得比较朴素了，穿着一套普通的灰色职业装，黑色的皮鞋，黑色的手提包。在初诊接待时，我对他上次咨询的经历进行了了解。

　　小伟不屑一顾地说："他要我每天回家后和我爸妈分别说 3 句话：'您回来了！您辛苦了！您今天过得好吗？'每天都重复这几句无聊的话，我觉得自己就像一个傻子！那个教授说这是什么行为疗法。我没觉得自己的行为有什么问题，我不需要心理咨询。"

　　原来小伟的上一个咨询师给他布置的家庭作业是每天回家跟父母说 3 句问候的话，以此来拉近小伟和家长之间的关系。小伟按照咨询师的要求做了，但是和父母的关系并没有因此得到改善，反而和他们更加疏远了。在和小伟的对话中，我感觉到他对父母并没有一般孩子对父母的尊重和爱，更多的是一种厌恶，甚至是恨。

　　小伟说："他们什么都不懂，活得没有一点儿品味。土鳖！我不止一次告诉过我妈，和我上街的时候千万不能穿着丝袜再穿露趾的凉鞋，这是基本的礼仪。但是她每次都会把我说过的话忘记。这样的打扮我怎么可以和她一起上街呢？丢死人了！他们也不看看别人是怎么穿搭的，他们怎么就学不会呢？穿得像个大婶一样，我怎么会有这样的妈妈？我爸更土，我说喝红酒吧，他说他只喝啤酒。现在哪有人不喝红酒的？我知道，其实他是嫌红酒贵，啤酒便宜。而且他的西裤从来都不熨烫，皱皱巴巴的。如果他们可以穿得体面一点，出门稍微打扮一下，比如我爸好歹也应该打个领带，我妈出门最起码也要化个妆、配些基本的首饰，那我也不会不和他们一起出门了。"

　　我问："你觉得和父母一起出门不能给你加分，而是减分，所以你不愿意和他们一起出门。我可以这样理解吗?"

小伟说:"就是这样的,我觉得和他们在一起丢我的脸。我同学的家都有房有车,而我家就有一辆破桑塔纳,每次开家长会丢死人了!但是他们每次都会把车停在离校门很近的车位上,周围停的都是奥迪、宝马、奔驰什么的,万一被同学和他们家长看见了多寒酸呀。为什么别人的父母都这么好,我的父母就比不上他们呢?"

在不断的讨论中我知道,小伟暑假刚从欧洲旅游回来,仅十五天的时间就花了三万多元。在他谈到这段经历的时候,小伟的语气非常平淡。他说他们学校的同学基本上每个人都有出国旅游的经历,这是极其普通的事情。而且大家经常会以此做比较。他自己在 15 岁的时候才第一次去了欧洲,而他的同桌这时候已经把世界基本游遍了。根据小伟的描述,我发现他所在的学校是一所名副其实的"贵族"学校,学费每年要 3 万元。

小伟总觉得自己在学校比不上别人,经常感到很自卑,在同学面前抬不起头来。我问他的自卑感来自什么地方。他说因为自己太穷了,自己的同学都很有钱。他们想要什么家里就可以给他们买什么,每次放假都可以去国外旅游。每次看见他们买的最新款式的游戏机,小伟就会感到自己的人生很悲哀,自己像一个乞丐一样地活着。

在经过和小伟的父母交谈以后我得知,小伟家里的经济条件还是不错的。父母都在世界 500 强企业里担任主管和经理,可以算得上是"金领"。家里还有一辆车,最近新买了一套房子。父母很重视对小伟的教育与培养,现在小伟读的学校学费虽然比其他学校贵出很多,但他们希望孩子可以在更好的环境里学习和成长,在小伟身上可以说是很舍得花钱。无论是什么名目的培训班,只要是对小伟的成长有利,父母都会尽力满足。但是小伟却丝毫没有感受到父母的这份爱心,他一直认为无论父母怎样对自己好都是应该的,如果父母不能满足自己的要求,小伟就会感到都是父母没有能力赚钱,因而憎恨他们的无能。

我问小伟:"你说你觉得自己现在的生活像乞丐一样,让我感觉你对现在的生活很不满意,那么你理想中的生活是怎么样的呢?怎样的生活才不像乞丐?"

小伟沮丧地说："我是生不逢时！我应该出生在一个富商的家里。我的爸爸应该是一个很有绅士风度而且很有学识的商人，他会多门外语，还会骑马打高尔夫球。我的妈妈应该是一个优雅的、知书达理的贵夫人，每天下午都会在阳台上喝着从英国运来的花果茶。我们家有数不清的财富，每到周末一家人都会搭飞机到世界各地游玩。无论我要什么，他们都会答应我的要求，因为他们很爱我。我在班里是最有钱的一个学生，同学们都很崇拜我，很想和我交朋友，我在学校里非常受欢迎。啊，这才是我的人生。"谈到这里，小伟的眼神里仿佛闪着光芒，他脸上也流露出幸福的笑容。

我说："很多人都会有梦想，有梦想是一件好事，因为有梦想才会有奋斗和努力的方向和目标。刚才你给我描绘了一个令人神往的非常美好的场景，如果真的可以过上这样的生活，我相信肯定会是一件让人非常快乐的事。我想知道在你身边，你的同学中有人过着这样的生活吗？"

小伟侧着脑袋想了一会儿，回答道："好像没有人是这样的。"

我再问："那么你见过这样生活的人吗？或者听说过这样的人吗？"

他沉默了一段时间，说道："我也没见过这样的人。但是在电视、电影中应该见过的。"

我接过他的话说："那就是说在现实生活中，你还没有见过一个活人是如此这般地过着神仙一样的生活。那你的这个美好生活的原型是从哪里来的呢？"

小伟再次陷入沉思中，支支吾吾地说："是从不同人身上拼凑来的……是好几种人的美好生活的组合。"

我告诉小伟，有时候目标难以实现，不是因为这个目标本身有难度，而是这样的目标在现实生活中根本就不存在。打个比方说，有人说要像李嘉诚一样有钱。李嘉诚的财富是可以定量的，是可以被计算出来的，所以这个目标是可以达到并实现的。但如果说要过神仙一般的生活，这个目标就是虚无缥缈的，是无法实现的。我让小伟明白，刚才他给我描述的生活就是这样一种无法实现的美好愿望。

通过咨询，小伟渐渐意识到自己所向往的那种生活是不现实的，如果自己继续抱着这个虚幻的理想不放，不但永远不可能得到，而且还会一直沉浸在自己理想不能实现的焦虑之中。焦虑会使他丧失对现在已经拥有的美好生活的体验。只有我们将目标设定得更有现实意义，并能为此行动，才会使我们接近目标。

王颖说：

在面对一个和现实有着很大差距的愿望时，我们与其怨天尤人、愤世嫉俗，不如好好地去思考一下这个愿望到底能否通过自己的行动来实现。如果是可以实现的，我们就要去行动；如果是不能实现的，我们就要对愿望及时地进行调整，使它成为可以实现的目标。只有当目标和行动力匹配的时候，目标才能称之为目标，理想才能称之为理想，而不是幻想。

作为父母，我们给孩子的生活也要量力而行。如果牵强地生活，孩子会感到窘迫感、窒息感，更甚者还会陷入攀比、嫉妒、抱怨中，进而产生心理问题。

谭秦说：

我们经常说每个女孩儿都做过公主梦，最早是谁告诉女孩儿"公主"这个形象的呢？又是用什么方式帮孩子不断建构这个"公主"形象的呢？

案例中的小伟，就像有公主梦的女孩儿一样，他是一个有"王子梦"的男孩儿。可每一个成人都知道，那是一个梦。对于一位16岁的少年，仍然沉浸在这样的思维方式和价值判断中，不得不说这是一件遗憾的事。但值得感恩的是父母及时发现了问题并加以干预，在心理咨询师的帮助下，开始了实质性的改变。

在孩子小的时候，父母都有一些对孩子未来的设想。觉得他是这个世界上最好的孩子，值得拥有这个世上最好的东西。于是我们一股脑地把我们的这种爱倾注在孩子身上，以至于让他觉得这些爱来得如此容易，并且如此应当应分，甚至觉得父母应该更爱他一点，或者应该按照"不是你觉得，而是我觉得"的方式来爱我。

我们养育孩子是在为他们提供"成长的机会"，在现有的环境中拉着他们的手，一步步地领着他们或者鼓励他们去触摸这个世界，帮助他们与之深刻互动。我们感动于父母对孩子"无私的爱"，但更希望看到爱中的"节制"。希望家长转变爱的模式，从孩子小时候起，让孩子走在自己的路上，去磕碰、去疼、去哭，家长要做的就是帮助他们知道这个过程中哪些是梦幻，哪些是你能创造出的环境，哪些是可期的未来。

关键词：公主梦，白日梦，时尚，物质支持，环游世界，贵族学校，成功路径，节制。

07. 不可或缺的生命教育

北京某中专学校的两位花季少女，时常在一起感叹生活没有意义，某天两人便都起了想死的念头。应好朋友张英的要求，先由身体较壮的李娜将怕疼的张英弄死。但在"用手掐、用皮带勒"都没成功后，李娜拿起水果刀向好友胸部扎去，张英因失血过多而死亡。

被告人李强与被害人王某是同班同学，去年两人因高考成绩不理想，感到生活无望，便约定自杀。2005 年 6 月 24 日凌晨，两人在被告人李强租住的房间内，被告人李强在帮助被害人王某自杀后逃离现场。包头市中级人民法院对帮助同学自杀的被告人李强，进行一审宣判，以被告人李强犯故意杀人罪，判处有期徒刑五年。

......

这样的悲剧一次又一次地重演，面对生命的离去，人们除了感受到无比的惋惜以外，更多的是不解：为什么这些孩子会帮助同学自杀？有什么能比生命更宝贵呢？

我的一位来访者芳芳也差点成了这样的一个"凶手"，但是她并没有感到这样做不对，在老师、同学和家人的压力下，她来到了咨询室，跟我讲述了事情的经过。

芳芳现在读初二，学校是全日制寄宿学校。同一个宿舍的娟子是她特别亲密的朋友，两人无话不说。半年前，娟子和班里的一个男生恋爱后，经常为了感情的事争吵。芳芳看见娟子伤心难过、经常在宿舍哭泣，但是自己除了倾听她的委屈以外，却无能为力，芳芳觉得自己一点儿忙都帮不上。有一天，娟子痛苦地告诉芳芳，自己不想活了，自己的男朋友居然喜欢上了别的女生，要和自己分手。娟子说，没有他，活着也没意思了，现在这么痛苦，还不如死了算了，起码一了百了，不会再有心痛、失眠的痛苦。说完后就抱着芳芳痛哭起来。我问芳芳当时的感受，她说："我非常内疚，很想帮她，可我又没有什么办法。"过了两天，娟子告诉芳芳，自己已经彻底想明白了。娟子跟芳芳说，自己已经买了安眠药，准备自杀了。希望作为最好朋友的芳芳能在她死后把遗书分发出去，让大家都知道那个男同学是"杀人凶手"，是他逼死自己的，要他一辈子都记住自己。娟子计划在晚饭后吞下安眠药，告诉芳芳如果自己晚上8点没有反应，就代表自己已经死了，就可以把遗书发出去。当天6点晚饭过后，娟子真的吞下了十片安眠药，躺在床上准备"长眠"。

过了不久，娟子家人有事找娟子，要把她接回家，娟子就跟着家人走了。芳芳看着娟子的家人把她接走，却没有告诉她家人娟子已经吞服安眠药的事，只是安静地等着时间的到来。到了8点，她就按娟子走之前的交代把遗书发给了许多同学。同学们被吓得手足无措，连忙通知学校，并给娟子打电话。这时候的娟子由于药力作用已经昏昏入睡，根本听不见电话铃响。校方非常紧张，过了大半个小时才联系上她的家人，家人立即把娟子送进医院进行抢救。幸好吞服的药量不大，抢救及时，娟子的性命保住了。大家知道娟子没有生命危险后，都把矛头指向了芳芳。同学们谴责她没有人性，居然看着自己的朋友自杀见死不救，骂她是冷血动物；校方严厉批评芳芳的这种行为，并且在大会上公开表示要对芳芳处以重大违纪处分；老师看见她也没有好脸色，所有人都在背后议论着她。

各种流言开始在校园传开：猜测芳芳其实是第三者，故意想娟子死，想抢她男朋友；也有的猜测芳芳嫉妒娟子有男朋友，因为自己长得难看没有男朋友，因而在娟子自杀前后都没有通知她家人或老师，就是一心想娟子死。

面对来自各方的猜测和责骂，芳芳觉得非常委屈：自己只是在帮朋友，有什么错？娟子每天都这么难过，她要选择去极乐世界以了结自己的痛苦，我没有喂她吃药，我只是帮她分发遗书而已，又不是我怂恿她自杀的，难道自己这么帮朋友有错吗？她想：你们不理解我，但是娟子会理解我的，等她回来以后大家就会明白的。

过了几天，当娟子出院再回到学校的时候，芳芳主动问娟子身体如何。出乎芳芳的预料，娟子对芳芳没有一点的感谢，反而恨她把遗书发了出去，造成自己这么难堪的局面。大家都知道娟子是因为失恋而自杀的，那个男同学无法面对老师和同学，只能转学，娟子再也没能见到他。面对同学老师的议论和心上人的突然离开，娟子非常憎恨芳芳。因为是芳芳的行为才使自己沦为大家的笑柄。因为压力太大，娟子只上了一天学，就休学在家了。芳芳原以为等娟子回来以后一定会感谢自己的仗义并且会帮自己向大家解释的，结果大家看见因为这件事有两个同学都离开了学校，对芳芳的谴责更是有增无减。芳芳在学校再也没有办法面对大家了，更不能正常学习，最后开始逃学了。

面对满脸愁容的芳芳，我的心有些颤抖，芳芳对失去生命的漠然，对诚信的曲解使我非常诧异。我们开始讨论生命的意义，在她的世界里，生命就像很多港台电视或言情小说里面描述的那样，应该有非常多的朋友，有多姿多彩的生活，有刻骨铭心的爱情，否则生命有什么意义？当我知道她对生命是这样理解的时候，就能清晰地了解她这样行为的理由了。在芳芳的认知里，娟子没有了刻骨铭心的爱情，她的生活已经没有意义了。所以，芳芳认为娟子继续生活下去也只有痛苦了，而帮朋友摆脱痛苦是好朋友义不容辞的责任，有这样一个错误的认知必有这样一个错误的行为。于是，我们从调整认知开始，在讨论中芳芳明白了，多姿多彩的生活并不是她这样歪曲的理解：有漂亮的衣服，和好朋友去旅行，在酒吧里面随着音乐轻歌曼舞，在夜幕下畅谈理想。真实的生活首先是我们能自食其力独立生存，其次是能够将关爱给予亲人和朋友，同时自己也能感受到被接纳和关爱，最后是我们通过努力去实现自己的梦想。

接下来的咨询我们开始讨论挫折。无论是爱情，还是学业、工作，都有可能遇到不如意，如果面对不如意我们选择逃避的话，这些不如意也依然会存在，它并不会因为我们的逃避而消失。而死亡是最大的、最消极的逃避，并且死亡使一个人再也没有机会去战胜困难，同时它也是对亲人实施的最大伤害。

两个月的咨询快要结束时，芳芳的一席话使我感到极大的欣慰："王老师，我的逃学和娟子的自杀是同样的逃避。如果我一直逃避下去，我将永远没有机会实现我当一个著名作家的梦想。我要回到学校去学习，即便同学们可能还会谴责我，我也要勇敢地面对。"

王颖说：

今天的孩子大部分都接受了积极的、正面的教育，诚信更是社会正在积极倡导的，但对诚信的理解似乎并没有一个准确的解释。青春期的孩子渴望获得深厚的、真挚的友谊，渴望在群体中得到认可，更渴望得到好朋友的赞许和信任。芳芳没有更好的办法去帮助好友摆脱痛苦，她采取了认同好友解决痛苦的方式，并盲目接受了"信任"和嘱托，这些做法显现出青春期孩子的不成熟。而当自己不成熟的行为被误解和歪曲时，又无力摆脱困境，就采取了逃避的方式。逃避可以让一个人暂时安全，但不能真正地解决问题，勇敢地面对才能获得真正的安全。

青春期的时候，孩子们的友谊从广泛的友谊向小团体的友谊发展。如果我们发现孩子和某一个同学形成了一个固定的一对一的友谊，并且每天的话题也都围绕着这个同学，情绪的波动也是随着与这个朋友的互动关系而起伏，变得没有自我，以他人为中心的时候，我们就要警觉了。因为一旦两个人中有一个人改变了交友模式，不再你中有我、我中有你时，另一个孩子就会因关系失衡，感到被抛弃、被否定，进而会产生心理问题、精神问题，乃至会用自伤、自杀来解决内心的痛苦。

如果我们的孩子有类似的交友方式，一定要引领孩子去参与更多社会活动，为其创造更多的结识新朋友的机会，不把自己的喜怒哀乐固着在别人身上，懂得友谊不是契约，友谊是水到渠成，友谊不是用丧失自我来维系的。

谭秦说：

我曾经去少管所做教育服务，和那里的孩子聊天，了解他们的过往。让我很难过的是，其中很多孩子是出于"好心"而酿成的悲剧。甚至当他们被定罪的时候，他们还是不解的、迷茫的，不知道自己从哪里开始就做错了，以致出现了这样的结果。

整个社会的法制教育在逐步完善，但不得不说，未成年孩子的"普法教育"还任重道远。当他们理解能力还有限的时候，他们对这个世界的认知本身跟真实的世界就有差异；我们也无法用清晰的司法解释让他们明白法律的边界在哪里，什么可以做，什么不可以做，什么事看起来好像是好的也不能做。这不仅是教育的重点，也是教育的难点，需要家庭教育、学校教育、社会教育的默契配合。

在中国人的文化中，死亡是人们不愿谈的话题，所以很少有人给孩子进行恰到好处的生命教育。身边的亲人离开了，我们会怎样跟孩子解释这件事？怎么跟他讨论生命，谈论死亡？大人的成长中原本就缺乏这方面的教导，也不知道要怎么教导孩子，这是"家庭教育"阶段会遇到的难题。

生命教育是我们多年缺失的内容，我们可以从身边的事情做起：比如家里宠物死了，和孩子一起处理动物尸体，掩埋，纪念，遗憾它的离开，感谢它带给我们的回忆。不因为它是宠物就轻视生命的存在，也不因为它是我们喜欢的宠物就过分地悲伤，而忽视生命的规律。再比如在电视上看到主观的自杀、客观的被害、不可预料的事故和灾难，我们可以跟孩子讨论死亡的意义，讨论死亡对身边人的生活会引发的变化，以及身边人的感受和心情……

这些看似微小的事情中蕴含了极为重要的生命教育——生命是极为宝贵的，不应该在任何事情面前被比较，被量化，甚至被放弃。通过生活中真实的讨论、经历和思考，也能矫正很多孩子认知的偏差。

关键词：侠义，死亡，家庭教育，社会教育，普法，生命价值，文学，意义。

伴 随着生理的成熟，青春期的孩子逐渐意识到自己是一个独立的人，产生了强烈的成人感，父母要接纳孩子长大的事实，在教育孩子的过程中，父母保持观点和行为的一致，多倾听少指导，多理解少质疑，构建一种互相尊重、互相信任、互相平等的愉快的交流模式。给孩子思索的空间、隐私的空间，给孩子自主活动的时间与空间，让他们在亲子的人际距离上没有窒息感。要培养孩子的独立性，大胆地让孩子在学习、劳动和生活中独立活动，让他们独立自主地克服并处理自己能解决的困难，锻炼其心理承受能力。

青 春期孩子成长本身是很自然的一件事，世上本无平顺的人生，成长中的孩子一定会遇到种种挫折。

亲 爱的孩子，无论喜悦或烦恼，请你记着和父母分享，因为成长是建立在因了解而理解的基础上，一旦彼此理解，成长其实是一件快乐的事情。

亲 爱的家长，如果孩子是一朵花，那么青春期就是一朵花的蓓蕾期。幸福的家庭是培育花朵的肥沃土壤，请给予孩子幸福的力量，花朵绽放也就指日可待了。

第六章

家庭

给孩子幸福的力量

01. 爱是无条件的

一天下午，我接到王琪妈妈的电话，她言语中充满了恐惧，而恐惧的对象就是她的大儿子。她告诉我，王琪在出生不久得了一种怪病，五官长得扭曲和难看，到五六岁的时候病情得到控制，但是从此王琪就长了一张"怪物"一样的面孔，受到周围孩子和老师的嫌弃，而一向漂亮要强的妈妈更是觉得这个儿子让自己丢人，感到在邻居和同事面前抬不起头。在王琪8岁的时候，妈妈又给他生了个弟弟，弟弟的健康成长给妈妈带来一些安慰，但是王琪就像妈妈生活的一个污点一样让妈妈时常感到忧伤。作为亲生的母亲，又不能对他弃之不管，还是对他尽了抚养义务，带他四处求医问药，送他上学。当妈妈在工作上或者生活上不顺心时，往往会迁怒于王琪，对他又打又骂，甚至骂他"你为什么不去死呢""我怎么生了你这样的怪物"，事情过后，她又后悔不该这样伤害孩子。

随着年龄的增长，外貌有缺陷的王琪，在学习上却总是名列前茅，为自己赢得了一些自信。看着王琪一天天长大，身体一天天长高，妈妈开始有了一种莫名的恐惧，她常常会关注媒体上一些有关心理有问题的孩子杀害亲人的报道，总是担心长大的王琪会报复她。从王琪上高中以后，妈妈的目光就不敢长时间地在他身上停留，不敢和他对视，甚至不敢单独和他待在家里，害怕他突然爆发，把她杀掉。回想这么多年她对王琪的伤害和厌恶，感到自己确实不是一位合格的母亲，她觉得王琪完全有理由恨她、怨她、杀她。这种恐惧随着高考的一天天临近不断加剧。她偶尔从王琪看她的眼神中似乎捕捉到了一些什么，让她不断坚信自己的这种想法是合理的，随即开始发展到晚上睡觉时担心被王琪伤害，变得夜不能寐、噩梦不断，没有办法摆脱。当王琪稍有一些异常举动时，她就在丈夫和小儿子面前对着王琪歇斯底里地大喊大叫，整个人像着了魔一般。恐惧、焦虑和矛盾折磨着她，最后她不得不带着王琪走进了工作室。

坐在沙发一角的王琪，像一只受惊的小鹿。他用一种无辜的、充满期待的眼神看着我，双手捧着刚刚在外面填好的表格，两只脚紧张地互相蹭着。我尽量让自己平静地看着他，微笑着对他说："王琪，你好！很高兴你能够走进我的工作室，听妈妈说你是个学习非常优秀的孩子，也很懂事，还能够帮爸爸妈妈照顾弟弟。这些事情都说明你是个好孩子。"

王琪羞涩地点了点头，把表格轻轻地放在了桌面上，两只脚也停止了磨蹭。

我接着说道："你做过心理咨询吗？"

王琪摇了摇头，用很重的语气对我说："没有，从来没有。"

"那么，你认为心理咨询是一个什么样的过程呢？"

听到这个问题，王琪用左手攥着衣角想了一下，对我说道："就是帮别人处理一些心理上的困惑吧？我也不太清楚。"

看到他可以去思考，我对他说："你的理解很对，我们的工作就是和来访者一起来应对他们内心的困惑，而且这些困惑是他们自己没有办法处理，周围的亲朋好友也没有办法帮助他们解决的。"

看着他不住地点头，我能感到咨询室的气氛已经变得轻松。于是，我问道：

"你能告诉我，在来这里之前，妈妈是怎样对你说的吗？"

王琪回答："妈妈说快要高考了，怕我学习压力太大，怕我有什么心理问题，就说带我来看看心理医生。"

我说："是这样啊，看来妈妈是很爱你的，关于高考压力的问题，每天都会有很多和你同龄的孩子走进工作室来寻求帮助。那我想问一下，对于高考，你是怎样看待的？"

听到这里，王琪的脸上充满了自信，他说："要说压力，每个人都会有的，但是我觉得没有压力就没有动力，高考本身就是一个万人过独木桥的竞争嘛。"

"对于压力，你能有这样的正确认识，而且还能把压力变为动力去积极应对，我觉得很不简单，能告诉我你的高考计划吗？"

王琪说："我喜欢化学，我想考化学专业，而且我想考北京的大学，以后毕业后在实验室做化学研究。"

我对他点点头，接着问道："那你的想法和打算都和谁去分享过？"

这时，王琪像做了错事的孩子，立刻低下了头，用一种只有他自己能听见的声音说："我没有朋友。"

稍微顿了顿，我又问："那和家里的人呢？"听到问家里的人，王琪抬起头看了看我，摇了摇头，然后深深地叹了口气说："没有过。"

"那你想表达吗？"

"想，真的想。"

"当我们有一些自己的想法和打算的时候，我们都希望得到周围人的建议或肯定，是什么阻止了你去表达？"

"我不敢！"

"能告诉我你担心什么吗？"

"我怕他们说我傻，笑话我。"

"他们是谁？"

"是我妈。"王琪想了想，接着说，"我妈总说我傻，她经常笑话我，用很难听的话骂我。所以我从来不敢和她多说话。"

我又问："那当你和妈妈单独在家的时候，你们说话吗？"

"平时很少有我和妈妈单独在家的时候，偶尔爸爸加班或者弟弟外出补课，我们会一起在家，但是很少说话。"

"这个时候你一般做些什么呢？"

"我害怕妈妈趁他们不在家骂我，就躲在自己的屋子里写作业、看书，不敢出声。"王琪说。

"能告诉我，你怎么看待妈妈所做的一切吗？"

这时王琪表现出了意想不到的平静，他看着我，缓缓地说："其实，我妈真的很不容易，我知道我的丑陋给她丢了脸，让她抬不起头，但是我妈从来没有说过不管我。我觉得她有时候骂我、打我，都是因为她情绪不好，没有办法控制自己。再说，哪有妈妈不打儿子的呢？"

"从什么时候，你和妈妈开始疏远的呢？"

"我不清楚，从去年开始，我妈就不怎么接近我，我不敢看她或者待在她跟前，我真的不知道我做错了什么，妈妈这么疏远我。"

"为了改变这种疏远，你做了些什么？"

王琪继续说："我常常在想，是不是我妈不想要我了，但好像又不是。我就试着帮我妈干些活儿，想让她知道我想帮她。"

"那结果呢？"

"我妈总是说我笨手笨脚的，不让我干活，除了书本，别的东西不许我动。"

"那你是怎么和妈妈表达你内心的这种矛盾和担心的呢？"

"没有想过。"王琪说，"这么多年来，我从不敢主动和我妈说话。"

"你怎么看待这件事情呢？"

"我妈是个好人，就是脾气不好，我不想让她生气，她不和我说话的时候，我不敢主动和她说话。"

多好的孩子啊！也许在我们看来，王琪的妈妈不是一位合格的母亲，至少她没有在内心接受这个外表有缺陷的孩子。但在王琪的心目中却没有这么认为，他觉得母亲的打骂和疏远仅仅是"脾气不好"的无奈之举，不要说仇恨，连一点对母亲的抱怨都没有，我不禁为这个孩子的话语和胸怀所感动。

接下来我们谈到了妈妈恐惧和疏远他的真正原因，王琪非常震惊，一再表示他从来没有把母亲对他的打骂记恨在心，更没有过要报复母亲的念头，他以为自己不主动说话会减少母亲的动怒和生气，没有想到结果适得其反。

在澄清事情的真相之后，我问道："如果现在妈妈就在你面前，你想对妈妈说些什么呢？"

看着我鼓励的眼神，王琪想了想说："我想对她说，让她别怕我，我不会伤害她，等我考上大学，有了好工作，还要挣钱给她花。"

我又问他："那你能亲口告诉妈妈你爱她，告诉她你内心真实的想法吗？"

王琪犹豫了一下，对我点了点头，我给他5分钟的准备时间，让他想好怎样对母亲说，并想象一下妈妈就在他面前，让他把自己想说的话说出来。

在咨询快要结束的时候，我请王琪的妈妈走进咨询室，让王琪把刚才练习的话向妈妈说出来。只见王琪先是忐忑不安地看着妈妈，又转过头看了看我，才一字一句地说出了下面的话："妈，我知道我让你在外面很难堪，但是我从来没有觉得自己低人一等，我要好好学习考上大学，等我以后工作了，我挣钱给你。我从来都没有恨过你，我知道你打我都是因为我做错了事情，我不想让别人看不起我，所以我一定要考上大学，我向你保证。"此时的妈妈已经泣不成声，她一把抱住王琪失声痛哭，王琪也紧紧抱住了妈妈，恐惧和担心一扫而光，剩下的只有王琪的拳拳赤子心和妈妈的眷眷慈母情。

接下来的咨询中，通过行为训练和认知结构的调整，母子之间的隔阂不断减少，母子之间的沟通也越来越多，王琪的状态不断改善，妈妈的失眠症状也不复存在。两个月后，王琪顺利考入了自己理想中的大学，开始了人生新的征程。

⚇ | 王颖说：

从出生的那一刻开始，孩子和父母之间就签订了一生的无悔契约。幼年期的亲子关系将影响孩子人格的发展与形成，父母作为孩子最早的"重要他人"，他们传递的是非曲直和喜怒哀乐，会让孩子从中感受到自己是否可爱，是否被接纳。如果在亲子关系中，孩子常常感到的是被否定，他们就会不知所措，迷失自我。同时，孩子还会感到自己是不好的，是不被世界接纳的，是倒霉的。有甚者会迁怒于父母，认为是你们让我的世界如此不堪。不但不会感激父母的养育之恩，还会埋下仇恨的种子。

稳定的客体关系是孩子建立安全感和自信的基础。爱孩子从接纳他开始。爱自己从接纳生活给予自己的所有开始。

谭秦说：

在现代文明中，我们竭力地推进一种"反物化"，我们拒绝物化女性，拒绝物化生命。但是当我们回到家庭这个"隐私"的机体时，不知不觉地还是陷入这样"物化"的陷阱中。那个呱呱坠地的婴孩，是我的一个所有物，应当按照我的设想健康成长，遗传我所有优点，带着天使的特质，并且按照我的规划一步一步走向成功和辉煌。

"物化"的心思像一个魔鬼，不断地在我们的头脑中跳出来，每当生活有一点不如意的时候，每当孩子不符合期待的时候就冲出来，改变我们原本平静的心。其实生活中，很多事情是我们无法改变的，唯有怀着感恩的心，并且在当下的处境中生发另一种成长，才能在那种无法改变的"绝境"中开出璀璨的花。但可能是因为孩子是从我们身体里出来的，所以我们就会不自觉地把他们当成附属物，生命延展的一部分。我们可以接纳自己以外的所有不如意，但是无法接受自以为完美的"本我"出现一点点瑕疵。这是人性深处的一种骄傲，一种不客观和不理智。

孩子小的时候，对世界的所有认知都来自于身边人的反应，就好比我们原本无法界定相貌本身是美是丑，而从别人的称赞中觉得自己是美的，从别人的厌恶中觉得自己是丑的。在此基础上形成美丑的标准，也形成美丑的价值观，以及对待"缺陷"的态度。文中的王琪实在是个懂事的孩子，自身的缺陷没有让他自暴自弃，若是家长和他保持正常交流、沟通，这些好好学习、帮助父母的优点会让他更加自信，也会成为家长的安慰和骄傲。

培养孩子的心性，就像养护镜子。如果我们希望孩子知道感恩，就给他一面感恩的镜子；我们希望孩子看到阳光，就给他阳光的镜子。接纳现实，并接纳那个从我们而出的孩子，由此带来的力量会超出生理遗传的力量。爱一个人一定是从接纳他开始，一个生活在爱和包容中的孩子，心里会有无穷的力量，不需要分散精力去掩盖那些自己无力改变的部分，而是把全部的精力都用在擅长的地方，在时间的浇灌下，终有一日会带给我们惊喜。

> 关键词：生理缺陷，接纳，打骂孩子，安全感，自卑，自信，报复，恐惧，沟通，亲子关系，鼓励，感恩。

02. 爱不能用物质来衡量

高勇是正在读大一的学生，因为抑郁症前来求助，在学校心理辅导老师给我的转诊单上这样写着："抑郁状态持续 3 个月以上。无法自我缓解痛苦；近期已经开始出现上课注意力无法集中，对各种集体活动无兴趣等表现；社会功能受损严重。初步诊断为中度抑郁。"

第一次在咨询室见到高勇的时候，抑郁的症状基本上都写在他脸上，落座之后，我问他："听心理老师说你最近几个月的状态不好，具体是从什么时候开始出现这种情况的？"

高勇慢吞吞地说："从上大学开始就是这样的。"

我说："就是说从去年 9 月到现在都是这样，对吗？"

"对，基本上是这样的。"高勇说。

"现在是 5 月份，从去年开始有差不多 8 个月的大学生活，你现在跟我描述一下这8个月大学生活的经历和感受。"我说。

高勇问道："怎么说呢？"

"怎么说都可以，就像命题作文一样，题目是《我的大学生活》，你想怎么说就怎么说。"我说道。

高勇开始讲述："我家在陕西农村，去年高考，我们村就我一个人考到了北京，还是本科，我爸我妈非常高兴，因为我给他们带来了荣耀，在我们那里考上北京的大学是光宗耀祖的事情。当时我爸在村里人面前夸下海口说，就是砸锅卖铁也要供我读大学，还说只要我有能力往上考，他还要供我读研究生，可是我上学后却不是这样的。"

"是什么样的呢？"我问道。

"上大学后，我才知道原来自己和别人的差距那么大，从开学报到的第一天我就感觉到了。我的行李只是几件衣服、几本书，装一个包就够了。别人都是大包小包一大堆，别人的桌上放着电脑、零食、光盘，我的桌上空空荡荡的，别提多寒酸了。从上大学第一天起我就觉得特自卑，每次打电话问家里要钱，我爸都让我别乱花钱，节省节省再节省，我特郁闷，感到很生气。"高勇一边说，一边一脸委屈地看着我。

我问他："当爸爸让你生活上注意节俭的时候，你感到很生气，生气的原因是什么呢？"

"他当时说得好好的，砸锅卖铁也要供我上大学，现在却不肯多给我一分钱，这不是明摆着骗我吗？我当然生气了，我那么努力地考上大学，给他们脸上争了光，都是为了他们。我在高中时候拼命地学习，现在考上大学了，他们却不肯多给我钱，让我在学校过苦日子，我当然生气了。"高勇愤愤地回答道。

"哦，你好像觉得自己上当了，上大学前父亲的承诺没有兑现，让你为此感到非常气愤，觉得自己给他们争了光，现在不应该过这样的苦日子。我想问一下，你说的他们不肯多给你钱，让你生活得好一些，什么样的生活你认为是好的生活？"我说。

高勇说："就是能和其他人一样，至少能够有自己的电脑、手机什么的啊，还有就是能有一些好衣服吧。我现在学英语用的还是以前上高中时用的复读机，没有自己的电脑，衣服也不是什么品牌，每次班里组织郊游，我都觉得特难受，有时候都不想再念下去了。"

我接着问："你刚才说自己的家在农村，我不知道家里每年的经济来源是什么?"

"他们种着不到十亩的责任田，每年种些粮食、药材什么的，还养了三四头猪，家里的收入就是这些了。"高勇说。

我接着问："如果当时你没有考上大学，你的生活将是怎样的?"

高勇想了想说："就像我那些没有考上大学的同学一样，要不和爸妈一起干农活儿，要不在县城打工，我们那里工资很低，每个月就五六百块钱。"

"那样的生活你能接受吗?"我问。

"不能，如果那样的话，我这一辈子就完了，太没有意义了，就算是最后当了厂长，也不过是井底之蛙。"高勇说。

"那你对自己人生的规划是什么?"我问。

高勇说："大学毕业，如果有条件就考研，如果不行就先工作两年，攒点钱再继续深造，以后找个好点的工作，争取能够留在大中城市，彻底摆脱农村生活。"

听到这里，我说："我感觉你是一个有志向的人，你重新思考一下，上大学是为了谁?"

高勇低头想了想说："是为我自己。"

"现在我们试着从另一个角度想一想，经过刻苦的努力，你考上了理想的大学，并不全部是为父母，更多的是为了实现自己的梦想。"我说。

"嗯。"

"当你埋怨父母不够爱你的时候，你为他们做了些什么?"我接着问。

高勇摇了摇头，看着我，眼睛里充满了愧疚。

我说："根据你父母的生活状况，我们是否应该考虑到他们的实际能力?"

高勇点了点头，并说："是这样的，当您刚才问我家里经济收入情况的时候，我就开始觉得自己有些过分了。"

"你这样要求父母，你的周围有没有类似的参照物？"

"有！"高勇说："我有一个表哥，比我大1岁，是我大姨家的孩子，他在天津上大学，虽然他上的是专科，但是我大姨和姨父省吃俭用，每次他回家都给他很多钱。表哥3年换了两部手机，我现在用的就是他以前的旧手机。他们家情况和我家差不多，所以我觉得大姨能做到的，我妈为什么做不到？"

"有这样的比较，你感觉内心不平衡，可以理解。但是从客观的角度来看，大姨的做法并不是一种正确的表达爱的方式，用自己的节衣缩食来换取孩子的享受，我认为这样无论对你大姨全家还是对你表哥的成长，都是不可取的。"我说。

"对，在家的时候，他们家经常做两种饭，好的留给我表哥吃，不好的大姨他们吃，我们都看不惯。"高勇说。

"你选择的参照物是一个不良参照物。当你对自己的经济状况不满意，有那么多愿望想得到满足时，除了向父母要钱，你为自己做了些什么？"我问道。

高勇想了想说："开始，我也想过像别的家庭困难的同学一样，去勤工俭学，但是我怕耽误时间，影响学习。"

"他们勤工俭学时，你是在学习吗？"

高勇挠了挠头，说："没有，我有时候看杂志，有时候上网。"

我接着说："我们常常说，父母的爱是没有标准的，当我们要求他们更爱我们的时候，我们一方面要考虑他们的实际能力，另一方面要反思，我们是否能为他们做些什么。"

高勇一边点头一边说"对"。

我接着说："当我们认为自己的生活不理想的时候，作为一个成年人，更应该问问自己，为什么我的生活不如意？我为实现自己理想的生活做了些什么？只有这样，才能让自己从无奈的牢骚中走出来，用积极的行动去解决现实中的困难。"

在接下来的咨询中，我们探讨了高勇的成长经历，寻找了很多不良认知的观念，让他得到彻底的澄清和梳理。在高勇对真实自我和现实生活有了客观认识之后，他的不良情绪越来越少，人也变得自信了许多。高勇开始积极地寻找勤工俭学的机会，用自己的实际行动实现自己的理想，把握自己的生活。

👤 | 王颖说：

爱没有标准，衡量父母是否合格也没有标准。当我们渴求父母给予我们更多爱的时候，我们应该客观地考虑他们实际的承担能力，同时也应该反思自己是否爱他们，理解他们，善待他们。我们期待父母给予我们更多的物质，让我们过更滋润的生活时，如果你是个儿童，有这样的想法不是错，大家都能理解一个孩子无法想象父母生活的艰辛。但如果你是一个成年人，有这样的超出现实的期待并为之抱怨，就一定是你的心理出现问题了。作为一个有劳动能力的当代大学生，对于自己的一些物质愿望，除了向父母伸手外，是否可以通过自己的勤工俭学去实现？我们无法选择父母，但我们可以改变命运，抱怨、颓废改变不了自己的处境，只有奋发学习，让自己更有价值，才可能拥有我们想要的生活。

👤 | 谭秦说：

生活给我们的难题之一，就是很多重要的东西诸如爱情、成功、幸福，都无法量化。这让无论是受过高等教育，还是目不识丁的人在这样的难题面前都感到特别困惑和迷茫。随着大学扩招和城市化进程加快，大量人群涌入城市，进入一个跟自己原来的生活环境迥异的环境之中。这些人看到身边的人过着那样舒适安逸的生活，再回头看看自己的成长环境，相比较之下就生出几许"自怜"。

对于成年人来说，即便没有看到这样的比较，可能也在别的领域、别的方面明白了人与人之间、环境与环境之间原本的不同。但是对于一个刚进入城市，开始探索这个世界的农村学生来说，难免因落差巨大而感到灰心丧气，甚至怨天尤人。在高勇看来，考上大学是为父母争光，所缺失的一切都应该由父母弥补，但他忘了自己家庭的经济状况。

我们无法选择命运，但是用什么样的心态看待这一切，用什么样的行动去改变这一切，决定了我们未来的幸福度。在这段宝贵的时光里，我们不仅要合理规划、勤工俭学、锻炼本领，也要欣然接受那些不能改变的事实，竭力爱身边的人，感恩亲友为让我们过得更好而付出的努力。

我们要相信，在未来还有很多美好等待着我们，只是他们都被裹了一层看起来坚硬无比的外壳，需要我们付出努力和时间，付出勇气和耐心才能打开。你是否愿意鼓起勇气，耐心地拆开这些看似坚硬的包装，看看那份属于你的独一无二的礼物呢？

案例中的高勇，若是能越过家境的拮据，越过人前的羞涩，越过对未来的悲观，那么他所经历的这一切都将为他光明的未来添砖加瓦，他的努力也会更有动力，他体会到的价值感也将更加深刻。走过这样一条艰难的路到达彼岸的人，总会比一路顺风顺水的人收获得更多。

关键词：学习必需品，不良参照，物质，贫穷，攀比，内心平衡，勤工俭学，爱的标准，价值感，幸福。

03. 孩子叛逆背后的求抱抱

　　许多上高中的学生都或多或少存在偏科的现象，每到高三上半学期会考结束以后，很多偏科的学生都会兴奋地把自己讨厌科目的教科书通通扔掉。晶晶也是一名偏科的学生，在读初三的时候，她就已经听说读高中会分文理科，心中便窃喜。

　　但等她上了高一，才知道原来要彻底"摆脱"理科还要等到会考以后。晶晶于是很抵触，她说："为什么还要学理科？高考反正也不会考，现在总是浪费宝贵的时间去学这些没有用的东西干什么？还不如把时间都用在文科学习上。中国的教育制度这么不合理，为什么没有人起来反对，起来争取？我就是没长理科的脑子，怎么都学不好理科。"

　　在之前的交谈中，我了解到晶晶的学习成绩一直都是名列前茅，现在就读于某重点高中。自从知道了高中还要读两年物理和化学后，她就产生了不小的变化。据老师反映，最初晶晶是在物理课和化学课上不专心听讲，经常低头看与课堂无关的书，渐渐地开始不完成物理和化学的作业。无论老师怎么批评教导，她也不理会。老师和家长不断地给她做思想工作，比如，一定要好好学理科，毕竟还要参加会考，如果会考不过就没办法拿高中毕业证了，等等。对此，晶晶的回应是："我就不拿毕业证了，我直接考大学，反正上大学又不用毕业证。"家长和老师已经"没招"了，最后想到求助于心理咨询。

在咨询室坐定以后，晶晶对我说的第一句话就是："如果你和他们是一伙的，那就不用说了。说了也白说。"

"我既不是你父母，又不是你老师，所以我不会只关注你是否学习。作为一名心理咨询师，我更关注你现在是否开心和快乐。"我微笑着回答。

"你不是老师吗？老师不是只管学习的吗？"晶晶有些许好奇。

接着，我给晶晶介绍了什么是心理咨询，心理咨询的作用等。知道我并不是要强迫她学习理科以后，她放松了，渐渐跟我诉起苦来。

晶晶说："您不知道我是多么渴望不用学理科，本来我都想好了，上了高中就可以专心学文科，为高考做准备，什么化学、物理都不用再学了。谁知道现在不但要学，而且学的内容比初中还要难。现在我的班主任每天都给我做思想工作，烦死人了。"

晶晶的班主任是英语老师，由于和班主任关系不好，使得晶晶的英语成绩也受到影响。现在不仅是理科成绩不好，连文科成绩也慢慢下降。

"谁让他们老逼我！我爸妈以前从来都不管我，如果不是老师把我不学习的事告诉他们，估计他们连我长什么样都忘记了。"晶晶的话中带着怨恨，直觉告诉我他们的亲子关系一定出了问题。在接下来的几次咨询中，我发现晶晶原来一直处于一种被忽视的状态。

"姥姥说，在我小时候他们就开始在外地做生意。我一直都是和姥姥住在一起。他们只是周末来看看我，给我买点东西而已。直到两年前我姥姥去世以后，他们没办法，才勉强把我留在身边。但晚上基本上都是我自己吃饭，他们说要到外面应酬什么的。我看见同学们都有父母陪伴，尽管有时唠唠叨叨，但觉得也挺好的，至少有人管。但有时候又觉得自己现在也挺好的，没人限制，自由自在的。"

"你对你爸爸妈妈有什么感觉?"

"我恨他们!"晶晶嘴里蹦出了四个字。"我现在学习不好应该是对他们的报应。如果我成绩好,他们就更不用管我了,现在他们整天被老师叫到学校,我觉得挺好玩的,活该!"

"如果你现在各科的成绩都很好,那你爸爸妈妈会怎么样呢?"

"他们又像原来一样,不管我了。"

"哦,那么我发现,原来晶晶学习不好,整天被老师批评,还是有好处的。"我说。

"什么好处?我不知道呀。"晶晶诧异地问。

"因为你学习不好了,你的爸爸妈妈才会在你身边多陪伴你。你觉得是吗?"

晶晶沉思少许,缓缓点了点头。经过我们的探索,晶晶也感到自己学习不好确实是有好处的,这种好处使得她更想坚持不好好学习的做法,因为这种被关注的感觉实在是太好了,这种美好的感觉深深地印记在晶晶的脑海里,影响着晶晶的行为方式。因为晶晶从小缺乏正常的父母关爱,此刻晶晶虽然要冒着巨大的风险,但是好像只有这样才能保持住这份来之不易的家庭关爱。

问题的根源清楚以后,咨询的脉络也渐渐清晰。我们开始涉及晶晶一直回避的学习问题,并进行了具体的讨论。

"王老师,我还是不想学物理和化学。我觉得这跟我想象中的高中生活相差好远。"

"在平时的生活中,有没有类似的事情?一旦发现现实和理想不一样,就开始不想去面对?"

晶晶开始在脑海里搜索,然后说出了很多类似的事件。我明白,这就是晶晶长期沿用的防御方式。所以她不但在学习上会出现问题,而且生活的其他方面也会受到影响。

我告诉晶晶,我们每个人都会有理想化的东西,这些理想都是很美好的。

但是现实不能每每如理想一般。当我们的理想和我们的现实发生冲突时，逃避是一种无能的选择。逃避不能改变现实，只会使你离目标更远。

"那我现在能做什么？"晶晶迷惑地问道。

"当现实不能以自己的意愿为转移时，我们只能接纳现实。任何人遭受这种理想和现实的巨大落差都会和你一样，内心感到难受、焦虑，甚至是愤怒，你的所有感受我都能理解。你可以抨击教育体制，但短时间内并不能改变什么。如果有人以自己的生命相要挟，想去改变这个教育体制。你会觉得这样的人怎么样？"

"挺傻的。"晶晶不好意思地回答。

在以后的咨询中，我逐渐引导晶晶接纳现实。当认知改变了，也就是晶晶对这件事的态度改变了以后，就可以为具体的学习计划做准备了。

"现在你的功课怎么样？"

"都很差，好久没学习了。"

"功课都很差，那也不可能每门都五十分这么整齐吧？或许有某一科比较好，再想想看？"

晶晶侧着脑袋想了一会儿说："英语吧。"

"那好，我们就从英语学习开始入手。"我们计划从晶晶最容易取得好成绩的那门功课开始入手，这样较之不擅长的科目更容易取得好成绩。当她在该门功课上体验到成功的快乐时，就能更好地开始其他科目的学习。

"晶晶，我们现在要用一棵树表示你全部的学习，首先把这棵树的轮廓画下来，然后根据现在的科目把树冠分成相同份数，再在每一个科目的部分细分出这个科目需要掌握的几大知识点，画好以后把这棵树图贴在墙上。每当你掌握了某一个知识点时，就把这个知识点代表的那部分树涂绿，这样你心里就有底了，知道自己干了哪些活儿，还有多少活儿要干，不会因混乱而感到迷茫。"

咨询快要结束时，我告诉晶晶："用自己的力量，及时地行动，你将看到自己的这棵树渐渐地绿起来。"晶晶点点头。我看得出晶晶内心的喜悦。

🙋 ❘ 王颖说:

　　我们看到一些成功人士在外面打拼应酬，把孩子丢给老人或保姆照顾，他们说我们今天的努力就是为了给孩子一个灿烂的明天，其实我们的孩子要的更多的是今天。当孩子本能地呼唤爱而得不到回应的时候，他们就会用不恰当的方式去表达，如社会功能的丧失和学习困难等，长此以往将影响到孩子的身心发展。我们要透过孩子的行为，及时挖掘出他们内心真正的困惑，唤醒他们的行动力，引导他们面对困难，解决困难。孩子的成长只有一次，不要为了一个假想的明天而忽略真实的今天。

🙋 ❘ 谭秦说:

　　虽然说人无远虑必有近忧，但是有些父母为了给自己或孩子的未来准备更丰厚的物质而牺牲了具体的现在，得不偿失。有多少爸爸说为了给孩子更好的生活，所以现在没办法陪孩子；有多少妈妈说为了将来我们能给孩子怎样的生活，所以现在不能带孩子。我们不否认现实的生活中有这样或那样的无奈，但是那些"为了将来"的父母们，真的都是为了将来吗？

　　孩子小时候，有玩儿不完的玩具，每天开心了就笑，不开心了就哭，大部分时间看起来还是岁月静好，毕竟能用钱解决的问题都不是什么大问题。而那些不能用钱解决的问题却已经被深埋，直到孩子长大了，需要深层次的陪伴，需求得不到满足时，他们开始用自己的行为和语言进行反抗，有些家长才忽然发现问题已经很严重了，甚至有些家长在危险信号响起时还毫无察觉。

　　亡羊补牢，犹未晚矣。即便是孩子到了青春期，我们才发现过往在孩子身上所做的一些事儿不恰当，也依旧有改变的余地。从现在开始走进孩子的世界，在他们身边陪伴，听他们内心的真实想法，与他们一起分析问题，鼓励、指导他们前行……每位父母都为自己安装一个能听见孩子心声的耳朵，孩子们的表达或许就畅通许多。

　　没有父母不爱孩子，没有孩子不依恋父母。但当亲子关系不融洽和教育方式不正确时，这份爱和依恋就会遇到阻碍。当我们对孩子的爱加上了很多前缀、后缀的时候，孩子对我们的依恋也开始变得扭捏。尤其是在青春期这个阶段，孩子试图依恋同时又觉得自己长大了，如果孩子小时候根本没有这样依恋过父母，那么这种渴求会变得更不自然，于是就转变成了一种看似"帅酷"的另类表达。父母要学会识别其中真实的声音，再次抱起那个一直渴望拥抱的"宝宝"，拥抱开始，孩子的心灵将被修补，动力将被加强，未来也将被点亮。

关键词：高中分科，亲子关系，家长忙碌，怨恨，重要他人，隔代养育，陪伴，逃避，现实接纳，理想。

---

04. 语言攻击带来的 强力反击

　　张烨是个刚上高一的孩子，最近他和父母之间的关系出现了问题，稍有不顺心就对妈妈大喊大叫，甚至用难听的话来辱骂妈妈。有时候爸爸看不过去就批评他两句，结果反会受到他同样的攻击，甚至有一次他还和爸爸动了手。每次发生冲突后，他都以不学习来要挟父母，要求家长给他买很贵的东西，或者带他到外面吃饭。

　　他的父母为此感到头疼，最近发生的一件事情更是让妈妈伤透了心。原因就是在他写作业的时候玩手机游戏，妈妈只是提醒他，让他专心学习，他就从书桌前站起来，开始冲着妈妈大喊大叫，说妈妈总想控制他，自己本身连高中都没读完，有什么资格来管别人的学习，还非要妈妈给他道歉，要不他就不写作业。正在厨房做饭的爸爸，听到他们争吵就赶了过来，手里还拿着炒菜的铲子，看到张烨不依不饶的样子，便指责他不该对妈妈这样，话还没有说完，张烨恼羞成怒地喊道："看来你们真的是不想让我学习了。"说完转身把桌上的课本和练习册撕了个粉碎，爸爸上去想拦住他，没想到他一把夺过爸爸手中的锅铲，举过头顶，对着父母说："都别动，再敢过来动我，我就打你们。"无奈之下，父母只好又像以前一样，跟他承认错误："只要你能好好学习，你想怎样都成……"最后，张烨提出要求，让妈妈给他买一部新手机，否则他就不再去学校。无奈的妈妈只好答应了。

在进行家庭治疗之前，我先和这个三口之家的每个成员分别进行谈话，在和张烨单独谈话时，我问他和父母之间的关系是从什么时候开始发生变化的。

张烨说："我记得也不是太清楚，好像是初三中考完，暑假的时候吧。在这之前我一直是个很乖的孩子，虽然有时候也会生气，但一向都是敢怒不敢言。"

"哦，你说到了敢怒不敢言，有哪些具体的例子吗？"我问道。

"其实，从小到大，当我遇到不顺心的事情时，我从来都不敢对他们说。"张烨说。

我对此感到奇怪，就接着问："当你遇到不顺心的事情的时候，从来都不敢对你的爸爸妈妈讲，我想其中一定有你的理由，跟我讲一讲你不敢说的理由吧。"

张烨说："因为我只要跟他们一讲，不仅得不到帮助，他们反而要质问我，是不是我不好。即便是一些我认为很自豪的事情，有时也会被他们当成把柄挖苦我。"

"可以举一些例子吗？"我说。

张烨叹了口气说："记得上初一的时候，我参加英语演讲比赛的时候得了个第五名。其实第五名已经很不错了，但他们认为我至少应该是前三名。后来只要看电视有英文节目的时候，我妈就老是讽刺我，说快让咱们家的英语演说家来翻译一下。还有一次，我竞选班长落选，他们知道后，就常常拿这件事情来挖苦我。有时候，我的行为不符合他们的要求，他们就不分场合地挤对我，说'就你这样的，还想当班长'，害得我很没有面子。逢年过节到亲戚聚会的时候我就很紧张，很怕他们讲出一些我的事，让我下不了台。"

"当时，你都是什么感觉，能跟我说说吗？"我低声地问他。

"特难受，觉得丢脸，又觉得很愤怒。"说到这里，这个大男孩眼里似乎有泪水要流出来。

我继续问："那我想问一下，当他们挖苦你的时候，除了难受之外，你是怎样回应的呢？"

张烨无奈地说："我只能是敢怒不敢言啊！我当时小，不敢和他们吵，怕听到更多的恶语，更害怕他们会打我。"

"父母以前打过你吗？"我问。

张烨回答道："上小学三年级之前有时候会打我，之后就没有再打过，但是我一直怕挨打。"

我问："从什么时候开始就不怕了呢？"

张烨说："从中考完之后，有一次我在楼上看电视，我爸爸在楼下打电话，说买了一袋大米，自己扛不动，让我下楼帮他抬一下。到楼下我一个人扛着大米就上来了，当时我爸爸跟在我后面，我觉得自己已经很有劲儿了，再也不怕他们打我了。"

我点了点头，接着说："从搬大米这件事情上，你觉得自己有力量了，那对你和父母之间的关系有什么影响呢？"

"我的同学常常讲，他们在家父母是如何听他们的。他们在家是多么自由，我非常羡慕。我觉得自己已经长大了，再也不能被他们随便欺负了，所以我就改变了原来敢怒不敢言的做法。"张烨说，"后来当他们再说我的时候，我就找出一些让他们也没有面子的事情来说他们。比如我妈在单位一直是普通工人，因为学历太低没有被提干，我就总说她太丢人，连高中都没上过，以后我学习的事情她没有资格管我。我妈很瘦，皮包骨头似的，我就说她像个老巫婆。我爸爸是个秃顶，平时最怕别人说他没有头发，我就故意说他，节省洗发水，还能节省能源。真的把他们搞得哑口无言，即使他们气得不行也不敢打我。"

我接着问："在这种彼此揭短、互相攻击的时候，你其实想表达的是什么啊？"

张烨想了想说："就是想告诉他们我已经长大了，别总是欺负我，老拿我的那些把柄来讽刺我。"

"那攻击完之后，你内心有什么样的感受呢？"我说。

"其实，有时候我觉得自己挺过分的，也有些内疚，毕竟他们是我的爸爸妈妈。但是一想到他们以前那么讽刺我，让我那么痛苦，我就觉得这些都是应该的，因果报应嘛！谁让小时候他们这样对我了。"张烨这样说的时候，脸上的表情非常复杂。

接下来，我在咨询室的写字板上一边画图，一边解释，把张烨与父母的关系呈现出来。虽然这种攻击从表面上看，似乎对抗双方都很有力量，谁都不怕被欺负，但结果却是他们各自带着伤害离开，他们之间的距离越来越远，关系也开始变得冷漠。更重要的一点是，不论哪一方取得"战争"的胜利，彼此都会感到内疚和不安。对于我的分析，张烨表示认可，同时也希望能有一个好的办法来缓解他和父母之间的关系。

在家庭治疗中，我让他们明白了他们之间相互攻击的原因，也明确了张烨对父母态度突然变化的理由。通过情景再现和角色扮演，他们逐渐意识到，长久以来他们之间的交往模式不仅不利于问题的解决，而且还会给彼此造成极大的伤害。张烨第一次表达了小时候被讽刺、被挖苦时的感受，父母感到非常震惊和悔恨，他们从来没有想到，在他们看来一家人在一起时很随便的一个玩笑会给孩子带来如此巨大的伤害。而这种伤害方式又被孩子模仿，用在他们身上，形成一种相互攻击的模式。在父母向张烨道歉的同时，也诉说了被张烨伤害时的痛苦体验。张烨由衷地向父母说了声"对不起"。通过不断的模仿练习和各种各样的家庭作业，他们找到了一种新型的沟通模式，让彼此能够在互相尊重的基础上，合理地表达自己的需要、愤怒和感受，让彼此之间的互动朝着解决问题的方向前进，让家庭关系恢复正常。

🕸 | 王颖说：

当父母用一些讽刺、挖苦甚至暴力的方法对待孩子的时候，孩子一方面感到这些伤害带给他们的痛苦，另一方面也从中学会了这些攻击他人的办法。孩子自身的体验很容易让他们意识到，这些曾经让他们感到痛苦的行为是攻击他人最有效的方式。父母表达不良情绪的方式则会直接被孩子模仿，甚至会在与孩子发生冲突时全部"回敬"给自己。在家庭系统中，父母对待孩子的方式很容易被孩子习得，正确的方式会把爱与呵护传递下去，不正确的方式会将伤害和痛苦代代相传。请父母停止对孩子的语言伤害，在改变中重拾亲情之爱。

谭秦说：

中国人的观念里非常认同"知耻近乎勇"，对一切不够优秀的人，以为用羞辱的方式就能激起他无限的斗志，一飞冲天。这在文学作品和历史典故中屡见不鲜，胯下之辱后的韩信，草间求活的伍子胥，卧薪尝胆的勾践，他们都是被羞辱之后，成就了一番霸业。

在这样的文化背景下，很多人不自觉地加入到这种教育方式中来。有时候是开玩笑的，以为小孩子听不懂这些话，不会当真；也有时候确实是因为父母不能接纳孩子在某一方面的"失败"，把自己的这种无力转换成愤怒，口不择言地一股脑儿发泄到了孩子身上；更多的时候是"继承"了这种方法，以为羞辱能让孩子上进。

可是我们却很少反省，这样做奏效了吗？如果没有效果，是不是下次就不应该用这样的方式了？甚至到孩子出现问题的时候，我们还是不知道为什么会如此。更为可怕的是，这样的养育模式被孩子模仿，不仅成为他们攻击父母的武器，也会成为他们与别人交往时下意识的反应。

孩子小的时候，无论是玩玩具、本领习得，还是社会交往，经常会遭遇"失败"，这样的时候人的本能是"发怒"，作为家长应该积极引导，接纳和鼓励，这样做不仅能保证亲子关系，更能让孩子在放松的状态下学习和成长。每个家庭都应该把爱和美好进行代际传递，而不是传递伤害和愤怒。从我做起，从此刻做起，停止伤害，敞开怀抱，去拥抱那个哭泣的小孩。哪怕孩子已经长得与我们一样高，哪怕孩子看起来已经拒绝跟我们沟通，只要家长发自内心地认识到自己的不足，承认自己做错的地方，给孩子更好的理解和支持，就会凝聚家庭的温暖。

> 关键词：挖苦孩子，打骂，委屈，怒气，有效攻击，认错，距离，冷漠，交往模式，家庭关系，表达，自由。

05. 不要让距离切断亲子沟通

　　刚进咨询室，志宏的妈妈就拉着我的手哭诉起来。在刚刚过去的七天国庆长假，志宏玩了一次"消失"，从 9 月 30 日开始杳无音讯。妈妈打电话问学校，学校说已经放假，打他手机一直关机；妈妈问了他的老师和同学，也都说联系不到他；妈妈甚至到派出所报了案。整个七天假期，妈妈都在恐惧、担心中煎熬着。直到昨天下午长假结束，志宏才背着行李回到家，原来他和几个网友到西藏旅游去了。面对妈妈生气的质问，他竟然说："手机没电了，我觉得自己不会有问题。你不是说我不够独立吗？我觉得这次正好可以给自己一个锻炼的机会，你怎么这么生气呢？"经历了七天不眠之夜的妈妈几乎要崩溃了，带着对儿子的不理解和一腔的苦水来到了咨询室。

　　当咨询室就剩下我和志宏两个人的时候，我让他描述一下他和母亲的关系。

他说："我很小的时候爸爸就去世了，我妈妈一个人带着我生活。不久妈妈的单位宣布破产，我妈下岗了。为了生活，她在批发市场承包了一个卖皮包的摊位，开始做起生意来。从此家里的生活好起来了，我觉得做生意挺好的。"

我问道："为什么？"

"我妈经常让我帮她算账，然后告诉我最近赚了多少钱，让我觉得她的生意挺好做的。我妈还经常给我大量的零花钱。这次去西藏玩，用的都是平时我妈给的零花钱，是我悄悄攒下的。"志宏说。

"哦，你每天什么时间和妈妈在一起呢？"

志宏答道："基本上没有什么时间在一起，每天早上我起来之前我妈已经去市场了，等我晚上9点多从学校回来的时候，她已经睡了，我俩很少有见面的时候。她说我走的这几天她非常着急，我就觉得没有什么啊，我在家的时候不也一样吗？有什么可着急的？我都这么大了，难道还能把自己丢了吗？"

我接着说："也就是说从时间上来看，你和妈妈在平时的生活中几乎没有交点，你和妈妈每天按部就班地上学、放学，去市场、回家，两个人都按照自己的方式生活着，彼此互不干扰，所以你就觉得不管自己是否离开，妈妈都会像平常一样按照自己的方式去生活，是这样吗？"

"对，对，对！"志宏一边不住地点头，一边接着说，"我回来的时候，看到她像发疯了一样，我觉得特别奇怪，听到她说去派出所报了案，还在晚报上登了寻人启事，我就更奇怪了。"

我说："这是天下所有母亲的本能反应。作为母亲，我也有过类似的感受，当孩子突然消失的时候，内心的紧张和担心是无法控制的。你离开家，事先没有任何预知，期间也没有任何联系，周围能联系上的人也都说找不到你，任何一个母亲好像都不能做到正常生活吧？"

志宏想了想说："现在想想也的确是这样的。我从来没有离家这么长时间。不过这次我是为了锻炼一下自己，所以才没有告诉妈妈。我准备回来就不上学了，去市场打工。"

"为什么突然会有这样的打算呢？"我问道。

"我现在上高二，我觉得以后就是上了大学，毕业后也要打工，况且现在的大学毕业生也找不到什么像样的工作。"志宏说。

我接着问："你想得很远，说明你是个有前瞻性的孩子。大学毕业生找不到像样的工作，这个信息你是从哪里获得的？"

"我有一个表姐，去年大学本科毕业了，她学的是计算机专业，但是一直找不到工作，后来托了很多人，费了很大的劲才找到一份工作，不过到现在她每个月才挣 2000 多块钱。还有我们一个邻居也是大学刚毕业，到现在还没有工作，每天在家上网玩游戏。与其像他们那样，我还不如早点出来跟着我妈学做生意呢。"志宏说。

我又问："那你了解你妈妈那儿的生意吗？"

志宏回答："就是跟厂家直接联系，然后低价进货高价卖出呗。卖东西不都是这样的嘛？只要能跟别人砍价，一天下来肯定能挣不少钱。所以我决定长假结束后就不去学校了。如果这样做的话，我还可以帮着我妈挣钱，增加家里的经济收入，减少我妈的生活压力。"

我接着说："从你的描述中，我能够感觉到你还是很爱妈妈的，希望能够通过自己的努力为妈妈减少一些生活负担。但是，对于你要退学打工的想法，我不知道你还跟谁说过？"

志宏坚定地对我说："我明天去学校和老师说，然后去我妈的市场上班。一般我决定了的事情是没有人能够改变的，我会以理服人的。"

我说："好的，那你就去体验一周吧。从明天开始你就跟着妈妈去市场打工，下周我们来看看你一周的经历和感受。"

一周后，志宏来到咨询室，我让他先讲讲过去一周的打工体验。

"简直没有办法忍受，我概括了四个字就是臭、烦、热、急！"志宏脱口而出，俨然一副思考了很久的样子。

我说："那你分别把这四个字的含义来解释一下吧。"

志宏说："臭——就是市场里面根本不通风，里面的每个摊位只有五六平方米，到处都是货，挂着的、堆着的。市场里半层楼全是卖皮包的，一进门就有一股皮包的臭味。烦——就是卖货的时候，很多人都是挑来挑去，让你拿东拿西，砍半天价，最后不买，转身走了，如果一连碰上几个这样的人就会很烦。热——是指人多的时候，热得几乎喘不过气来，害得我每次出去上厕所都觉得外面好凉爽，以至于不想再回去了。急——是指有时候整个上午你一个皮包没卖出去，看着旁边的几个摊位人家不断卖了大件，就会变得着急起来，可是你又不能强迫人家买你的。我真不知道这么多年我妈是怎么过来的。"

"无论是臭、烦还是热、急，我相信你的这些感受你妈妈一定也会有，但是她之所以能够一年 365 天基本上有 350 天都待在那里，并不是你妈妈比你更有耐力，而是因为在你妈妈这个年龄段，从自身条件出发，这是她从业可能中比较好的选择，所以她能够坚持，能够克服那些臭、烦、热和急。但是同时还有另外的原因，我不知道你通过这一周感受到没有？"我说。

志宏坚定地说："我妈妈如果不是为了抚养我的话，不用这么辛苦。"

"对，这就是我们常说的母爱，伟大的母爱。能感受到这一点，说明你这一周的收获非常大，至少你可以更理解你的母亲，感受到她对你的爱。那么我现在问你，对于你消失 7 天，妈妈的种种行为你又是怎么理解的呢？"我说。

志宏不好意思地挠了挠头，说道："我觉得自己做得不对，如果我每天这样辛辛苦苦地挣钱养一个孩子，有一天他突然不辞而别了，我也一定会崩溃的。"

我接着说："听到你能够这样表达自己内心的感受，我觉得你是一个明事理、有悟性的孩子，我希望你能够在结束这次咨询之后，把你对妈妈的理解以及你内心对妈妈的歉疚有一个表达。"

志宏想了想，一边点头，一边说："我会的，老师。"

我接着说："现在我们来讨论一下为什么要上学。就像你所说的那样，无论是否上学，将来可能都要去打工，但是为什么全社会都在强调提高一个人的整体素质呢？"

"这个我不太清楚，好像现在招聘的第一个条件就是学历要求。"志宏说。

"对啊，高等教育是对人全方位的培养，包括素质、专业知识、人际交往水平等。它会使人步向社会时更加成熟。无论从事什么样的职业，学历虽然不完全代表能力，但是它是能力体现的一部分。"

志宏一边点头，一边又马上问道："上学学的好多东西将来都没有什么用，可为什么还要学那些东西呢？"

"中学阶段的学习，属于基础教育，是对一个人思维能力的训练和学习习惯的培养。比如学习数学是为了训练我们的逻辑思维、抽象思维能力，学习语文是为了训练我们的语言表达能力，学习历史是为了训练我们的发展性思维，当基础教育部分完成之后，我们不仅掌握了一些基本的知识和科学原理，更多的是培养了我们的学习习惯，训练了我们的思维能力。"我说。

志宏又问："那大学呢？"

我说："大学阶段的教育其实有两个意义，一方面是让你了解到一些专业的基础知识，给你一个系统的专业知识构架，为将来从业后进一步在纵向方面的深化学习做铺垫；另一方面是让你去拓展你的人际交往能力和社会实践能力，通过一些社团组织、社会活动等使你的个人综合能力得到提升。所以我们经常在评价一个人的时候会说，这个人接受过高等教育，这里高等教育指的就是对一个人总体能力的概括。"

"哦，我明白了。"志宏恍然大悟道，"如果有人早告诉我这些就好了，我回去应该告诉我周围的同学，因为他们中也有很多人不明白为什么要上学，为什么要去学那些没有用的书本知识。"

我说："你的想法我非常赞成，我们再回到你一周的体验中来。你会发现妈妈的自身条件决定了她要选择这样的工作，而对于处于青春期的你，我相信你有自己更多、更好的梦想需要通过自己的学习、努力去实现。"

"对！我已经有一个很好的打算了！"志宏一副对自己信心百倍的样子。

最后，我祝愿他能够通过自己不断的努力，早日实现自己的梦想！

王颖说：

当孩子的生活和父母的生活在时间上出现"平行"的时候，这种时间上的隔离会带来关系上的疏远，也会让孩子产生对爱的不理解，这种不理解也会给父母带来伤害。青春期的孩子缺乏对学习、对未来的正确认识，加上有些媒体不负责的宣传和周围不良事件的影响，让孩子认为小概率事件是大众情况，很容易产生厌学情绪。加上内心的不成熟、社会经验的缺乏，他们很容易低估现实困难，做出放弃学业的决定。所以，除了及时的科学引导之外，加强亲子沟通，增加孩子的社会实践都是青春期成长中必不可少的。

谭秦说：

每一个父母都会或多或少地想象孩子的未来。我们想象一个健康可爱的宝宝，乖巧顺从地、聪明伶俐地进入到学习生活，即便不能成为科学家、艺术家或者某个领域的佼佼者，至少可以安稳地过一个平凡人的幸福生活。这是我们能为孩子设想的还算不错的人生轨迹。

但是实际养育的过程有太多不可控的因素。夫妻情感的变化、老人的介入、父母职场的变动、生活中的任何一点儿变动，都或多或少地会影响孩子的成长。

眼中所见的亲友生活，身边伙伴的行为，会让孩子产生直接的对比和思考，他会思考为什么某某家会过那样的日子，某人会做出那样的事情。当今社会信息爆炸，媒体每时每刻都会跳出来各种吸人眼球的资讯，冲击着孩子尚未完全建立起来的认知系统。能成为新闻的事件一定不是常规事件，甚至可能是被断章取义后夸大的事件，但是当媒体被这样小概率事件充斥的时候，这种小概率似乎就变成了一个恒定的趋势。以至于不辛苦付出也能发大财，不读书也能做成功人士，现在努力将来也未必会怎样等类似的想法，纷纷进入孩子的脑海。

这些林林总总的因素对孩子构成的影响，大部分我们无力制止，但是家长可以随时随地以智慧的方式进行"干预"，让他思考生活的常态到底是什么，大概率事件跟小概率事件的差别是什么。并且适度地放手让孩子去触碰到那些生活的艰难，理解小概率事件背后可能的真相，正是让孩子成长的最有效方案。当孩子亲身体验之后，家长再和孩子对话，讨论自己或者别人生活中的成败得失，这才是真正的交流。

关键词：独自旅行，单亲妈妈，紧张，担忧，亲子关系，交点，生活压力，就业，社会体验，沟通，母爱。

06. 过度养育的副作用

雯雯是一个高二的女生，学习成绩一直都不错，在文艺方面也很突出。她的钢琴弹得很好，经常在各种比赛中获得名次。她还很擅长诗歌朗诵，在学校担任各种晚会和比赛的主持人，但是却在一次学校评选活动中落选。此后，雯雯开始拒绝和她妈妈交谈。在来到咨询室之前，她俩已经两个星期没有进行语言交流了。在家里，雯雯只和爸爸说话，无论妈妈怎么呼唤她，她都无动于衷，甚至有时还会自己把房间门关上。爸爸非常着急，他在电话里表示怕孩子在咨询室不说话，像对待她妈妈那样冷漠。在她爸爸的劝说下，雯雯勉强地走进了咨询室。

在我们的第一次谈话中，我感到雯雯的情绪很低落。我问她我的这种感觉是否准确。她点头表示认同。她不太愿意谈最近的事情，所以我让她描述一下自己的高中生活，是否有特别让她愉快的事。

雯雯说："我想到上学期参加的诗歌朗诵比赛，我得了全区第二。我们老师特别高兴，让我主持了学校 50 周年的庆祝活动。那次活动来了很多人，以往的很多校友都回来了。那次我表现得特别出色，不少校友都夸我主持得很好，以后有机会我一定要到电视台做主持人。老师也说我不愧是朗诵比赛获奖的人，以后有重要的活动还得找我，要我好好保养嗓子。"

在雯雯的回忆中，她给我展现了一个完美的优秀学生的形象。成绩优秀，老师喜欢，频频拿奖。但是却一直没有听她提到她的同学关系，也没有提到自己的朋友。因此，我问了她一句："在学校和同学相处得怎么样？"她的亢奋情绪突然消失了，脸色也变了，她说："一般吧。"然后沉默了十几秒，说："不是十分好。我这次没选上，老师说就是因为我的同学关系处理得不好。"

原来在三个星期之前，她所在的学校进行了一次学校形象之星的选举。雯雯想着自己学习这么好，课外活动又出色，长得又很漂亮，老师又喜欢自己，当选肯定没问题。但最后的结果却是一个条件不如她的同学当选了，原因是这个同学得到了多数同学的投票。最后对方以压倒性的优势取得了第一名，雯雯只得了第六名。老师告诉她，是因为她一直没有处理好和同学的关系。我问雯雯是怎么看待这件事的，她说："我的人际关系不好都是因为我妈。如果不是她，我今天就不会这么丢脸。我今天肯定是一个非常受欢迎的人，大家都会愿意和我在一起。她要为我今天遭遇的事负责，我恨她。"

在雯雯落选后的一段时间里，她一直在思考自己为什么没有能和同学建立起很好的关系。她思考的结果是由于自己大部分的课余时间都用来参加各种培训班了：朗诵班、舞蹈班、钢琴班、游泳班等。一放学就被妈妈接去上培训班，其他同学放学、周末都会相约在一起交流或逛街，而雯雯总是在各种"才艺班"进行着训练。雯雯总结出来的结论是："都是因为我妈总要我上各种班，我没有时间和同学们在一起，导致我和同学的关系疏远，所以他们不投我的票。如果我可以像一般同学那样有时间和大家一起相处，我肯定在选举中获胜，我现在已经是学校形象之星了，是不会输给别人的。"正因为这样，雯雯开始不理睬妈妈，与妈妈隔离。

我问雯雯："这件事发生之前，你和妈妈的关系怎么样？"

雯雯没有立即回答我的问题，而是沉默了很久。她说，在她记忆中和妈妈的关系是很平淡的，自己对妈妈没有太多感情，除了记得每个周末被妈妈催着上才艺班以外，和妈妈有关的事情不是很多。雯雯认为，妈妈是一个爱面子的人，她要自己不断地学习这个学习那个，都是为了能在别人面前炫耀。雯雯说，记忆中妈妈最常说的是"看我孩子，多棒""我培养的孩子就是不一样""雯雯又拿奖了，真争气"。每当妈妈在亲朋好友面前展示孩子的优异成绩时，雯雯丝毫没有感到自豪，反而觉得自己像一个小丑。雯雯说："妈妈让我做的一切，无非是想要满足她的虚荣心，这样她就可以在别人面前趾高气扬了。拿奖的又不是她，她有什么好炫的？她什么都不会，只会逼我学这学那，我快累死了。她到处和别人说自己的教育方法多么好，自己教育出来的小孩多么有出息。我对于她来说只是一个嘲笑他人的工具，她利用我来美化她在别人心中的形象。真卑鄙！"

雯雯的心里一直隐藏着对妈妈的恨。但是她妈妈却一直没有察觉，雯雯妈妈只是觉得女儿和自己不亲近。在雯雯的认知里，自己落选的原因完全是因为妈妈，自己完全是一个受害者。雯雯在归因方式上存在偏差，即凡事都选择外归因的方式。在众多的咨询案例中，我发现习惯这种归因方式的人在人际关系上都会存在问题。我和雯雯讨论了她和同学相处发生分歧、不愉快时，她是怎样寻找原因、解决问题的。雯雯举了一些冲突的例子，我发现每一次她都会将责任归结在别人的身上，每一次的体验都是痛苦和委屈的。由于归因给外界，自己仿佛又无法行动，因此拒绝交往成了她经常采取的应对方式。

我给雯雯提出了一个假设的问题："如果妈妈从来不强迫你上各种培训班，你的生活会有什么改变？"

雯雯说："自己肯定会是一个受大家欢迎的人，这次选举也不会落败。"

我又问她："你觉得一个受人欢迎的学生应该具备什么品质？是什么吸引同学们愿意和他在一起呢？"

雯雯认真地说："一个受欢迎的人应该是待人友善真诚的，学习勤奋，多才多艺，知道的东西多，跟谁都能聊，经常和大家在一起，团结，热情。"

我说："是的，你讲得非常好。我们一起看看你自己和受欢迎的人之间的差距吧。"

在寻找过程中雯雯感到，自己一直认为自己是个与众不同的人，对同学向她提出的一些学习、艺术、时尚方面的问题，从来不屑回应。无形中大家都认为她特傲慢，不容易接近。

我继续询问："你为什么会对同学们的交流没有兴趣呢？"

"他们问的问题都特别幼稚，有时候我热情地回答，他们还会反驳我，说我不对，我特烦。"

我问："你描述的似乎都是中学生人际交流的一些常见问题。我感到一旦同学的交流内容或形式不符合你内心愿望时，你就拒绝再交流。"

雯雯想了想，不住地点头。她非常着急地问我："我现在成这个样子是不是要怨我妈？"

我告诉雯雯："今天我们不关注谁对谁错的问题，谁的错已经不那么重要了。我们是否要为自己负责，要为自己做点什么？"

雯雯沮丧地说："晚了！我再也没有机会当形象之星了。"

我接着引导雯雯去思考："学校为什么要进行形象之星的评选？"

雯雯很快地回答道："宣传单上写着'给中学生树立榜样'。"

我说："你非常渴望成为这个群体的榜样，这体现了你是一个要求上进的学生。如果没有评选，你是否还有成为榜样的渴望？"

雯雯坚定地说："当然了。"

我笑了，她也笑了。接着我们分析了雯雯在人际关系上的不足，并制订了一个训练计划，让她在行动中去体验与同学和睦相处的快乐。雯雯内心的冲突没有了，和妈妈的关系在不知不觉中也缓和了。

王颖说：

当父母以自己对孩子的辛勤培育得到相应的社会回应时，同时也应该考虑到当事人——孩子的体验。如果不顾及孩子内心的体验而一味沉浸在对培育成绩的沾沾自喜之中，就会给孩子带来意想不到的痛苦和被利用的感觉。一旦这种过激的培育使孩子在现实中得不到相应的回报，他就会将痛苦全部归因给培育者，以偏激的攻击形式或退缩的消沉行为来表达。培养孩子的才艺没有错，错在无度的培育抑制了孩子在群体中处理朋辈关系能力的发展，而这个能力恰恰是孩子一生都要不断学习的重要能力之一。

谭秦说：

在当今这个时代，孩子们放学之后早已不是脖子上挂个钥匙，胡同里疯到天黑才回家的时代。不管家里条件如何，每个孩子都要上几个培训班，而这背后付出的不光是家长的时间、精力和金钱，还有孩子的童年。

如果选择了让孩子学习才艺，必然就减少了其自由玩耍的时间，也减少了跟伙伴交往的机会。大多数孩子的时间花在哪里还是能一眼看出来的，此处花了时间，赢得了掌声与鲜花，在另一些方面必然有所缺失。如果这些学习不是出于孩子的兴趣，而是来自父母的意愿，且不说在学习的过程中彼此会"斗智斗勇"，也未必有好的学习效果。

黄永玉先生说："美比好看好，但好，比美好。"我们追求美，因为好看太平凡了；但是我们忘了，在美之上，还有好。何谓好？对于一个孩子来说，精神和心灵得到充足的爱与鼓励，是好；生命中自然流露出对人的关心和爱，是好；为了自己设定的目标，踏实勤奋地努力，是好；胜不骄败不馁，也是好。这些好，都日积月累在生活中的每个细节，父母只要用心陪伴，静待花开即可。

案例中的雯雯曾经在很多方面都非常优秀，结果成了家长炫耀的资本，也差点成了她荒废自己以敌对母亲的工具。

> 关键词：才艺，优秀形象，同学关系，投票，情绪低落，虚荣心，亲子沟通，外归因，社会交往。

07. 孩子被规划之后的激烈对抗

正在上高二的李艳，在外人眼里，是一个聪明乖巧的女孩，她不仅学习成绩优异，而且对周围的亲戚朋友特别有礼貌，一直被周围的家长们当作教育孩子的榜样。

不知道从什么时候开始，李艳和妈妈变成了"死对头"，妈妈说往东，她偏要往西，处处和妈妈作对。一开始，妈妈觉得青春期的孩子难免都会有些叛逆的心理，只要不影响她的学习，听不听话无所谓。可是没有想到，这种与妈妈的对抗却越来越强烈。比如她觉得自己的身高不够高，就埋怨妈妈嫁了个子不高的爸爸，害得自己没有遗传到好的基因；看到别的同学去参加文艺比赛，就怪妈妈没有培养自己的艺术兴趣；上学迟到就说妈妈没有提前叫醒她；和同学发生别扭也怪妈妈没有教会她人际交往的技巧。

　　她觉得生活中的不如意，统统都应该由妈妈来承担责任，妈妈成了她的"替罪羊"。甚至有一天，她一次考试没有考好，受到打击的她，进门就冲妈妈喊道："我现在这么痛苦，都是因为你，你为什么要生我？如果我从来就没有来到这个世界，我哪里有现在的这些痛苦？我恨死你了！"已经忍受了相当长时间的妈妈再也没有办法做到无动于衷了，妈妈对李艳说："既然这样，那我就去死吧。"说完转身拉开窗户就要往下跳，一旁的爸爸急忙上前抱住妻子，然后大声斥责李艳，让她向妈妈道歉，李艳只是冷漠地看了爸妈一眼，就回自己房间写作业去了，至此妈妈心灰意冷了。

　　妈妈不明白自己含辛茹苦养大的女儿，究竟为什么如此恨自己，更不明白在外人看来乖巧懂事的孩子，为什么对自己的妈妈如此冷漠。这件事情之后，母女二人基本形同陌路，见面连一句话也不说，非要有说话的必要，就通过爸爸来传话，虽然很无奈，但是毕竟相安无事了一段日子。

　　一天上午，买菜回来的妈妈，发现李艳没有去学校。当妈妈蹑手蹑脚地靠近李艳房间时，发现坐在床边的她手里拿着一个刀片在胳膊上不停比画，一种不祥的预感顿时笼罩了妈妈，她马上给李艳的爸爸打电话让他立即从单位赶回来。当爸爸冲进李艳房间的时候，李艳一见爸爸就一边喊叫"我受不了了"，一边要用刀片去割自己的手腕，旁边桌子上放着她刚刚写好的遗书。看到这一切，妈妈万念俱灰，趁李艳和爸爸纠缠的机会，回到自己的房间含泪喝下了半瓶安眠药。后来，抢救、住院、回家，折腾了一个多星期，爸爸已经筋疲力尽，而这期间李艳还闹过要跳楼，最后爸爸只好跪在她和妈妈的面前，求她们母女二人不要再折腾了，因为他已经承受不了了。但是经历了这么多次与自杀的"亲密接触"，爸爸意识到，这个家已经被死亡的阴云笼罩了，随时可能会有意外发生。李艳马上要上高三了，李艳妈妈的身体逐渐变得虚弱，这个家随时面临着支离破碎的威胁，最终在爸爸的苦苦哀求下，母女二人才同意一起走进心理咨询室寻求帮助。

　　走入咨询室，我让母女俩分别写了保证书，保证在咨询期间，不会做出自杀、自伤的行为，让爸爸也在两份保证书上签字作证。在咨询的初期，我以个体咨询的方式先和李艳进行了交流。

望着这个漂亮、学习优异的女孩，我很难将她与痛苦、死亡联系在一起。

我问她："可以讲一讲妈妈对你怎样吗？"

她告诉我："妈妈对我又好又坏。好是因为我想吃什么想要什么东西，她都满足我，我在家什么活儿都不干，连内衣都不用洗；坏呢，是从小到大她都让我参加各种各样的辅导班，华数、奥数、剑桥英语、阶梯英语、公共英语等，除了课堂上的作业，妈妈还到处找卷子给我做，我所有的时间都被她侵占了。我恨她！"

我问她："这样的成长过程，对你目前的学习状况有什么影响？"

"我的学习成绩一直在年级排前列，我却没感到快乐，只要在考前稍微看一下书就能考第一，也许是周围的同学太笨了。但我没有业余爱好，很多同学都会唱歌、弹琴，有的还会打台球，我什么都不会，跟他们在一起时我插不上话，也听不懂他们在说什么，我觉得他们特别快乐，我却显得那么蠢。"

"听到你刚才一席话，我感到你很想与同学分享快乐，但又不知如何参与？"

"是的。"

"由于不能如愿，所以把这个原因就归结给妈妈，认为是妈妈造成的，所以你一直跟妈妈作对。"

"是的。"

在孩子的成长早期，老师和家长把学习好的孩子视作理想的孩子，在这种氛围中，学习好的李艳得到了极大的关注并为此感到很自豪。到了青春期，孩子不止把老师和家长的认可作为快乐源泉，更寻求得到同伴的认可，学习好坏不再是评价一个同学是否受欢迎的唯一标准了，有更广泛的兴趣和良好的人际关系的同学成为群体中的焦点。李艳没有爱好没有特长，又不会与人相处，原本骄傲的她感到孤独了，原本快乐的她变得焦虑了。而不知情的妈妈还一味地逼她学习，李艳愤怒了，认为自己今天的境地全是妈妈造成的，进而不断地对妈妈进行攻击，甚至用自杀的行为来刺激妈妈。在攻击的过程中，她的焦虑似乎得到了缓解，于是攻击成为她处理自身焦虑的唯一方法。李艳认同了我的分析，同时问我该怎么办。

"你现在对妈妈的攻击以及对自己的伤害源于对自己的不满意，但是又认为自己无力改变，于是焦虑便控制着你。妈妈在你成长中的一些做法确实有问题，但你是不是也要承担很大的一部分责任？"

"我为什么要承担责任？"

"你有很好的向往，很想像其他同学那样多才多艺，但你似乎并没为此做过任何事情。儿童期让家长来为自己做决定是正常的，作为一个 16 岁的少年，是有能力发展一些自己认为有意义的爱好的。今天的你不想接受家长的控制，但自己又纠缠在控制和抱怨之中，那么你的理想就永远不能实现。"

通过讨论，她明白了虽然现实的成长环境限制了自己，但自己没有采取行动，也应该负有责任。后来，李艳开始学习唱歌并积极和同学在一起，虽然他们谈论的有些事情自己并不能全都懂，但孤独的感觉没有了，她体验到过去被动的生活方式被一种积极的生活方式所代替的快乐。

给李艳做咨询的同时，我也给她的妈妈做了个体咨询。妈妈一直认为自己是一个伟大的、无私的母亲，为了李艳，她选择了一份离家非常近、工作时间固定的工作。但女儿这样对待她，让她觉得非常绝望、伤心，有的时候说要自杀是吓唬李艳，她舍不得孩子，但看到女儿对她自杀时表现的冷漠，就感到心寒，真想死了算了。当我告诉她李艳的这种攻击行为起因于自己在同伴中的孤独、无助，感到很焦虑却又无法改变，就做了个外归因，认为是妈妈一味逼她学习造成的，进而采取了攻击甚至自杀的行为来缓解焦虑时，妈妈感到很震惊，开始反思自己的做法。通过咨询，妈妈意识到女儿已经长大了，需要有自己的空间，需要同伴的认可，是该适当放手了。妈妈以自杀的方式来应对女儿的攻击，使女儿的攻击不断地升级，并以同样的自伤、自杀的行为来应对她的焦虑，逃避现实，这是多么可怕啊。最终，妈妈开始将关注点转向自己的生活，相信女儿是有能力自己长大的。

⚉ ┃ 王颖说：

在孩子的成长过程中，他们很长一段时间接受着固定的教育模式，并在这种教育中会有不同程度的获益，这个时期父母和孩子就可以和平相处，因为他们的目标同时都得到了实现。但是当环境变化的时候，孩子感受到过去的教育模式并没有给他带来更多获益，孩子就很想改变，但是又没有能力做到，就会归结为父母的错误，会用很多种方式进行反抗，比如逃避、攻击、转移等。李艳采用了攻击的方式，这时候父母没有真正理解她攻击的目的所在。如果双方都不反思，而试图改变对方，就会形成纠缠，乃至比狠。攻击的背后可能无关这个人是善良还是无情的本质特征，这些"斗争"要表达的都是一种期盼，期盼建立新的关系模式，孩子可能会以过激的行为来表现。想要自杀并不意味着真的想要离开这个世界结束自己的生命，想要自杀是要传递一种信号，一种无奈，一种攻击，一种对新型关系模式的呼唤。

谭秦说：

孩子在不同阶段有不同的心理特点，同时也有不同的发展诉求，因此家长要采取不同的交流模式。但在实际的教养过程中，家长很少注意到这一点。

诚然，大部分父母为了孩子可以说是呕心沥血，好吃的好喝的紧着孩子，为了孩子上学方便，自己离单位远一点也没关系，为了孩子能好好学习，再小的房子也会独立出一个学习空间……于是，当我们看到孩子不听话甚至出现敌对言行的时候，难免心灰意冷。

案例中的母女发脾气不是因为当事人想斩断这份爱，而是在表达一种不满，更是对新型关系模式的呼唤。特别是孩子，他们所有负面的言行都在向父母传递内心的渴望。当孩子一次次的表达没有收获预期的效果时，表达的激烈程度就会升级，有了抗议，有了愤怒，甚至会发生悲剧。

随着孩子年龄的增长，家长要转换陪伴的模式和关爱的方法，同时，家长还要学会识别孩子的行为向我们传达的信号。

> 关键词：替罪羊，自杀，母女关系，学习班，业余爱好，休闲，关注，同伴认可，焦虑，外归因，责任。

08. 父母的言论是孩子认知世界的窗口

北京的盛夏是名副其实的"桑拿天"，就在这样的"桑拿天"，晓静的妈妈带着17岁的晓静走进了我的咨询室。晓静的妈妈顾不得擦去脸上的汗水，还没在沙发上坐定便迫不及待地开始了诉说。

"不知道怎么回事，自从她上初中以后，就反感爸爸与她亲近，只要爸爸一碰她，哪怕是在家里不小心蹭了她一下，她就马上大喊大叫，像疯了一样。她平时根本不主动和爸爸说话，有时候爸爸一句玩笑话也会让她表现出像受了什么刺激似的。看电视不能让爸爸挨着她，吃饭不愿意爸爸帮她夹菜，她的东西不让爸爸碰，她的房间不让爸爸进，否则她就会大闹一场。弄得她爸爸很痛苦，只好处处躲着她。"说到这里，妈妈已经泣不成声，"3个月前的一天，她突然告诉我说，班里总有几个男生看她，让她无法集中精力上课。下课也害怕在路上碰见那几个男生，甚至有时候都不敢上厕所。我和老师沟通过，老师说并没有男生像她说的那样看她。最近，她居然晚上不敢一个人睡觉，说害怕睡着后有坏人闯进来，稍有动静就歇斯底里地哭喊……"

当晓静的妈妈向我诉说完后，我在候诊室看到汗流浃背地坐在角落的晓静，由于出汗过多，小脸变得苍白。这时我发现，晓静居然穿着厚厚的校服和高帮的运动鞋，校服领子的拉链一直拉到脖子上面，整个人捂得严严实实，仿佛外面是寒冬腊月一般，真不敢想象她在 7 月的太阳底下是怎样的一种景象。

当咨询室只剩下我和她的时候，我说："晓静，天气太热，把外面衣服脱了吧。"

她用惊恐的眼神打量了我一番，然后微微点了点头，把校服的拉链往下拉了拉，这时我看见她校服里面还穿了两件很厚的 T 恤衫。

"听妈妈说你最近睡眠不是很好，能谈谈你的感受吗？"

"一到晚上，我就害怕。"晓静用小得几乎听不见的声音回答，并试图把脸埋在衣服领子里。

"能告诉我，你害怕什么吗？"

她将下巴在领子上蹭了蹭，说："我怕晚上有坏人闯进我家。"

"害怕有坏人闯进来，然后呢？"

"他会抢我们家的东西，然后把我们杀掉。"晓静的嘴角出现了一丝颤抖，似乎这样的事情离她的生活很近。

我接着问："在什么情况下，抢东西的人会杀害你和家人呢？"

晓静想了想说："应该是我们发现他在偷东西，并且和他搏斗的时候吧。"

"如果你们没有发现呢？"我感觉气氛有一点点缓和，因为晓静把拉链又往下拉了拉。

"那样的话，他可能拿了东西就跑了，但是我们睡觉都很轻的，不会发现不了的。"

"你是怎样防止坏人进来的呢？"我继续问道。

"每天晚上临睡前，我都会去看看我们家的防盗门是否锁好，窗户是否关紧，而且在熄灯前还要特别检查一下我自己房间的门是否插好，并且在门后还顶上一根大棍子。"这时晓静的脸上露出了一点羞涩的微笑。

"这样你就感到踏实了，那你父母的房间呢？"

晓静毫不在乎地说了句："他们才不怕这些呢，每天晚上连房间的门都不插就去睡了。"

"我们现在假设一下，如果坏人真来抢东西的话，他是先去你父母的房间还是先去你的房间？"

"当然先去他们房间了，我屋子里什么值钱的都没有。"晓静拉开了校服的拉链，同时我们都深深地吁出了一口气。

"那你害怕什么呢？"

晓静若有所思，挠了挠头说："我也不知道，反正一关灯，眼前就好像有坏人的影子出现，我就紧张得大气不敢出，我也知道是自己在胡思乱想，但就是不能摆脱这种想法，这些影子也一直不消失，所以我根本没有办法睡觉。"

"一般这个时候，你会怎么办？"

"开始的时候，我努力让自己闭上眼睛，告诉自己那些都是自己胡思乱想的，根本没有坏人的影子。但越是这样越害怕，越是害怕就越睡不着，我就喊我妈过来陪我睡。"

我点了点头，又问道："那妈妈过来后呢？"

"我很快就睡着了，但是我妈一走我就会醒，我觉得这些黑影子像鬼一样，只要没有人在我身边，他们就会出现。"

问题澄清了，我开始启发她："我发现一个问题，当你做完了睡觉前的所有准备和检查，关灯上床后，你开始在黑暗中寻找鬼，这些鬼的影像一定来自你储存在大脑中对鬼的记忆，只要你不去找，他们就不会自己跑出来。现在请你想一想，什么时候这些鬼没有机会被你找到？"

"有时候我作业很多，写完之后感到非常累，上床后顾不上关灯就睡着了，这时候就没有那些事情发生，但是这样的时候很少。"

"这样，这周回去后，尝试着不给自己找鬼的机会，当你躺在床上准备睡觉时，一旦头脑中出现这些坏人的画面，你就打开电灯，因为只要灯一亮，这些东西就会消失，你就可以踏踏实实睡觉了，好吗?"

"好的，我回去试一试。"晓静一脸轻松地走出了咨询室。

一周后，晓静报告自己的睡觉问题似乎好一些了。来到工作室的时候她依然是上周的打扮，只是她走进咨询室后很自然地将外套脱掉，穿着两件 T 恤坐在我的面前。当我问她为什么穿这么多的时候，她嗫嚅了半天，终于鼓起勇气告诉我："他们总看我，我不能那么暴露。"

我很平静地问道："他们是谁?"

"我们班的男生。"

"是所有的男生?"

"不是，就是他们几个。"

"哪几个?"

"我也不确定，反正就是那几个人，他们总看我……"说到这里，晓静表现得非常羞涩，甚至把嘴唇都咬出了牙印。

"在他们看你的时候，你感受到了什么?"

"我觉得他们不怀好意，他们都不是好人，甚至上次我说的晚上睡不着的时候，在我头脑中出现的那些坏人的影子大多数时候和他们都是一样的，反正所有的男人都不是好人。"

我的脑海中突然一亮，问道："你说所有的男人都不是好人，你是怎么得出这样的结论的?"

"是我妈告诉我的，她说所有的男人对女人都不怀好意，所有的男人都是坏人。"

"哦，妈妈是在什么样的情景下对你说的这些话?"

在接下来的谈话中，我才得知，晓静父母的关系一直很紧张，整个家庭处在一种角色混乱的状态。从晓静记事起，父母就没有停止过对彼此的攻击。"我不知道他们之间还有什么感情可言，他们的结合真是可笑，好像结婚就是为了找个人吵架，我真希望他们能够离婚，好让大家都能够清静几天。"这是晓静在日记里的描述。随着晓静渐渐长大，妈妈为了更好地和爸爸抗衡，开始在晓静耳边灌输攻击爸爸的话："男人都是无耻的好色之徒，千万不要让男人碰你，那样你就完了。""男人没有一个是好人，特别是现在社会，女孩子上当受骗太容易了，最好远离你身边的男人。"甚至有一次爸爸和表姐外出买东西，他们走后妈妈居然说："看这老东西，和小姑娘出去高兴得屁颠屁颠的。恶心！"这让晓静感觉到所有男性包括爸爸在内都是不安全的，随即出现了在家里恐惧爸爸、在学校恐惧男同学的状况。

发现问题的根源后，在征得全家人同意的情况下，我为他们进行了家庭治疗，并对她的父母分别进行了个体咨询，使每个家庭成员在家庭中找到自己的位置，澄清各自角色和对应关系，使角色混乱的状态逐渐得到梳理，家庭系统的功能得到修复和完善。当这一切开始实现的时候，晓静自身的问题自然得到了解决。在半年的治疗中，每次见到她，无论衣着、打扮还是说话方式都会有不同程度的改变。厚厚的校服被青春、时尚的衣衫取代，拘谨羞涩的表达方式也变成了从容的探讨。她现在可以很自然地拉着爸爸的胳膊逛街，爸爸和妈妈之间也建立了新的沟通模式，整个家庭充满了和谐与温暖。

王颖说：

我们经常说"父母是孩子的第一任老师"，父母不仅教会孩子走路、说话，还给孩子展现出与人交往的模式。孩子无论是对同性的认识还是和异性的交往，都是从与父母建立关系开始的。青春期是孩子开始确立人际交往模式的发展时期，这时候父母的影响是非常重大的，孩子会在不知不觉中沿用他们从家庭关系中习得的认知和行为方式，这一切的发生似乎是合情合理而又势不可当的。而混乱的家庭系统、不良的认知、错误的观念必然会对孩子的成长和发展构成障碍。所以，明确每个人在系统中的位置，使系统恢复秩序，发挥自己的特有功能，对系统中的每个人都是有利的，也是必需的。

请在孩子心中播下更多温暖、安全的种子，让安全感伴随他们一生！

谭秦说：

对异性的定位，很大程度上受到原生家庭的影响，妈妈如何定义爸爸，爸爸如何定义妈妈，决定了孩子对男人和女人的第一印象。同时，父母的良好互动，也会让孩子看到性别角色的丰富性，从而形成一种完整的认知。比如妈妈觉得爸爸是勇敢的，那么久而久之孩子也会觉得男性是勇敢的。在长久的互动中，孩子发现爸爸也会有惧怕、软弱的时候，那么孩子脑海中男人的形象就变得更丰富，其他方面的性格、性别特征亦然。当每个性格特点都被客观地定义——丰富——再定义的时候，孩子就自然而然地构建出比较真实的性别特征形象。

　　每个人只是一个个体，面对另一个体时，是好是坏，有什么性情和习惯，都需要用心去观察，用经验去判断，而不是以性别一概而论。一旦家庭教育中忽视了这种个体的差异，用定性的方式给孩子灌输概念，那么当孩子进入到异性认知的时候难免出现偏差。对于青春期的孩子，随着第二性征的发育，错误的认知会在其与异性的交往中带来障碍、矛盾、厌恶，甚至恐惧，这不仅阻碍了孩子正常的人际关系，更严重的是，这样的孩子如何才能走入婚姻呢？将来他如何与婚姻中的另一半相处，又如何教养自己的子女呢？

　　关键词：恐惧，异性相处，安全感，衣着，夫妻关系，吵架，父女关系，家庭关系，社会交往，沟通模式。

09. 离异家庭的孩子如何正确认识爱

当我在看守所的谈话室见到张强的时候，他穿着一双崭新的运动鞋，身上的衣服干净整洁，我不禁说："好漂亮的鞋，谁给你送来的？"

听到我的称赞，张强没有表现出高兴的样子，而是淡淡地说了3个字："是我妈。"

我接着问："哦，那你的衣服呢？"

"也是我妈。"张强用同样的口气回答。

"看来妈妈很关心你在这里的生活，每次收到妈妈送来的东西，你内心有什么感受啊？"我问。

"没有什么感受，我都这样了，给我送东西有什么用？"张强说。

"哦，这个我很奇怪，好像你跟妈妈的关系不是很好，我记得在以前的几次团体咨询中，你也从来没有谈过关于妈妈的话题，我感觉这中间肯定有一些值得我们去探讨的东西。今天正好是我们一对一的谈话，希望我们能够借这个机会把你和妈妈的关系谈一下。"我说。

张强想了想，对我说："反正我是不会再认她的，不管怎么样，我都不会再叫她妈妈。"

"你是从什么时候开始做出这个决定的呢？"我问道。

"我从小就有这样的决定了，自从她和我爸离婚，带走我姐，把我一个人扔下的时候，我就这样决定了，不过我谁也没有告诉过。"张强说。

我说："那非常感谢你对我的信任，你说小时候爸爸和妈妈离婚，妈妈带走了姐姐，那时候你多大？"

张强回答说："5 岁。"

我又问："之后你和爸爸是怎么生活的呢？"

张强开始讲道："我妈是因为我爸总赌博，才和我爸离婚的。我听奶奶说我很小的时候，我爸就开始赌博，赌输了就拿家里的东西卖钱，我妈妈嫌我爸不干活儿还老输钱，就要离婚。后来我舅舅把我妈和我姐接走了，我才知道他们真的离婚了。我妈不要我了，光把我姐带走了，后来他们告诉我说我妈嫁到另一个村里，把我姐也带过去了。我爸还是每天去赌博，我从学校回来经常没有饭吃，有时候去奶奶家吃饭，我叔叔的孩子老是欺负我，说我爸不给奶奶钱，我不能来吃饭，后来我就不去了。我放学后只好去我爸玩牌的地方找他，有时候我爸给我很多钱让我去买吃的，有时候我爸没钱给我。二年级的时候，没有钱交学费，反正我也不想上学了，从此就不再上学了。"

在张强讲述的过程中，我的头脑中不断呈现出一个小孩子饿着肚子在赌场转悠的画面，不由得感到一阵心酸，我接着问："不上学以后，你是怎么生活的呢？"

张强继续讲道："那时候我很小，晚上不敢一个人在家里待着，因为家里没有电灯也没有吃的，到处都是老鼠。我就总跟着我爸，他去哪里赌博我就在哪里玩儿，跟着他们吃饭，瞌睡的时候就胡乱找个地方睡觉。后来我开始看他们赌博，慢慢自己也会了。大概是十一二岁的时候，有一次，我爸给了我 300 块钱让我买些吃的准备过年，我拿着钱去了另外一个赌博的地方。他们都认识我，也都知道我会打牌，就让我上了，那天晚上我赢了 600 块钱。回家后我爸很高兴，我们买了很多好吃的。从那以后我开始跟着我爸去赌博，他没钱的时候我还会给他钱，因为我赢钱的时候比他多，他好像老是输钱。"说到这里张强的脸上流露出自豪的神情，人变得非常兴奋，说话的音调也提高了很多。

我说："那我想问一下，在这个过程中，你妈妈来看过你吗？"

张强说："头两年我上学的时候她没有来过，后来听说我不上学了就来了一次，我一个人在家，她给我送来了几件衣服和一篮子鸡蛋，但是我一直没有和她说话。等她走了，我把新衣服穿上去找我爸，我爸说男子汉要有骨气，说我妈都不要我们了，我们不能要她的东西，让我把新衣服脱掉，把鸡蛋扔了。"

"当时你的感受如何呢？"我接着问。

"我觉得也是，她离婚的时候能带走我姐，为什么把我一个人扔下？我姐比我大 3 岁呢，都能带走，我那么小，她就狠心扔下不管。我听了我爸的话，回家把新衣服脱了，把鸡蛋扔了。以后我妈再来的时候，我就锁上大门不让她进来。"张强愤愤地说着。

我头脑中出现了母亲在门外呼唤儿子的画面，接着问："后来你和爸爸的生活怎么样呢？"

"我们还是一起去赌，后来我爸欠的钱越来越多，人家把家里的粮食和家具都搬走了，家里穷得连被子都没有了。后来实在没有钱了，我就去偷钢厂的铁卖钱，可没偷几次就被抓了进来。"说到这里，张强的神色又黯淡下来。

我又问道："你进来后，爸爸来看过你吗？"

张强摇了摇头："没有来过，每次往家里写的明信片都没有回复，写了几次我就再也不写了，我想我爸肯定不在家。后来我舅舅不知道怎么知道我进来了，和我妈来看我。从那以后，我妈每个月都给我存钱，还总来给我送衣服，给我写信，但是我从来没有给她回过信。"

听到这里，我说："张强，我再次感谢你对我的信任，把自己的经历和内心感受与我分享，现在你内心是如何理解爸爸、妈妈对你的爱的？"

"当然是我爸爸爱我啦，他不像我妈妈那么狠心把我一个人扔下不管。"张强说。

"我能感到，父母离婚时，妈妈带走姐姐而没有带走你，让你产生了被抛弃的感觉，这是你不能原谅她的原因，是吗？"我问道。

"对！"张强斩钉截铁地说。

"你是如何看待妈妈当时的做法的呢？"我问。

张强想了想说："她就是不喜欢我，怕我拖累她呗。"

我又问："如果你妈妈当时带走你，你爸爸家里的人，比如奶奶，他们会答应吗？"

"这个……"张强想了想说，"应该不会的，农村特别重男轻女，好像男孩一般不会被带到别人家的。要是这样的话，那她就不该和我爸离婚，如果不离婚的话，我就不会被扔下了。"

我接着说："我能看出你是个聪明、重情义的孩子。首先，我们思考一下，不带走你的原因可能是因为妈妈的无奈，就像你自己所说的那样，由于农村重男轻女，男孩子一般是不会让母亲带走的。其次，如果一个丈夫整天赌博，不仅不干活儿还要经常变卖家里的东西，这在16年前，对一个农村妇女来说，是一种什么情景？"

"肯定很不好。"张强一边想一边说。

"对啊，所以我认为你妈妈当时离婚，是一种无奈的选择，你认为呢？"我说。

"好像是这样的，但是我还是觉得我现在这样都是因为她。"张强说。

"你之所以这样认为，我觉得你好像是在担心，一旦你原谅妈妈，就是对爸爸的一种背叛。"我接着说。

"是这样的，从那次我爸说让我把新衣服脱了，把鸡蛋扔了以后，我就觉得不能和我妈亲近，不能背叛我爸。"张强说。

我接着说："对父母之间的事情，孩子没有办法决定什么，你只需要关注自己和他们之间的关系就可以了。你已经17岁，快要步入成人了，我们来重新看待一下爸爸、妈妈给你的爱。你无论是参与赌博还是偷窃，和谁有着直接的关系？"

张强想了想，小声说："是我爸。"

这让我想起谈话开始他说的"是我妈"3个字。我接着问："那如果让你重新来感受，现在你感受更多的爱是源自谁呢？"

"好像是我妈妈。"说到这里，张强有些困惑地挠挠头。

我接着说："你能认识到这一点说明你在不断地思考，我们这样分析并不是要来说明谁是谁非，而是为了让我们更客观地来看待你和爸爸、妈妈的关系。至于他们为什么离婚，那是他们夫妻关系的问题。但是一个母亲对于孩子的爱，我不认为能轻易割舍。多年来，妈妈似乎都在找机会给你补偿，但却遭到你的拒绝。"

听到这些，张强眼里溢出了泪水，他一边点头，一边忍住不让泪水落下来。我递给他一张面巾纸，接着说："当时你妈妈不到 30 岁，那么年轻，面对婚姻的不幸，她选择了离婚。今天你的妈妈已经 40 多岁了，我相信经过十多年的人生历程和生活变迁，妈妈也得到了成长和沉淀，她并没有因为你犯了错误而放弃你，相反，一直用实际行动传递着对你的爱。"

说到这里，张强的眼泪再也控制不住了，我的眼睛也不禁潮湿。张强一边点头一边抽泣着说："老师我知道了，都是我不懂事。"

我拍拍他的肩膀说："一直以来你都非常坚定地拒绝母亲，其实从心理学来讲，在一个人越是否定一件事情的时候，说明他的内心越是动摇。所以我希望你能够尊重自己内心的真实感受，让自己活得更真实一些。"

最后，咨询在张强的释然中结束，一周后他的管教告诉我，张强开始给母亲回信了，在各种集体活动中他也开始变得积极和自信起来。

王颖说：

世界万物都处在不断变化和发展之中，对每个人来说亦是如此。青春期的孩子由于思维不够成熟，对某一人或者某一件事的看法容易固定在过去的某一点上，进而用一些僵化的、一成不变的观点看待问题。当自己的身心不断成长、变化的时候，我们应该意识到周围的每个人也都随着时间的推移在不断地成长。虽然父母婚姻的变化给我们带来很多的痛苦、遗憾、不解，但血浓于水的亲子关系是永远无法改变的。帮助孩子分清"父母之间的夫妻关系"和"父母与孩子之间的亲子关系"的区别，让他们更好地找到自己在家庭中的位置，懂得尊重、接纳自己内心的真实体验，是解决关系问题的核心。

⬤ ┃ 谭秦说：

生活中，我们会面临很多难以取舍的选择，都是既想要 A 又想要 B。对于张强而言，对爸爸的忠诚是 A，多年来渴望的母爱是 B，对一个"三观"没有完全成型的孩子来说，这种选择会让他无所适从。并且身边的爸爸还在忙于赌博，对孩子的教养无从谈起。

孩子小时候不懂得现实的残酷，也不理解成人的规则，不明白父母为什么要离婚，也不知道当初他们做出那样的选择有多么无奈。但是孩子会自然地依恋那个一直与之有互动的人，无论这个人是父亲、母亲抑或是祖辈。

如果在成长过程中，有人不断地告诉你，你的艰难和苦难就是因为另一个人造成的，哪怕对那个人他都没有什么明确的印象，但依旧会在心中生出一种恨。对张强而言，哪怕这个人是母亲，因着与父亲和奶奶的亲密关系，他选择了父亲的立场，与母亲进入到了敌对状态。但随着他的成长和对社会认知的增加，他不断看到和接收到母亲的关怀，于是内心的恨变得无处安放。

单亲家庭中，孩子处在两个成人的拉锯之中，背叛的气愤和内心的渴望交织在一起，而他们的认知和心理成熟度却不能承载这么大的压力，于是他们就会进入到一种或逃避或激烈的心理抗争当中。

孩子强烈的否定和拒绝的背后，还有深深的渴望，但是如何满足孩子这种渴望并且帮助他厘清人与人之间的界限，让孩子在选择了一方而不觉得背叛了另一方，找到一种平衡，需要父母能在这个问题上有大体一致的想法。即便不再是夫妻，父母的义务还在，不要把对彼此的负面情绪和评价等传递给孩子，不要把孩子变成两个人对弈的棋子，或许孩子心理的负担会轻一些。

> 关键词：少管所，赌博，离婚，抛弃，愤怒，拒绝，母子关系，家庭关系，位置，责任，负面评价，投射。

10. 丧偶式育儿家庭怎么办

张辉被妈妈哄着来到咨询室。红肿的眼睛，愤怒的神情，左脸上明显的五个红指头印，告诉我他和别人发生了冲突，似乎还吃亏了。张辉坐到我对面，两眼望着窗外，依然气囔囔的。

我轻松地说："怎么了？是不是和别人打架了？"

他摇了摇头。

我接着问："那你这脸是怎么回事儿啊？"

他咬着牙说："被我爸打的。"

我问："你爸爸多长时间打你一次呀？"

他不解地看着我。

我连忙说："我小的时候，我爸爸基本上一星期就修理我一回。"

他说："为什么呀？"

我说："不为什么，我爸爸的理论就是三天不打上房揭瓦，棍棒底下出孝子，棍棒底下出英雄。我爸爸认为他必须要严格要求我们，我们才能成才。"

张辉很同情地跟我说："那你可够惨的。我可没你惨，他经常骂我，打我还是第一次。"

此时的他似乎放松了许多。

我说："你给我讲讲到底是怎么回事儿。"

他说："唉！我姥姥生病住院了，我妈要去医院伺候我姥姥，就把他给弄回来，让他在家陪我，给我做饭。"

弄回来？我的第一反应——这是一个判给了妈妈的单亲孩子。

于是我就轻轻地问："你爸又再婚了吗？"

他扑哧就笑了："再什么婚呀？他也没和我妈离婚呀！"

我连忙说："不好意思，不好意思呀！"

他马上说："没事，你猜的也没什么错，我跟单亲也差不多。我长到14岁，他就没怎么管过我，不是出差就是应酬，过年过节还要和同学、哥们儿打打牌，都是我妈管我。记得我小的时候，我妈加班，让他去幼儿园接我。结果，他在教室门口喊我的名字，我就躲在老师后面不敢应声。幼儿园老师产生了怀疑，觉得这个人是不是骗子呀，最后还是我妈给老师打电话，老师才放我跟他走。等晚上看到我妈妈，我紧紧地抱住我妈狂哭。他还讥讽我'行，我儿子警惕性够高的呀，别人骗不走了'。"

"这样的生活持续了多久？"我问。

他想了想说："好像小学六年级之前都是这样，我妈负责我吃穿学。他就负责挣钱，哼，也挣不了几个钱。"

停顿了一会儿，他接着说："从小升初开始，他就和我较上劲了，他想让我上区重点中学，于是就让我妈找老师一对一地给我补课。唉，我也不争气，没考上，他觉得自己特没面子，用各种尖酸刻薄的话损我。损我我也就忍了，他还连我妈也一起骂，说我妈什么本事都没有，孩子也教育不好，整个儿一个废物。而他呢，除了挣点臭钱什么都不做，我和妈妈都特怕他早回家，到家就躺着玩手机或打游戏，要不就抱怨菜咸了、淡了的，还看我不顺眼，找碴儿。"

从张辉的讲述中，我看到了这个家庭从爸爸忙于工作、忙于应酬，在孩子的教育中缺席的丧偶式育儿，向爸爸在家庭教育中经常缺位，却又偶尔在不良情绪的驱使下，对看不惯的事情，不问前因后果武断地指责孩子和妈妈的诈尸式育儿转换。

我说："和我讲讲这次和爸爸的战斗过程吧。"

他笑了笑说："唉，其实也没什么。因为是周六，我也没有课外辅导班，上午就躺在床上看看微信，打会儿游戏。本来他也是躺在沙发上玩手机，不知怎么了，突然就大声嚷嚷，让我去写作业。我就说："行，待会儿。"没一会儿他又开始嚷嚷，我特烦，就说：'嚷什么，烦不烦呀？'他一下就火了，指着我说：'你怎么跟我说话呢？'我就说：'你别管我。'他说：'你妈不管你，我再不管你，你还不反了。'话赶话，我就说：'你管不着我，我小时候你到哪去了？现在管我。'他立马急了，说：'你再说一遍。'我又说了一遍，他就恼了：'我是你老子，我凭什么管不了你？你从小到大吃的喝的都是大风刮来的呀？就你妈挣的那仨瓜俩枣儿，你们早喝西北风了。'我一听就急了：'你说我行，别说我妈。'他理屈词穷，上来就想把我从床上拎下来了，我就扒拉他一下，他自己脚跟不稳摔了个大屁蹲，立马就急了：'你还敢打老子。'上来就给我一大嘴巴，我气疯了，就和他打起来了，他是真打，我根本就没使劲打他，我比他高半头，要是真打，还不打残了他。"

我问："那你们这一天是怎么过的呀？"

"谁也不理谁，他也不吃饭，也不给我做饭，我没理他，自己叫外卖吃。晚上我妈就被他吼回来了。"

我画了一条横线，让他写出他对自己 0～14 岁每一个年龄段的满意度。满分是 10 分。并让他把这个作业用微信的方式分别转发给爸爸、妈妈。

张辉在横线上的 6 岁、12 岁位置上分别画了一个黑圈。在 0～6 岁的位置上写了 10 分。在 6～12 岁的位置上写了 8 分，在 12～14 岁的位置上写了 6 分。

我们默默等待张辉爸爸妈妈的回复，不一会儿她妈妈的回复来了，又等了一会儿，张辉说："算了，别等了，他才不会理我呢。"虽然语气上表现得无所谓，但表情上还是有一些失落。

滴滴，他爸爸的微信来了。我让他把爸爸、妈妈发过来的图打印出来，三张纸摆在一起，张辉惊讶地看着我，因为他们的答案一模一样。

我和张辉讨论他对自己打的分数是如何考虑的。

他说："我小的时候超级可爱，幼儿园的老师都特别喜欢我。我爸爸、妈妈、爷爷、奶奶都因为有我觉得特有面子。所以我就觉得我是满分小朋友。上小学后，也还凑合，平常就是我和我妈在一起，我妈脾气特别好，什么都由着我，我不喜欢英语，有时候考得不好，我妈只会说下回认真点，别老马马虎虎的。上初中我就太一般了，功课从三门一下到了十门，作业太多、考试太多。成绩就在 60 分左右。"

我对张辉的自我评价比较符合客观事实给予了积极的肯定。同时也问他对爸爸、妈妈给他的评价有什么想法。

他说："我没想到我妈给我的分那么低，我爸给我的分还挺高。"这是我第一次从他的嘴里听到爸爸两个字。

接下来我们把他和爸爸那天的冲突，用文字一层一层地写出来。分析是哪句话引起父子俩的愤怒情绪。他说这两句话激怒了他爸："嚷什么，烦不烦呀？""你管不着我，我小时候你到哪去了？现在管我。"

成长中父亲角色的长期缺位，孩子内心会有非常多的失落，如果一直缺位，也许可能会相安无事。当张辉的爸爸发现自己的孩子越来越不如他所愿的时候，就用"诈尸"的方式参与教育，每一次"诈尸"都伴随着负面情绪，他忽略了此时的孩子已到了青春期，长久以来张辉对父亲对他们娘俩的傲慢态度一直耿耿于怀。少有的两个人独处，让爸爸看到他懒散的一面，烦躁情绪随之而来。一个管教、另一个不服管教，双方用犀利的语言相互刺激，父亲想以暴制暴，儿子想发泄长久以来压抑的情绪，肢体冲突也就不可避免了。我让他把自己对爸爸说的话大声读五遍，读到第五遍已是蚊子声了。我告诉张辉，他并不是一个多么不孝的孩子，只是他和爸爸都没有管好自己的情绪，除了有青春期叛逆的推动，也是对爸爸长期缺位的无声抗议，把自己长久以来压抑的情绪借此发泄出来了，也有对妈妈长久以来被爸爸贬低的呐喊。

后续我和张辉分两条线进行咨询，一条线是做学习计划，把成绩最好的数学作为突破口，以燃起张辉对学习的信心。另一条线是学会管理情绪，当自己被负面情绪笼罩时，要迅速离开激起情绪的环境和有关人、物。同时教他增加幽默感，用语言、表情或动作，或自黑的手法机智、巧妙地表达自己的情绪。让他学会当身处逆境、被人瞧不起、感到苦闷时，把精力投入到某一项自己感兴趣的事情上，通过有成就感的体验改变自己的处境并改善自己的心境。

第二天，张辉的父亲主动来咨询。咨询中，张辉的爸爸对自己丧偶式育儿、诈尸式育儿深感惭愧。他自己一直被"男主外，女主内"的传统思想影响，他认为父亲就是负责挣钱、工作；而教育与养育的责任都在母亲身上。也就是说，对待家庭分工的态度决定了他投入育儿的时间和精力。其次，张辉的爸爸是一个"长不大的爸爸"，自己非常喜欢聚会、越野，对孩子缺乏耐心，害怕陪伴学习，更怕承担责任。当他认同我的分析，了解自己的时候，也是他成长的开始。在咨询中，他理解了父亲的阳刚之气和思维方式是母亲无法替代的。如果父亲角色长期缺位，不仅会对孩子的成长带来负面影响，也会影响男性自身的成熟和担当。他愿意每周抽出两个晚上辅导孩子的数学，周日负责接送孩子上辅导班。

🧑 | 王颖说：

父亲的正面形象对男孩来说是一种榜样，是任何教育方法都不能替代的。父亲陪伴比较多的孩子为人处世上会比较理智，更乐于尝试新的事物，更具有冒险精神，面对挫折更有韧劲，更愿意选择直面困难。男性的逻辑思维和空间想象力优于女性，所以父亲的角色对孩子的影响很大，会持续一生。父亲的关爱与陪伴，会帮助孩子在逻辑思维能力、身体运动协调性等方面的发展，也会促进意志力和坚强性格的养成。终结"丧偶式育儿""诈尸式育儿"，需要母亲与父亲进行面对面的沟通，不但要父亲认识到自己对孩子的重要性，同时需要双方合理分工，给父亲留出应有的位置。

陪伴，是最长情的告白！在孩子的心目中，母亲是水，父亲是山，山水相依，缺一不可。

👤 丨 谭秦说：

　　"丧偶式婚姻""诈尸式育儿"等是近几年流行的新名词，用来形容爸爸在教育子女的过程中缺位的现象。戏谑之余，也体现了广大母亲和孩子们的无奈。可喜的是随着教育理念的推广，人们逐渐认识到父亲在教育中的重要性，越来越多的爸爸参与到了育儿大军当中，虽然偶有笨拙，但不得不说这是美好的开始。男孩儿通过父亲，看到了男性的榜样；女孩儿通过父亲，看到了男性的特质。光是这种存在，父亲的重要性就不言而喻。如果父亲角色缺位，孩子势必要跟母亲形成一种相依相伴的关系，于是一个三口之家分成了两个阵营，家庭关系处于敌对状态。

　　在很多家庭中，父亲这个角色常常是"被动缺位"的——孩子刚降生的时候，祖辈、育儿嫂等协助者就介入到这个小家庭，原本应该是辅助角色的他们，常常变成了主导；母亲由于孕期和哺乳期等天然因素，比父亲会更早地进入角色；社会压力、工作节奏等客观原因，导致父亲没有更多的时间和精力陪伴孩子。遗憾的是，如果前期没有很好地参与和投入，随着孩子的成长，再想让父亲中途接手参与，难度会更大。

　　因此，把父亲拉回家中，首先是协助者（祖辈或育儿嫂等）角色的让位；其次需要母亲的接纳——接纳他起初的笨手笨脚；同时也需要外界的帮助，比如爸爸们的彼此激励、长辈的劝勉指导。

> 　　关键词：父子关系，打骂，传统教育方式，丧偶式育儿，诈尸式育儿，母子关系，愤怒，角色缺位，情绪，责任。

11. 家有二胎，如何平衡关系

按照常理，姐姐哥哥都会疼爱自己的弟弟妹妹，甚至在特殊时期代替父母支撑整个家庭。哥哥姐姐会一直照料弟弟妹妹长大，成为弟弟妹妹物质和精神的依靠。因此我们常常会看到报道，哥哥姐姐为了让弟弟妹妹能继续上学而放弃自己上大学的机会，提前进入社会打工赚钱的感人故事。在我们印象里，哥哥姐姐疼爱弟弟妹妹，弟弟妹妹受到照顾是天经地义的事，但是凡事都会有例外。

小慧就是这样的一个例外，14 岁的小慧有一个 2 岁的弟弟。在他人的眼里，一家四口其乐融融。但是小慧的爸爸渐渐觉察，小慧并不是一个好姐姐。有一天，爸爸惊讶地发现小慧趁父母不注意的时候，故意摔坏弟弟的新玩具，甚至把弟弟最喜欢的衣服偷偷扔到垃圾桶里。小慧的爸爸不明白：小慧为什么会对自己的亲生弟弟做出这样的事情，小慧原来是一个挺讨人喜欢的女孩子，现在竟然做出这样的事情。不但如此，她还经常欺负弟弟。小慧的爸爸认为弟弟还小，小慧作为姐姐应该懂事，帮忙照料弟弟。但是这个姐姐不但没有帮家里的忙，还给家里添乱。有时他们短时间外出，回家时弟弟总是跑过来哇哇大哭，说是姐姐打了他，可小慧死活不承认。他们担心小慧有心理问题，就把她带来了心理咨询室。

　　小慧坐下以后，我给她介绍了什么是心理咨询："小慧，心理咨询不是帮爸爸妈妈惩罚孩子，改变孩子，而是要帮助孩子快乐起来的。所以，如果你有什么不快乐的事情，都可以跟老师讲一讲，看看老师能否帮助你变得快乐一些。"

　　在小慧知道我不是为爸爸妈妈工作以后，显得稍微地放松一些。

　　我继续问小慧："小慧，老师是来帮助你的。你能告诉老师究竟发生什么事情了吗？"

　　在我的引导下，小慧慢慢地敢于表露自己的内心："我最恨他（弟弟）了！他们既然已经生了我，为什么还要再生一个弟弟？他总是要和我抢东西，我第一次当上"三好学生"的时候，妈妈给我买了一座小城堡，这是我最喜欢的，里面还住着睡美人。可恶的他一定要我的城堡，我就不给他，他凭什么拿我最喜欢的东西！我妈妈不讲理，一定要我把城堡给弟弟玩，他哪里是玩，他只是想把我的城堡拆掉而已！"说到这里，小慧显得有些激动，语调也变得高了许多，"妈妈说我自私，我没有自私，是他们都偏心，他们都不爱我了。有一天我放学回家，看见我的城堡已经被他摔成了碎片，睡美人的头和手都被拧下来了。我恨他，他居然把我最珍贵的玩具毁掉了。我打了他一下，被爸爸看见了，他说我欺负弟弟，长这么大了还不成熟。为什么我要成熟而他却可以随意破坏？"

　　我问她："还记得弟弟没有出生之前的事情吗？"

　　小慧："还记得一些吧。以前我经常生病，妈妈说我有哮喘，一定要注意身体。每次上医院之后，妈妈都会给我买好吃的，妈妈说只要我的身体健康就行了，所以不管我要什么，他们都会给我买。我喜欢芭比娃娃，每次过节爸爸妈妈都会带我上商场买芭比娃娃。每天晚上他们都会给我讲故事，我的故事书有一大箱子呢。有时妈妈会给我放音乐，我听着听着，就迷迷糊糊地睡着了。早上睡醒就会看见妈妈在给我做早饭。我最喜欢吃饺子，妈妈每周末都会给我包饺子。妈妈包饺子的时候，爸爸拌凉菜，我们3个人都很快乐。煮好的饺子鼓鼓的，爸爸会先给我夹饺子，还会给我在碗里放醋，可香可香了。"

在小慧不断回忆的时候，脸上洋溢着非常幸福的笑容，坐在她对面的我都能感受到家人对她的爱。当时作为家里的独生女，小慧享尽了父母的关爱，加上小慧从小就有哮喘，家人特别地照顾她，生怕她受一点苦一点累，凡事都是以小慧为先，时时刻刻都宠着她，生怕她受一丁点的委屈。和其他家长对待独生子女一样，小慧的家人从不需要她做一点家务，只要安安静静地待着就足够了，小慧不需要承担责任，她也不知道什么是责任。无论她做错了什么，只要一哭一闹，家人就会乖乖投降，听之任之。只要小慧认为是正确的事，家人就没有办法改变，所以只能迁就她。小慧也不知道什么是"分享"，据她爸爸反映，小慧经常因为和学校里的同学争抢东西而受到老师的批评。

但是自从弟弟出生后，情况就发生了很大的变化。这种变化对小慧来说是颠覆性的，突然的，无法接受和理解的。自从弟弟出生后，家里的中心就从小慧那里转移到弟弟身上。小慧沮丧地说："自从生了弟弟之后，妈妈就不再陪我做作业了，她说要看护弟弟，弟弟还小，比我更需要妈妈的照顾。晚上妈妈都在弟弟的房间里面陪弟弟，我只能自己睡了。以前他们会因为我高兴，只要我有一点进步，他们就会夸我，会笑得很开心。现在我拿三好学生，他们都没有以前高兴。但是只要弟弟说了一句什么话，他们就会笑得很开心。吃饭的时候，爸爸居然先给弟弟夹菜，不是给我夹。我才是他们的宝贝，他们以前说过的，但现在竟然对弟弟比对我还好，他们已经不爱我了。"

坐在我对面的小慧很沮丧，情绪低落。面对这个突如其来的"入侵者"把父母的爱"夺"走了，小慧表现得无能为力。小慧的妈妈经常对小慧说要让着弟弟，弟弟还小不懂事，身为姐姐的要凡事以弟弟为先，不能欺负弟弟，要保护弟弟。但是小慧的弟弟比较淘气，经常让小慧感到烦。"他经常会趁我不注意的时候，用彩笔画我的作业本，或者是撕坏我的书等。我心疼，看见后我就会生气地骂他，或者把他推出房门。有时候妈妈看见了，会不分青红皂白地批评我，说我不对，应该照顾弟弟，我觉得特别委屈。"

"那你是怎么跟爸爸妈妈说的呢？"我问道。

“我也不知道怎么说，我就又哭又闹，埋怨他们偏心，说他们不爱我了。”小慧噘着嘴说。

“那你能给老师演示一下你和父母争吵的过程吗？我们来做个游戏，我来演爸爸，你演你自己，我们就模仿你因为弟弟跟爸爸吵架的过程，好不好？”

“嗯，好的。”一听说是游戏，刚才还有点儿沮丧的小慧精神了好多，配合我一起完成了一个角色扮演的过程。

通过角色扮演的过程，我发现，在每次和父母的争吵中，小慧都没有把事情的来龙去脉告诉父母，只是不断地跟父母纠缠为什么自己一定要让着弟弟，为什么弟弟总是对的等问题。也就是说，每次出现这种情况，她都没有针对问题及时处理，总是不断地纠缠，这会让父母觉得孩子在狡辩，或者是无理取闹，从而更加容易误会小慧。到下次冲突再发生的时候，父母依然会按照同样的处理方式责罚小慧，而这时候小慧又会觉得冤枉，并且觉得所有的不幸都是因为弟弟造成的，于是将恨意发泄到弟弟身上，让她与弟弟的关系更加糟糕，形成了一个恶性循环。

在三个月的咨询里，尤其是一系列的角色扮演过程中，小慧逐渐意识到自己这种只发泄情绪，不面对问题、处理问题的方法是不对的。父母对她的爱护并不像她想象中的那么贫乏，父母还是关心自己的。她开始正确认识自己和弟弟的关系，消除了对弟弟的仇恨、嫉妒心态。

我也和小慧的父母做了深入沟通，他们明白了问题的症结所在。在小慧弟弟没有出生之前，父母对她过度保护，而在弟弟出生后，却要求小慧迅速成长起来，成为有责任感的姐姐，照顾、谦让弟弟。这被一直被骄纵的小慧误解为父母不再爱她了，只喜欢弟弟，这种抛弃感被她无限放大，所以冲突不断。

王颖说：

根据著名心理学家阿德勒的观点，第一个出生的孩子会受到父母的过度关注和宠爱，甚至是过度的保护，受到家庭的溺爱。因为是家里的第一个孩子，父母没有任何照顾孩子的经验，因此父母不会错过任何一个向亲朋好友介绍家庭新成员的机会，孩子会经常被父母挂在嘴边。然而这种溺爱会随着第二个孩子的出生而消失。如果他没有学会和新的家庭成员分享来自父母的爱，被忽略的感觉就会时刻围绕着他。

我们常说当你要二胎的时候，一定要做好规划和准备。大多数父母考虑的是，养育金、教育金、学区房，恰恰忽略了家庭成员的心理准备。

谭秦说：

当二胎来到家庭的时候，父母似乎默认老大已经长大了，"理所应当"地要做一个合格的哥哥或者姐姐。可是我们忘了，在弟弟或妹妹出生的前一天，他还是家里唯一的小公主或小王子呢，所有的一切都是以他为中心的。随着这个陌生的、吵闹的"孩子"的到来，原来的世界改变了，而老大的心理调适却没有那么快。传统文化告诉我们长兄如父，长姐如母，仿佛他们天然就带了一种责任，不论他们愿意不愿意，家长都把这种期待有意无意地投射过去，却没有呵护他们的情绪。

因此，在打算要二胎之前，家长自己做好心理准备的同时，也要在孕期这段宝贵的时间里，和家庭成员一起演练真的有了一个弟弟或妹妹的生活变化——有可能造成哪些不方便、不愉快，同时又带来了哪些开心、哪些感动……人类的恐慌往往是来自于未知，如果我们知道将来会发生什么，那么，紧张的情绪就会减少很多。在这个过程中，跟孩子一起回顾他自己长大的过程，也不失为一次全新的亲子关系的建立过程。

> 关键词：独生子女，姐弟关系，仇恨，心爱的玩具，保护，宠爱，幸福感，入侵者，分享，责任，表达。

青春，是一个美好而曼妙的词。想到青春，我们就不禁想到纯真的笑容，蓬勃的朝气，洋溢的热情……青春期，一个青春初至的时期，是生命之花刚刚绽放的时刻，本应该是洋溢着种种美好，承载着对未来的期待和憧憬。可是，我们看到的青春期，却是充斥着躁动、不安、焦灼、冲突、迷惘、愤怒、疑惑、封闭……这些矛盾的特质集中在青春期的孩子身上，我们无法轻松。我们难以理解，在这样一个衣食无忧的时代，集万千宠爱于一身的孩子，为什么会发生这些问题。为什么父母长辈的疼爱只换来孩子的冷眼与沉默？为什么良好的学习条件只换来孩子的封闭与逃离？为什么爱情在他们还无法承受的年龄越来越盛行？为什么周围人的关心却引发他们的暴怒？父母心中萦绕着太多的为什么，纠缠集结，无法摆脱。我们给了孩子宽裕的生活，最好的物质条件，但是我们好像难以走进孩子的内心，难以明白孩子的世界里发生了什么，难以了解孩子的心灵深处究竟需要什么。为人父母，我们希望我们是最好的，可是现实总是让我们无奈与失落。

　　青春期在人生长河中，不算短却也不算太长。但是青春期的重要性不言而喻，它是个体人格建立、完善的重要时期，是很多行为和习惯养成的时期。关心与了解青春期的孩子，帮助他们健康快乐地成长，从小处说是培养了一个成功的孩子，实现了父母的期望；往大处说是培养了下一代，延续了中华民族的希望。现在大部分孩子还都是独生子女，父母往往倾其所有，希望给他们最好的东西，但是别忘了，除了物质条件和健康的身体以外，完善的人格、健全的心理、良好的社会适应能力等也不容忽视。从某种角度来说，心理层面的培养与塑造更为重要。

青春期发生了什么？这是我们必须要了解的。它是一个人从儿童走向成人的转变和过渡时期，是非常神圣的一段时期，是个体身心发育、发展的重要阶段，也是"性别"特征开始变得明显而有意义的时期。青春期的年龄段，在世界各地稍有差别。世界卫生组织（WHO）规定青春期为13~19岁。女孩的青春期开始年龄和结束年龄都比男孩早两年左右。青春期的进入和结束年龄存在较大的个体差异，约可相差2~5岁。

在中国，青春期一般指10~22岁，其中10~13岁为青春前期，14~17岁为青春中期，17~22岁为青春后期。

进入青春期，首先出现的是生理发育第二高峰，主要表现在身高、体重增长加快，体形、面貌开始特征化，性器官开始发育、成熟，第二性征开始出现等。但是青春期的孩子面对的不仅仅是以上所说的身体变化，还有心理的发展和变化。心理学家称这一时期为"第二次危机"。如果说人生的第一次危机——"断乳危机"是在温暖的襁褓中度过的，幼儿的反抗充其量也不过是无力的挣扎、无望的哭闹；那么，人生的第二次危机——从精神上脱离父母的心理"断乳"，却来势迅猛，锐不可当。这一时期，个体心理发展有以下两个突出的特点。

不平衡性　青春期个体的心理发展处于动荡、不平衡的状态。孩子的思维片面，易怒、易偏激；自尊心强烈，对他人的评价十分敏感；情绪容易波动，具有两极性，甚至很多时候表现出退行的想法和举动。人际交往的相对闭锁性随着个体的心理逐渐复杂，孩子的情绪表达越来越具有文饰、内隐、曲折的特点，这些表达方式往往来自成长环境中重要他人的影响，这就给亲子、师生之间的沟通增加了困难，家长和教师觉得要了解孩子的内心变得越来越困难。但是每个孩子的内心深处又具有倾吐和沟通的需要，这就使得他们更愿意与同龄人交往，愿意亲近那些能够放下架子，主动、真诚与他们交心的成年人。所以，这一时期出现的人际交往闭锁性是具有相对性的。因此，青春期也是学会如何建立、维系健康的人际关系的关键时期。

冲突性 青春期是一个人从幼稚的儿童期向成人过渡的时期。这个时期，个体的生理处于飞速成长时期，而心理成长相对滞后，因此心理层面在相当长的时间内处于半幼稚、半成熟的状态。一方面，由于身高、体形以及性成熟的标志不断出现，他们认为自己已经是个大人，渴望被尊重、被理解，渴望独立、成熟；另一方面，其心理仍然很幼稚，存在很大依赖性。所以，青春期的个体本身处于一种生理、心理成长速度不匹配的冲突之中，自身的冲突加上学习压力、成长环境中的不利因素、认知系统的偏差等，孩子就会不断产生焦虑、恐惧、困惑等情绪。

我们知道，在青春期，孩子的生理和心理都有了很大的变化，绝大多数孩子能适应过渡期出现的变化，他们健康、自信、自我感觉良好，可以顺利度过青春期。但也有少数孩子受各种内外因素的干扰而产生各种心理问题，在各种各样的问题当中，最常见的问题基本源于以下几个方面。

第一，自我价值。青春期是人的自我意识苏醒的时期。处于青春期的孩子需要社会认可他们的价值，承认他们存在的意义。否则，他们就会面临极大的心理冲突与困扰。在现实生活中，我们会看到许多青少年对自己的外貌、衣着非常在意，对他人的评价也非常敏感，对自己的学习成绩在学校或班级的排名更是在意。这一切都是围绕"自我价值"这个问题而来的。

第二，亲子关系。由于青少年自我意识的觉醒，极力需要显示他们独立的自我。为了证明自我，他们的第一个任务就是从心理上摆脱对父母的依恋。一方面，他们要竭力显示自己的独立性，努力证明自己已经长大成人，可以按自己的意愿来处理事情，以此证明自己的价值。另一方面，处于青春期的青少年在精神上又特别地依赖父母，他们特别希望父母能赞成他们的行为，否则，他们就会感到非常失落，处于青春期的青少年是非常脆弱的，十分在意成人对他们行为的评价。

第三，师生关系。青少年生活的最主要的环境就是学校。在他们心目中，学校就是社会的缩影，是他们走出家门迈向社会的第一步。所以，青少年的所有问题不是发生在家庭，就是发生在学校。在学校这个环境里，老师是父母的象征，也是社会权威的象征；同学是兄弟姐妹，乃至未来的同事和伙伴的象征。他们在家里要争夺父母的爱，在学校则要争夺老师的爱。所以，老师对他们的评价与态度对他们的重要性就不言而喻了。老师一句不经意的批评都足以让心理比较脆弱的学生难受几天，有的甚至会诱发严重的心理问题。

第四，异性交往。青少年开始交异性朋友，甚至为此争风吃醋、嫉妒，情绪波动较大，容易影响与同龄人的团结；有的孩子还会影响学习，注意力不集中，学习成绩下降；有的孩子会因失去某异性朋友就情绪低落、消沉、抑郁；有的孩子赶时髦、重修饰、乱花钱，模仿成人消费方式，往往与家长发生严重冲突。

处于青春期的孩子，情绪具有极大的不稳定性，以上的问题如果处理不好，极易产生下面的消极情绪。

痛苦——痛苦是青春期的孩子最容易产生的情绪反应。如由于某种原因不能向他人倾诉自身的感受，或得不到他人的理解和同情，就会产生内心的痛苦。在学习或生活上的失误，没有达到父母的期待、没有得到社会的认同，都会让他们感到十分痛苦。尤其是在感到被抛弃、被拒绝，不被亲人、家庭、群体接纳，遇到自己认为不公正的待遇时，所感受的痛苦是最沉重的。痛苦的缠绕所引起的挫败感会接踵而来。

悲伤——悲伤是痛苦的发展和延伸。青春期的男孩子一般会避免哭泣，把这种悲痛隐藏在心中。长期忍受严重痛苦和悲伤体验，会增加青少年发生极端行为的可能。

愤怒——青春期的孩子很容易发脾气，这是他们愤怒的表现。青春期的孩子对于周围的各种刺激，包括别人对他们的态度等表现得非常敏感，并且反应强烈，常因小事而暴跳如雷，轻者摔东西，重者奋起还击。不良的人际关系常常是愤怒的来源，受到侮辱或欺骗、挫折或干扰、被强迫去做自己不愿做的事，都能诱发他们的愤怒。

恐惧——对于青春期的孩子，由于他们经验不够，没有经受过生活的磨炼，心理承受力较差，没有抵御威胁的心理准备，突然发生的巨大威胁往往会诱发他们的极度恐慌，面对威胁或危险情境，他们往往会采取退缩或逃避的行为。

　　焦虑——所谓焦虑，是指个体由于不能达到目标或不能克服障碍，致使他们自尊心与自信心受挫，失败感和内疚感增加，形成一种紧张不安，带有恐惧的情绪状态。焦虑也可看作是"未解决的恐惧"。青春期焦虑是一种较常见的情绪现象，主要有考试焦虑、社交焦虑等，经常感觉焦虑的人严重的可能导致心理和生理上的功能障碍。

　　由此可见，青春期在人的成长过程中，会出现众多的状况，这些状况如果得不到及时排解会导致比较严重的问题产生，比如抑郁症、自杀、犯罪等等。因此，我结合了自己咨询中的许多实例，来探讨青春期可能会出现的一些问题。意在帮助被青春期问题困扰的父母和孩子有效地度过青春期危机，那些还没有遇到青春期危机的父母和孩子也能未雨绸缪，吸取他人经验，避免问题的出现，使孩子能够健康成长。

1. 小方

2004 年，15 岁的小方在下岗的爸爸的陪同下，坐着绿皮火车来北京找我咨询。小方就读省重点高中一年级。学习压力和宿舍同学的排挤，引发她失眠、注意力不集中、厌学，在当地医院就诊，被诊断为中度抑郁。经过三年的心理咨询和十年的支持性辅导，她彻底摆脱了抑郁症的困扰，成为一个大方得体、阳光自信的女孩儿。咨询中，信任是基石，坚持是保障。厚厚的火车票、父亲的陪伴，是咨询顺利行进的动力。今天，硕士研究生毕业的小方，已成为一名优秀的中学教师。

2. 小菲

2013 年，18 岁的小菲带着大学录取通知书，哭着来到我面前，她说："就怨我妈让我填志愿时写服从调剂，我不想学这个专业，我不是做会计的料，如果逼我去上学，我就不活了。呜呜呜……"这哭声中有怨气、委屈、恐惧。经过五次的咨询，小菲明白了——如果选择复读，辛苦不说，考取目前录取的这所大学也没有十足的把握；专业的选择固然对我们择业影响很大，但它并不是绝对的；学会计专业未必一定当会计，还有许多职业可选；虽然服从调剂看似是妈妈的主张，但她似乎也没有异议，所以是他们共同的选择。大学毕业后，小菲边工作边学习，目前是一家大型教育机构的职业规划师。

3. 小阳

2005年，19岁的大一女孩儿小阳走进咨询室，这是一个不多见的漂亮女孩儿，纤细的身材、白白的皮肤，一双清澈明亮的大眼睛略带忧伤。她告诉我，她是艺术学院的大一学生，在班里觉得大家都不太喜欢她，不知道怎么与同学相处。焦虑、担心时常影响她的情绪。经过了一段时间的咨询，她明白——人际关系中自己一直处于被动、高冷的状态，别人感受不到她有交友的愿望，所以就不会主动走近她；性格不是一成不变的，只要她面带笑容，主动帮助同学，一定会赢得大家的喜欢。今天，这个女孩儿已成为家喻户晓的演艺明星，微笑已成为她最绚丽的名片。

4. 小萌

2010年的盛夏，13岁的初一女孩儿小萌穿着长款风衣、戴着棒球帽走进咨询室。咨询中我了解到，小萌属于丰满型的女孩儿，在一次体育课的800米测试中，小萌丰满的胸部随着奔跑不断地颤动，引起围观的男同学哄堂大笑。自此，她就特别恐惧上体育课，现在连坐在教室里都感到不自在，总觉得男同学都在看她的胸部。经过咨询，小萌理解了青春期男生对女生身体变化的好奇，把自己包裹起来不是在防御男生的目光，而是对自己身材的不接纳。经过两年的不断探索、改变。她不但可以愉悦地接纳自己丰满的身材，还可以和男生互怼了。今天的小萌，经过艰苦的健身运动，已蜕变成一个拥有"魔鬼"身材的大美女了，从事着公安干警工作。

5. 小米

2018年，14岁的小米带着"小男朋友"走进咨询室。咨询的目标是让我说服她妈妈不要干预她谈恋爱。让我感到她心智不成熟的点是，她竟然让她的"小男朋友"伸出舌头给我看他刚刚为她打的3个舌环。通过和她母亲的交流，我了解到小米家境富足，父母忙于事业，她从小跟着保姆长大。上了中学以后，开始"变坏"，经常撒谎、不写作业、旷课、早恋、不服管教……面对这样一个即将走向歧途的孩子，我首先建议父母采取转学，搬家，阻断网络社交通道，限制零用钱等方法，让孩子远离不良环境。通过两年的心理咨询，小米变得落落大方、做事有分寸感了。2019年，她如愿考上了一所重点高中的国际部。

6. 小恩

2010 年，17 岁的小恩由于物理竞赛成绩优异，被保送上了一流大学。小恩由于父母从小对他过度保护，年龄又相对同学略小，导致其生活自理能力差、卫生习惯不好，宿舍同学关系非常紧张。虽然上的是物理系，但还有很多相关学科要学，他感到力不从心。他长期熬夜学习、成绩依然不理想，自卑、焦虑，席卷而至。经过一年的心理咨询，小恩可以直面自己学习的短板，有侧重点地学习。生活上从小事学起，为之前自理能力的缺乏补课。目前，他在国内顶尖的研究所从事科研工作，并在工作中找到了自己的如意伴侣。

7. 小坤

2008 年，一个刚洗完胃的少年，在父母的搀扶下走进咨询室。他服安眠药的原因是，由于中考时生病，成绩不佳，没有考上如意的高中，觉得自己的人生完了——初中的好朋友会耻笑他，高中的差生又不是自己的同类。在咨询中，他明白了——中考只决定了他在哪儿学习三年，不能决定他的人生；新学校的同学是怎样的，他并不清楚，不能用想象代替真实；初中的好朋友耻笑他，正是大浪淘沙选择真朋友的机会，在逆境中好朋友更会支持你。由于有自杀行为，这个咨询持续五年之久。现在小坤已经博士毕业，并且在世界 500 强的海外公司工作。

8. 小启

2015 年，小学五年级的小启在老师的硬性要求下来做心理咨询。他的问题是不守秩序，上课接话茬儿、给老师起外号，下课和同学打闹，破坏教室物品。家长苦口婆心、软硬兼施，都不奏效。在和小启沟通中了解到，他天资聪明，学习成绩优秀并以优异的成绩通过了英语 KET 的考试。妈妈比较溺爱他，认为学习好是硬道理，老师说的缺点只是男孩子淘气而已。这是一个"瘸腿"的孩子，智商与情商极不匹配。家长只关注他学习成绩，忽略了孩子心智的培养。四年的咨询和陪伴，小启在自我管理、理解他人、遵守秩序上，有了长足的进步。现在小启在市重点高中上学，成长还将继续，我期待这个聪慧的孩子能有更好的未来。

9. 小峰

2014 年，某大学的书记将骨瘦如柴的男生带到咨询室。这是一个大二的学生，失踪 8 天，父母在派出所的协助下，在一个地下旅馆找到他，他想通过绝食的方式自杀。他来自大西北贫困山区，是县里的高考状元，靠贷款上学。由于性格内向、说话有口音，他很少和同学交流，沉浸在网络游戏中不能自拔。大一挂科三门，大二又面临挂科……咨询中，我首先表达对他大学生活的诸多的不适应予以理解。其次，我明确指出无论是沉迷于网络游戏不能自拔还是绝食，都是逃避责任的一种表现。历时 3 个月的咨询中，通过行为矫正、戒除网瘾、邀约宿舍同学帮助他制订学习计划并监督执行等方式，小峰慢慢地适应了学校生活，跟上了同学们的节奏。毕业时，经过我和小峰全方位的考量，最终他选择到某大型国企做网络工程师。

10. 小哲

2016 年，17 岁的小哲已经三年没有出过家门了。小哲个子矮小，性格懦弱，还有一点结巴。小学在班里一直不被老师和同学待见，但他并没有觉得不适，没人理，还闹个清净。上了初中，小哲的噩梦开始了，由于初中的学习经常是小组式的学习、考核，小哲能力差，常常拖大家后腿，刚开始只是同组同学骂他笨蛋，后来发展到全班同学欺负他。有时还会推推搡搡，拿他取乐。离开学校、远离人群似乎是他唯一的选择。我首先通过心理学技术处理他被欺凌的创伤。然后鼓励他参与社会活动，发展爱好，学习职业技能。现在小哲已经是跆拳道红带了，跆拳道给他带来的不仅仅是强身健体、保卫自己，更是自信和精气神。通过去奶茶店打工，他掌握了制作奶茶的技能，并开了一家奶茶店。